T0203480

El libro de la alegría

SU SANTIDAD EL DALAI LAMA
Y EL ARZOBISPO DESMOND TUTU
con Douglas Abrams

El libro de la alegría

Alcanza la felicidad duradera en un mundo en cambio constante

Traducción de
Sheila Espinosa Arribas
y Mercedes Vaquero Granados

Grijalbo

Penguin
Random House
Grupo Editorial

Título original: *The Book of Joy*
Primera edición: noviembre, 2016

© 2016, The Dalai Lama Trust, Desmond Tutu y Douglas Abrams
© 2016, Penguin Random House Grupo Editorial, S. A. U.
Travessera de Gràcia, 47-49. 08021 Barcelona
© 2016, Sheila Espinosa Arribas y Mercedes Vaquero Granados, por la traducción
© 2016, Miranda Penn, por las fotografías de las páginas 196, 342 y 392
© 2016, Tenzin Choejor, por las fotografías de las páginas 12, 16, 26, 44, 84, 100, 216, 308 y 324
Adaptación del diseño original de cubierta de Nick Misani: Penguin Random House Grupo Editorial
Fotografías de la cubierta y el lomo: © Miranda Penn Turin
Fotografía de la contra: © Tenzin Choejor

Impreso en Estados Unidos - *Printed in USA*

ISBN: 978-84-253-5394-9
Depósito legal: B-17.430-2016

Compuesto en Anglofort, S. A.

GR 5 3 9 4 9

Índice

La invitación a la alegría 13
Introducción, por Douglas Abrams 17

Llegada: Somos criaturas frágiles 27

DÍA 1
La naturaleza de la alegría

¿Por qué no se te ve más taciturno? 47
Lo bello siempre implica sufrimiento 61
¿Has renunciado al placer? 69
Nuestra mayor alegría 77
Comida: El encuentro entre dos pícaros es siempre
    algo maravilloso 85

DÍAS 2 Y 3
Los obstáculos que nos distancian de la alegría

Eres una obra maestra en construcción 103
Miedo, estrés y ansiedad: Yo estaría muy nervioso 115

La frustración y la ira: Yo antes gritaba. 125
La tristeza y el dolor: Los momentos difíciles
    nos unen aún más 135
La desesperación: El mundo se halla sumido
    en la confusión 141
La soledad: Sobran las presentaciones 151
La envidia: Ahí va otra vez el del Mercedes 161
El sufrimiento y la adversidad: Superando
    las dificultades. 171
La enfermedad y el miedo a la muerte:
    Prefiero ir al infierno 185
La meditación: Deja que te cuente un secreto 197

DÍAS 4 Y 5
Los ocho pilares de la alegría

1. Perspectiva: Hay muchos puntos de vista
    diferentes 219
2. Humildad: Intenté parecer humilde y modesto . . . 229
3. Sentido del humor: La risa y la broma,
    los mejores recursos 241
4. Aceptación: El único lugar donde puede iniciarse
    el cambio. 251
5. Perdón: Liberarse del pasado 257
6. Agradecimiento: Tengo la suerte de estar vivo 269
7. Compasión: Algo que debemos alcanzar. 279
8. Generosidad: Nos llenamos de alegría 293

Celebración: Bailando en las calles del Tíbet 309
Despedida: Un último adiós 325

PRACTICAR LA ALEGRÍA

EL DESARROLLO DE LA INMUNIDAD MENTAL 345

CLARIFICAR LAS INTENCIONES POR LA MAÑANA 347

SUPERAR LOS OBSTÁCULOS QUE DIFICULTAN
  LA ALEGRÍA 349
Concentración y alivio del estrés – Una práctica
  respiratoria. 349
    Paseo o ejercicio matutino de meditación 351
    Miedo, ira y tristeza – Una meditación analítica . 351
    Frustración e ira – Una oración 356
    Soledad – Una práctica común de la humanidad 357
    Envidia – Una práctica *mudita* 359
    Sufrimiento, adversidad y enfermedad de uno
      mismo – Una práctica *loyong* 360
    Sufrimiento, adversidad y enfermedad de los
      demás – Una práctica *tonglen*. 361
    Retiro silencioso 365
    Meditación sobre la muerte 365

CULTIVAR LOS OCHO PILARES DE LA ALEGRÍA 366
    Perspectiva – Una práctica de
      autodistanciamiento 366
    Humildad – Una práctica *loyong* 368
    Reírse de uno mismo para ejercitar el sentido
      del humor 369
    Aceptación – Una meditación 370
    El cuádruple camino del perdón 372
    El registro de tu agradecimiento 375

Meditación sobre la compasión 376
Compasión – Una oración 379
Compasión – Ayuno 379
Prácticas de generosidad 380
Meditación sobre la alegría – Los ocho pilares . . 381

REGOCÍJATE DE TU DÍA. 384

RELACIONES Y COMUNIDAD – LA MAYOR ALEGRÍA 387

AGRADECIMIENTOS 389

La invitación a la alegría

Para celebrar el cumpleaños del Dalai Lama, nos reunimos en Dharamsala durante una semana para disfrutar de nuestra amistad y, al mismo tiempo, crear algo que esperamos sea un regalo de cumpleaños para quien lo lea. Seguramente no hay momento más feliz que el nacimiento y, sin embargo, pasamos buena parte de nuestra vida sumidos en la tristeza, el estrés y el sufrimiento. Esperamos que este breve libro sea una invitación a una alegría y felicidad aún mayores.

El destino, por oscuro que sea, no determina el futuro. Cada día, en cada momento, somos capaces de crear y recrear nuestra vida, así como la calidad misma de la existencia como especie en el planeta. Este es el poder que poseemos.

La felicidad duradera no reside en la búsqueda de un objetivo concreto ni de un logro en particular. Tampoco se encuentra en la riqueza o en la fama. Se halla tan solo en la mente y en el corazón, y es ahí donde confiamos que la encuentres.

Douglas Abrams, coautor del libro, aceptó amablemente ayudarnos en este proyecto y nos entrevistó durante una semana en Dharamsala. Le hemos pedido que entreteja nuestras voces y añada la suya como narrador para que podamos compartir no solo nuestras respectivas visiones y experiencias, sino también las fuentes de las que mana la alegría, identificadas por científicos y por otras voces autorizadas.

No es necesario que nos creas. Es más, nada de lo que digamos debe entenderse como un dogma de fe. Simplemente queremos compartir contigo lo que dos amigos, procedentes de mundos muy distintos, hemos presenciado y aprendido en el curso de nuestra larga vida. Esperamos que apliques el contenido de estas páginas a tu vida y descubras si lo que se dice aquí es cierto.

Cada día es una oportunidad para empezar de nuevo. Cada día es tu cumpleaños.

Que este libro sea una bendición para todos los seres vivos y para los hijos del Señor, incluido tú.

TENZIN GYATSO,
Su Santidad el Dalai Lama

DESMOND TUTU,
arzobispo emérito de la república de Sudáfrica

Introducción

Cuando bajamos del avión en aquel pequeño aeropuerto, engullidos por el rugido ensordecedor de los motores y con las laderas nevadas del Himalaya elevándose a nuestras espaldas, dos viejos amigos se abrazaron. El arzobispo acarició con ternura las mejillas del Dalai Lama y este frunció los labios como si le lanzara un beso a su amigo. Fue un momento de enorme afecto y amistad. En el año que llevábamos preparando la visita, éramos muy conscientes de lo que aquel encuentro podría significar para el resto del mundo, pero nunca se nos ocurrió pensar cómo les afectaría a ellos pasar una semana juntos.

Ha sido un gran privilegio y una responsabilidad abrumadora compartir la extraordinaria semana de conversaciones que tuvo lugar en Dharamsala, en la India, ciudad donde el Dalai Lama ha establecido su residencia en el exilio. A lo largo de las páginas de este libro, he intentado compartir contigo sus conversaciones más cercanas, repletas de risas interminables y salpicadas de momentos emotivos dedicados al recuerdo del amor y de la pérdida.

Se habían reunido solo media docena de veces, pero, a pesar de ello, compartían un vínculo que trascendía esos breves encuentros, y ambos se consideraban el uno al otro «mi travieso hermano del alma». Nunca antes habían tenido la oportunidad de pasar tanto tiempo juntos, disfrutando de la alegría de su amistad, y seguramente no volverían a tenerla.

Los pasos cada vez más cercanos de la muerte estaban presentes en nuestras conversaciones. En dos ocasiones habíamos pospuesto el viaje para que el arzobispo pudiera asistir al funeral de algún compañero. La salud y la política mundial han conspirado para mantenerlos alejados, así que éramos conscientes de que aquel podía ser su último encuentro.

Durante una semana, charlamos sentados bajo una suave iluminación, dispuesta cuidadosamente para no dañar los sensibles ojos del Dalai Lama, mientras a nuestro alrededor cinco cámaras nos grababan. A lo largo de ese viaje para comprender la alegría, exploramos muchos de los temas más profundos de la vida. Buscábamos la auténtica alegría, aquella que no depende de las vicisitudes de lo circunstancial. Sabíamos que también tendríamos que derribar los obstáculos que tan a menudo hacen que la alegría parezca tan huidiza. Durante las conversaciones esbozaron los ocho pilares de la alegría: cuatro de la mente y cuatro del corazón. Ambos, grandes hombres y líderes mundiales, coincidieron en los principios más importantes y propusieron diferencias reveladoras, mientras tratábamos de reunir aquellos conocimientos que pudieran ayudar al lector a encontrar una felicidad duradera en este mundo cambiante y, a menudo, tan lleno de sufrimiento.

Todos los días compartíamos té Darjeeling y una hogaza de pan plano del Tíbet. El personal encargado de filmar estas entrevistas estaba invitado a participar de este sencillo refrigerio. Una mañana, el Dalai Lama invitó al arzobispo a su residencia privada para iniciarlo en la práctica de la meditación y, a cambio, el arzobispo le dio la comunión, un rito reservado generalmente a los practicantes de la fe cristiana.

Cuando la semana ya tocaba a su fin, celebramos el cumpleaños del Dalai Lama en el Pueblo de los Niños Tibetanos, uno de los internados para niños exiliados del Tíbet. Las autoridades chinas les impiden recibir una educación basada en la cultura y en el idioma de su país, y por eso los padres de estos niños los envían montaña a través, con la única compañía de un guía que promete llevarlos hasta una de las escuelas del Dalai Lama. Se me hace difícil imaginar el dolor de esos padres que se separan de sus hijos sabiendo que pasarán más de diez años antes de que vuelvan a verlos, si es que llega ese día.

En el corazón de esta escuela marcada por el trauma, más de dos mil estudiantes y sus profesores aclamaron entusiasmados al Dalai Lama mientras este se balanceaba tímidamente, ya que su condición de monje le prohíbe bailar, animado por el ritmo irresistible del arzobispo Tutu.

El Dalai Lama y el arzobispo son dos de los maestros espirituales más grandes de nuestro tiempo, pero también son líderes morales que trascienden sus propias tradiciones y se expresan siempre desde la más profunda preocupación por la humanidad en su conjunto. Su valentía, su resiliencia y su fe inquebrantable en la humanidad son una fuente de inspiración para millones de personas, que no se dejan vencer por el cinismo, tan de moda en la sociedad actual y que amenaza con engullirnos a todos. Su alegría no es evidente ni superficial; ha sido moldeada en el fuego de la adversidad, de la opresión, del esfuerzo. El Dalai Lama y el arzobispo Tutu nos recuerdan que la alegría nos pertenece por derecho y que es aún más esencial que la felicidad.

«La alegría —señaló el arzobispo Tutu durante la estancia— es mucho más grande que la felicidad. Solemos percibir la felicidad como algo estrechamente vinculado a las circunstancias externas, mientras que la alegría es independiente.» Este estado mental, y emocional, se acerca mucho más a lo que, según el Dalai Lama y el arzobispo Tutu, anima nuestra existencia y, a la larga, llena nuestra vida de satisfacción y significado.

Las conversaciones versaron sobre lo que el Dalai Lama denomina «el propósito de la vida»: evitar el sufrimiento y hallar la felicidad. Ambos compartieron sus conocimientos, adquiridos a lo largo de toda una vida, sobre cómo vivir con alegría a pesar del dolor inherente a la existencia. Juntos exploraron cómo transformar su estado efímero inicial en una característica duradera, cómo convertir el sentimiento fugaz en una forma de ser que perdure en el tiempo.

Desde el principio, este libro fue concebido como un pastel de cumpleaños de tres pisos.

El primer piso son las enseñanzas del Dalai Lama y del arzobispo Tutu acerca de la alegría. ¿Realmente es posible ser una persona alegre a pesar de los problemas del día a día, desde la frustración del tráfico de primera hora de la mañana hasta el miedo a no ser capaz de mantener a nuestra familia; desde la ira que sentimos hacia aquellos que nos han hecho daño hasta el dolor por la pérdida de un ser querido; desde los estragos de la enfermedad hasta el abismo de la muerte?

¿Cómo podemos aceptar la realidad de nuestra vida sin renunciar a nada y, al mismo tiempo, trascender al dolor y al sufrimiento que le son propios? E incluso cuando la vida nos trata bien, ¿cómo podemos vivir en la alegría cuando muchos otros sufren, cuando una pobreza demoledora le roba el futuro a la gente, cuando la violencia y el terror campan a sus anchas por las calles, cuando la destrucción del medioambiente pone en peligro la vida en este planeta? Este libro intenta responder a estas preguntas y a muchas más.

El segundo piso del pastel está compuesto por las investigaciones más recientes sobre la alegría, así como del resto de las cualidades que, según los autores, son esenciales para que la felicidad perdure. Los últimos hallazgos en el estudio del cerebro y en el campo de la psicología experimental han traído consigo un conocimiento más profundo del ser humano. Dos meses antes de viajar a la India, quedé para comer con Richard Davidson, neurocientífico y uno de los pioneros de la investigación sobre la felicidad. En su laboratorio, ha estudiado la práctica de la meditación y ha descubierto que esta conlleva beneficios mensurables para el cerebro. Nos sentamos en la terraza de un restaurante vietnamita de San Francisco y, mientras comíamos rollitos de primavera y el sempiterno viento de la ciudad le alborotaba el pelo de corte juvenil aunque salpicado de canas, Davidson me explicó que en una ocasión el Dalai Lama le había confesado que la ciencia de la meditación le resultaba estimulante, sobre todo a primera hora de la mañana, sentado, recién levantado de la cama. Si esta práctica ayuda al Dalai Lama, qué no podrá hacer por los demás.

A menudo percibimos la espiritualidad y la ciencia como fuerzas antagónicas, ambas apretando el cuello de la otra. Sin embargo, el arzobispo Tutu ha expresado su profunda creencia en la importancia de lo que él denomina «la verdad autorratificada»: cuando campos distintos del conocimiento señalan hacia una misma conclusión. Del mismo modo, el Dalai Lama hizo especial hincapié en el hecho de que este libro no es budista ni cristiano, sino que se trata de un texto universal basado, además de en la opinión y en la tradición, en la ciencia. (Yo mismo soy judío, aunque también me defino como seglar. Casi parece un chiste: un budista, un cristiano y un judío entran en un bar…)

El tercer piso del pastel lo conforman las historias de toda una semana en Dharamsala con el Dalai Lama y el arzobispo Tutu. El objetivo de estos capítulos más personales es permitir que el lector se una al viaje desde el primer abrazo hasta la despedida final.

También hemos incluido al final del libro una selección de ejercicios. Los dos maestros compartieron con nosotros sus prácticas diarias, los pilares de sus vidas tanto emocionales como espirituales. Nuestro objetivo no es crear la receta para una vida llena de alegría, sino ofrecer al lector algunas de las técnicas y tradiciones que utilizan tanto el Dalai Lama como el arzobispo Tutu y, como ellos, millones de personas a lo largo de los siglos, cada uno desde su cultura. Esperamos que estos ejercicios prácticos te ayuden a incorporar las enseñanzas, la ciencia y las historias en tu día a día.

He disfrutado del inmenso privilegio que supone trabajar con algunos de los grandes maestros espirituales y de los científicos más pioneros de nuestro tiempo, ayudándoles a transmitir sus conocimientos sobre salud y felicidad para que todos podamos tener acceso a ellos. (Muchos de estos científicos han aportado sus investigaciones de forma desinteresada para la redacción de este libro.) Estoy convencido de que mi fascinación —está bien, lo reconozco: obsesión— por la alegría empezó durante la infancia, en un hogar colmado de amor pero ensombrecido por la negrura de que acompaña siempre la depresión. Presencié y experimenté mucho dolor en aquellos años y precisamente por eso sé que buena parte del sufrimiento al que nos enfrentamos se produce en el interior de nuestras mentes y de nuestros corazones. La semana que pasé en Dharamsala fue para mí un punto y aparte, un hito extraordinario y especialmente difícil de alcanzar en este viaje, cuyo objetivo es la comprensión de la alegría y del sufrimiento.

En mi papel de embajador del pueblo, estuve presente durante los cinco días que duraron las entrevistas, mirando a los ojos de dos de los seres humanos más compasivos que existen. Siempre soy muy escéptico con respecto a las sensaciones mágicas que algunos asocian a estar en compañía de un maestro espiritual, pero desde el primer día, desde el primer instante, sentí un leve hormigueo en la cabeza. Sorprendente, sin duda, pero quizá solo se trataba de mis neuronas espejo, las células empáticas del cerebro, internalizando lo que veía en los ojos de estos dos hombres tan llenos de amor.

Por suerte, la abrumadora tarea de destilar la sabiduría de ambos no recayó solo sobre mis hombros. Thupten Jinpa, el principal traductor del Dalai Lama desde hace más de treinta años y un erudito del budismo, me acompañó desde el principio hasta el final. Durante muchos años fue monje budista, pero cambió el hábito por el matrimonio y una familia en Canadá, lo cual lo convertía en el compañero perfecto para traducir entre diferentes mundos, además de entre distintos idiomas. Presenciamos las conversaciones sentados el uno al lado del otro, pero antes me había ayudado a preparar las preguntas y después a interpretar las respuestas. Se ha convertido en un colaborador de confianza y en un amigo muy querido.

Las preguntas tampoco eran únicamente nuestras. Preguntamos al mundo qué quería saber de la alegría; recibimos más de mil mensajes, y eso teniendo en cuenta que solo disponíamos de tres días para recogerlos todos. Me pareció fascinante que la pregunta más repetida no fuera cómo encontrar nuestra propia alegría, sino cómo conservarla en un mundo repleto de tanto sufrimiento.

Durante la semana, los dedos de ambos solían agitarse, burlones, antes de que las manos se unieran en un gesto cargado de afecto. En la primera comida, el arzobispo nos contó la historia de una charla que una vez dieron juntos. Cuando ya se preparaban para subir al escenario, el Dalai Lama —icono mundial de la paz y de la compasión— fingió estrangular a su hermano del alma. El arzobispo, mayor que su compañero de andanzas, se volvió hacia el Dalai Lama y le dijo: «Eh, las cámaras nos están enfocando. Actúa como un hombre santo».

Ambos nos recuerdan que lo importante es cómo elegimos comportarnos cada día. Incluso los hombres santos como ellos deben actuar como tal. Sin embargo, lo que nosotros esperamos de un hombre santo, ya sea seriedad y dureza, devoción y reserva, poco tiene que ver con la forma en la que el Dalai Lama y el arzobispo Tutu entienden el mundo.

El arzobispo nunca ha proclamado su santidad y el Dalai Lama se considera un simple monje. Nos ofrecen el reflejo de dos vidas reales llenas de dolor y confusión, a pesar de lo cual han sido capaces de descubrir la paz, la valentía, la felicidad; estados que los demás también podemos alcanzar. El deseo de ambos es poder transmitir, a través de este libro, no solo su sabiduría, sino también su humanidad. El sufrimiento es inevitable, pero nosotros decidimos cómo responder ante él. Ni siquiera la opresión o la ocupación pueden despojarnos de la libertad de elegir cómo debemos reaccionar ante ellas.

Hasta el último momento no supimos si los médicos del arzobispo Tutu le permitirían viajar. El cáncer de próstata se había vuelto a manifestar y, esta vez, la respuesta al tratamiento estaba siendo más lenta. El arzobispo está siguiendo un protocolo experimental para ver si consigue mantener el cáncer a raya. Mientras aterrizábamos en Dharamsala, lo que más me sorprendió fue la emoción, la expectación y puede que incluso una leve nota de preocupación que se percibía en el rostro del arzobispo, en su enorme sonrisa y en sus ojos de un gris azulado y brillantes.

DOUGLAS ABRAMS

Llegada:
Somos criaturas frágiles

—Somos criaturas frágiles, y precisamente desde esa debilidad, no a pesar de ella, descubrimos la posibilidad de la auténtica felicidad —dijo el arzobispo Tutu mientras le acercaba su bastón, negro y brillante, con la empuñadura de plata con forma de galgo—. La vida está llena de desafíos y adversidades. El miedo es inevitable, al igual que el dolor y, con el tiempo, la muerte. Tienes un ejemplo en el cáncer de próstata: es una buena forma de centrar la mente.

Uno de los efectos secundarios de la medicación que tomaba el arzobispo era el cansancio. Había dormido durante buena parte del vuelo hacia la India, con una manta beis tapándole la cabeza. La idea era aprovechar el trayecto para hablar, pero lo más importante era que descansara, así que ahora, cuando ya nos acercábamos a Dharamsala, intentaba compartir sus pensamientos a toda prisa.

Habíamos hecho noche en Amritsar para que el arzobispo pudiera dormir y también porque el aeropuerto de Dharamsala solo estaba abierto un par de horas al día. Por la mañana habíamos visitado el famoso Harmandir Sahib, el lugar más sagrado de la religión sij. Las plantas superiores están bañadas en oro, de ahí que se le conozca con el nombre del Templo Dorado. Tiene cuatro puertas de acceso al *gurdwara* que simbolizan la tradición de apertura a todas las religiones y a sus gentes. Nos pareció el lugar idóneo para presentar nuestros respetos, y es que estábamos a punto de embarcarnos en un encuentro interconfesional, en el que dos de las religiones más importantes del mundo, el cristianismo y el budismo, entablarían un profundo diálogo.

Recibimos la llamada justo cuando acabábamos de ser engullidos por los cien mil visitantes que acuden diariamente al templo. El Dalai Lama había decidido recibir al arzobispo Tutu en el aeropuerto, un honor reservado a muy pocos de entre el interminable desfile de dignatarios. Nos informaron de que ya estaba en camino. Salimos corriendo del templo y regresamos al aeropuerto empujando la silla de ruedas del arzobispo Tutu, cuya cabeza calva aún iba cubierta con un pañuelo naranja, una muestra de respeto necesaria para poder visitar el templo, que hacía que pareciese un pirata embadurnado de pintura fluorescente.

La furgoneta intentó abrirse paso por las abarrotadas calles de Amritsar entre una sinfonía de bocinas. Coches, peatones, bicicletas, motos y animales luchaban por llegar los primeros. Las calles eran una sucesión de edificios de hormigón armado con las barras de acero aún al aire, en un estado continuo de expansión. Al final, conseguimos llegar al aeropuerto y subimos al avión. Esperábamos que el vuelo de veinte minutos fuera aún más corto, preocupados por la posibilidad de que el Dalai Lama estuviera esperándonos ya a pie de pista.

—Siento decir que, por desgracia, el descubrimiento de una alegría mayor —añadió el arzobispo— no nos salva de la adversidad o de la pena. De hecho, es posible que lloremos con más facilidad, pero también reíremos del mismo modo.

Quizá es que estamos más vivos. Sin embargo, a medida que descubrimos esa nueva alegría, somos capaces de enfrentarnos al sufrimiento de una forma que ennoblece en vez de amargarnos. Afrontamos la dificultad sin volvernos difíciles. Afrontamos la pena sin rompernos.

Había presenciado las lágrimas y la risa del arzobispo multitud de veces. Más risas que lágrimas, cierto, aunque se trata de un hombre que llora con facilidad y a menudo, por lo que aún no ha sido expiado, por lo que aún no está completo. Todo le importa, todo le afecta profundamente. Sus plegarias, que he presenciado en alguna que otra ocasión, abarcan el mundo entero y a todo aquel que sufre o está necesitado. Uno de sus editores tenía un nieto enfermo que formaba parte de la larga lista de plegarias diarias del arzobispo. Al cabo de unos años, el editor le preguntó si podía rezar de nuevo por su nieto porque la enfermedad había vuelto a aparecer. El arzobispo respondió que nunca había dejado de rezar por él.

Desde el avión se veían las montañas cubiertas de nieve que hacen de telón de fondo del hogar en el exilio del Dalai Lama. Después de que China invadiera el Tíbet, el Dalai Lama y cien mil tibetanos más huyeron a la India. Al principio, recibieron refugio temporal en las tierras bajas del país, donde muchos enfermaron a causa del calor y de los mosquitos. Finalmente, el gobierno indio estableció la residencia del Dalai Lama en Dharamsala, y este agradeció el cambio de altitud y el clima menos cálido. Con el paso del tiempo, muchos tibetanos se instalaron en la misma ciudad, como si la comunidad al completo añorara el paisaje montañoso y la altitud de su Tíbet natal. Y, por supuesto, por encima de todo querían estar cerca de su líder político y espiritual.

Dharamsala se encuentra al norte de la India, en el estado

de Himachal Pradesh. Los ingleses, cuando aún gobernaban el país, también solían ir allí para huir del calor implacable del verano. A medida que nos acercábamos a esta antigua estación de montaña británica, vimos el verde interminable de los pinos y los campos de cultivo, un poco más abajo. El aeropuerto a menudo se ve obligado a cerrar por culpa de la niebla y las densas nubes de tormenta, que es lo que ocurrió en mi última visita, pero ese día el cielo estaba despejado y las montañas mantenían a raya las escasas nubes que manchaban el cielo. El avión descendió y nos preparamos para un aterrizaje pronunciado.

—Una gran pregunta subyace a nuestra existencia —había dicho el Dalai Lama antes del viaje—. ¿Cuál es el propósito de la vida? Tras considerarlo largamente, creo que el propósito de la vida es encontrar la felicidad.

»No importa si se es budista como yo, cristiano como el arzobispo Tutu, de cualquier otra religión o de ninguna. Desde el momento en que nacemos, todos los seres humanos ansiamos hallar la felicidad y evitar el sufrimiento. Por distintas que sean nuestras culturas, educaciones o religiones, esto es igual para todos. Buscamos la alegría desde lo más profundo de nuestro ser. Sin embargo, estos sentimientos a menudo son fugaces y difíciles de encontrar, como una mariposa que se posa sobre nuestra mano para luego alejarse de nuevo batiendo las alas.

»La principal fuente de felicidad está en nuestro interior. No en el dinero, ni en el poder, ni en el estatus social. Tengo amigos multimillonarios y son personas profundamente infelices. El poder y el dinero no sirven para nada si lo que buscamos es paz interior. Los logros externos no traen consigo felicidad interna. Debemos buscar en nuestro interior.

»Por desgracia, somos nosotros mismos los que creamos esas condiciones que socavan la alegría y la felicidad. Y se deben principalmente a las tendencias negativas de la mente, a la reactividad emocional o a nuestra incapacidad para apreciar y hacer uso de los recursos que tenemos en nuestro interior. No podemos controlar el sufrimiento generado por un desastre natural, pero sí aquel que se alimenta de nuestras desgracias cotidianas. Nosotros creamos buena parte de nuestro propio sufrimiento, así que lo lógico es que también tengamos la capacidad de generar más alegría. Solo depende de las actitudes, de las perspectivas y de las reacciones que apliquemos en cada situación y en nuestras relaciones con los demás. Cuando alcanzamos la felicidad personal, es mucho lo que podemos hacer como individuos.

En cuanto los frenos rozaron las ruedas del avión, todos salimos despedidos hacia delante. El avión se estremeció y emitió un sonido ronco, tras lo cual se detuvo en un extremo de aquella pista tan corta. Miramos por la ventana y vimos al Dalai Lama de pie en el asfalto, tapándose la cabeza con una enorme sombrilla amarilla para protegerse del radiante sol de la India. Vestía su habitual túnica granate con un chal rojo, aunque bajo el chaleco sin mangas asomaban sendos trozos de tela color azafrán. Lo flanqueaba un séquito mezcla de personal administrativo y funcionarios del aeropuerto. Los soldados indios, con sus uniformes caquis, se ocupaban de la seguridad.

Los medios de comunicación esperaban fuera del aeropuerto. Aquello iba a ser un encuentro privado y únicamente el fotógrafo personal del Dalai Lama podría hacer fotografías. Cuando el arzobispo Tutu empezó a descender ren-queando las escaleras, con su chaqueta azul y su característica gorra de marinero, el Dalai Lama se acercó.

Estaba sonriendo y le brillaban los ojos tras los enormes cristales cuadrados de las gafas. Se inclinó en una reverencia, el arzobispo extendió los brazos y se abrazaron. Al separarse, se sujetaron mutuamente por los hombros y se miraron a los ojos, como si intentaran convencerse de que realmente volvían a estar juntos.

—Hacía mucho tiempo que no te veía —dijo el arzobispo Tutu mientras acariciaba con ternura la mejilla del Dalai Lama y lo observaba con más detenimiento—. Tienes buen aspecto.

El Dalai Lama, sin soltar los pequeños hombros del arzobispo, frunció los labios como si le mandara un beso. El arzobispo levantó la mano izquierda, en la que brillaba una alianza de oro, sujetó la barbilla del Dalai Lama como quien le hace una carantoña a su nieto favorito y luego le dio un beso en la mejilla. El Dalai Lama, que no está acostumbrado a recibir besos de nadie, se apartó, pero al mismo tiempo se rió de buena gana y, a los pocos segundos, se le unió el arzobispo con sus agudas carcajadas.

—No te gusta que te besen —dijo el arzobispo, y le dio un beso en la otra mejilla.

Recuerdo que me pregunté cuántos besos habría recibido el Dalai Lama en toda su vida, separado de sus padres a los dos años de edad y criado en un entorno exclusivo, donde las muestras de afecto son poco frecuentes.

Se separaron para realizar la entrega formal del *khata* (un pañuelo blanco), una costumbre tibetana que equivale a un saludo y que es también una muestra de respeto. Luego el

Dalai Lama se llevó las manos unidas al corazón, el gesto de bienvenida que nos reconoce como una unidad. El arzobispo se quitó la gorra de marinero y le devolvió la reverencia, y entonces el Dalai Lama le pasó el pañuelo blanco alrededor del cuello. Se dijeron algo al oído, tratando de hacerse oír por encima del ruido de los motores del avión, que aún retumbaban de fondo. El Dalai Lama cogió la mano del arzobispo y, de pronto, fue como si tuvieran ocho años en lugar de ochenta, se dirigieron hacia la terminal entre bromas y risas, al cobijo de la sombrilla amarilla.

El arzobispo llevaba el pañuelo al cuello y, aun así, colgaba de su pequeño cuerpo casi hasta el suelo. El tamaño del *khata* simboliza la estima que se le tiene al destinatario; los más largos son para los lamas más importantes. El *khata* que el Dalai Lama le entregó al arzobispo Tutu era el más largo que he visto en mi vida. El arzobispo se pasó toda la semana repitiendo que, con tantos pañuelos alrededor del cuello, empezaba a tener complejo de perchero.

Nos acompañaron a una pequeña sala con dos sofás marrones, que era donde el Dalai Lama solía esperar cada vez que se retrasaba o se cancelaba algún vuelo desde Dharamsala. Desde allí, veíamos a los periodistas congregados frente al aeropuerto, aguardando junto a la pared de cristal con la esperanza de poder hacerles alguna pregunta o una buena fotografía. Fue entonces cuando recordé lo importante que era aquel viaje, lo histórico de la situación. Me había perdido en la logística del encuentro y había olvidado por completo que aquellos días que ambos iban a pasar juntos serían un acontecimiento importante para el mundo entero.

En la sala, el arzobispo Tutu se acomodó en un sofá mientras el Dalai Lama lo hacía en un sillón, a su lado. Junto al arzobispo se sentó su hija Mpho, que iba ataviada con un vestido de color verde y rojo muy llamativo, de estilo africano, y un turbante en la cabeza confeccionado con la misma tela. La menor de los cuatro hermanos había seguido los pasos de su padre y ahora era directora ejecutiva de la Desmond & Leah Tutu Legacy Foundation. Durante aquel mismo viaje, Mpho se arrodillaría ante su novia, Marceline Van Furth, y le pediría que se casara con ella. Aún faltaban dos meses para que el Tribunal Supremo de Estados Unidos hiciera historia legalizando el matrimonio homosexual, pero el arzobispo Tutu llevaba décadas apoyando los derechos de la comunidad gay. Su afirmación de que se negaba a ir a un cielo «homófobo» es bien conocida. Lo que muchos olvidan, sobre todo los que son víctimas de esta censura moral, es que el arzobispo condena cualquier forma de opresión o discriminación, dondequiera que esta se produzca. Poco después de su boda, Mpho fue arrebatada de su ministerio porque la Iglesia anglicana sudafricana no reconocía el matrimonio homosexual.

—Me apetecía mucho asistir a tu cumpleaños —dijo el Dalai Lama—, pero por lo visto tu gobierno ha tenido problemas. En aquel momento, tuviste a bien expresarte con palabras muy contundentes —continuó, y apoyó la mano en el antebrazo del arzobispo—. Y yo te lo agradezco.

«Palabras muy contundentes» era una forma de decirlo bastante suave.

La idea de pasar una semana en Dharamsala para festejar el cumpleaños del Dalai Lama tenía su origen cuatro años antes, en la celebración del ochenta cumpleaños del arzobispo Tutu en Ciudad del Cabo, Sudáfrica. El Dalai Lama iba a asistir en calidad de invitado de honor, pero el gobierno sudafricano cedió a las presiones de China y no le concedió el visado para entrar en el país. China es uno de los mayores compradores de minerales y materias primas de Sudáfrica.

El día de la celebración de su cumpleaños se acercaba y el arzobispo aparecía a diario en la primera página de los periódicos del país cargando contra el gobierno por su hipocresía y su perfidia. Llegó a comparar al Congreso Nacional Africano —el partido en el poder por cuyos miembros Desmond Tutu luchó durante décadas hasta conseguir liberarlos de la cárcel y del exilio— con el largamente odiado gobierno del apartheid. Afirmó que, en realidad, eran todavía peores, porque este último no tenía reparos en mostrar públicamente su maldad.

—Siempre intento no causar molestias a nadie —añadió el Dalai Lama con una sonrisa, y señaló al arzobispo con el dedo—, pero me alegré de que alguien estuviera dispuesto a ser una molestia por mí. Me alegré mucho.

—Lo sé —dijo el arzobispo Tutu—. Me utilizas. Ese es el problema. Me utilizas y yo no aprendo. —Alargó una mano y cogió la de su amigo con delicadeza—. Cuando los sudafricanos se negaron a que asistieses a mi ochenta cumpleaños, solo consiguieron que el evento tuviera mucha más resonancia. Google era el encargado de presentar el acto y se generó un enorme interés entre la prensa. Aunque ya sé que siempre ocurre lo mismo cuando se trata de ti, pero no estoy celoso.

»¿Sabes? Recuerdo aquella vez que estábamos en Seattle y buscaban un recinto lo suficientemente grande para albergar a toda la gente que quería ir a verte, y al final lo único que encontraron fue un estadio de fútbol. Setenta mil personas querían oír a este hombre, y eso que ni siquiera habla inglés correctamente.

El Dalai Lama soltó una sincera carcajada.

—No está bien que te rías —protestó el arzobispo Tutu—. Deberías rezar más para que me haga tan famoso como tú.

Bromear con alguien es señal de confianza y de amistad, de que existe un depósito de afecto del que bebemos todos como humanos divertidos e imperfectos que somos. Y, sin embargo, sus bromas hacían referencia a sí mismos tanto como al otro, nunca con la intención de humillar, sino de reforzar el vínculo y la amistad que los unía.

El arzobispo Tutu quería presentar y dar las gracias a toda la gente que había hecho posible aquel viaje. Mencionó a su hija Mpho; a la filántropa y trabajadora de la paz Pam Omidyar, y a mí, pero dijo que a nosotros ya nos conocía. Luego presentó a mi mujer, Rachel, su doctora estadounidense; Pat Christian, compañero de Pam en el Grupo Omidyar; y a la futura prometida de su hija, Marceline, pediatra y profesora de epidemiología en Holanda. No hizo falta que presentara al último miembro del grupo, el venerable lama Tenzin Dhonden, del monasterio de Namgyal, el mismo que el del Dalai Lama.

Este frotaba cariñosamente la mano del arzobispo, como ocurriría durante toda la semana. Empezaron a hablar del itinerario que habíamos seguido y de la parada en Amritsar.

—Está muy bien. Hay que descansar —dijo el Dalai Lama—. Yo siempre duermo ocho o nueve horas al día.

—Pero te levantas muy temprano, ¿verdad? —quiso saber el arzobispo.

—Así es. A las tres en punto.

—¿A las tres?

—Siempre.

—¿Y rezas durante cinco horas?

El arzobispo levantó cinco dedos en alto para enfatizar sus palabras.

—Sí.

El arzobispo Tutu levantó la mirada al cielo y negó con la cabeza.

—No, es demasiado.

—A veces utilizo lo que se conoce como «análisis séptuple» para meditar sobre la naturaleza del yo —dijo el Dalai Lama. Más tarde, Jinpa nos explicó que se trata de una práctica budista contemplativa, en la que se busca la verdadera naturaleza del individuo analizando la relación entre uno mismo y los aspectos físicos y mentales de cuerpo y mente—. Por ejemplo —continuó—, cuando te miro y analizo, veo que eres mi querido y respetado amigo el obispo Tutu. No, este es su cuerpo, pero no es él. Esta es su mente, pero no es él. —Se inclinó hacia delante para enfatizar sus palabras, un acertijo en forma de paradoja tan viejo como el budismo—. ¿Dónde está el verdadero yo del arzobispo Tutu? No lo sabemos.

Le dio una palmada en el brazo a modo de broma. El arzobispo parecía desconcertado y visiblemente perplejo.

—¿De veras?

—Pues bien —concluyó el Dalai Lama—, en física cuántica tienen una visión similar. Cualquier cosa, por objetiva que sea, no existe en realidad. Al final somos incapaces de encontrar nada. Es como la meditación analítica.

El arzobispo, sorprendido tras lo que acababa de escuchar, se llevó las manos a la cara.

—Yo no podría.

Puede que el Dalai Lama argumentara contra la existencia del obispo Tutu, pero al mismo tiempo sí existía la persona, el amigo que para él era especial de una forma única, a pesar de la cordialidad con la que trataba a todo el mundo. Jinpa y yo hablamos de por qué aquella relación significaba tanto para ellos dos. A ambos se les hacía extraño tener un amigo de verdad. Al fin y al cabo, el club de los líderes morales no cuenta con demasiados miembros. Sus vidas están llenas de personas que los ven como a iconos. Debe de suponer un gran alivio encontrar a alguien cuyo objetivo no sea hacerse una foto junto a uno de los dos. Obviamente, también comparten aquellos valores que fundamentan todas las religiones y, cómo no, poseen un idéntico sentido del humor. Empezaba a darme cuenta de lo importante que era la amistad y, en general, cualquier relación para experimentar alegría. Este era un tema que aparecería de forma recurrente a lo largo de la semana.

—Siempre le cuento a la gente —comentó el arzobispo Tutu— que una de tus grandes virtudes es la serenidad, y les digo: «Bueno, ya sabes que todas las mañanas dedica cinco horas a la meditación». Y esa serenidad se nota en tu forma de responder ante temas que resultan desgarradores, como el dolor que sufre tu país o el del mundo en general. Yo lo intento, pero cinco horas es demasiado.

El arzobispo, siempre tan modesto, intentaba restarle importancia a sus tres o cuatro horas diarias de rezos. De hecho, podríamos decir que él se levanta más tarde... sobre las cuatro.

¿Por qué los líderes espirituales, me pregunté, siempre se levantan temprano para rezar y meditar? Es evidente que eso les permite enfrentarse al resto del día con un ánimo totalmente diferente. La primera vez que oí que el Dalai Lama se levantaba a las tres de la madrugada, pensé que estaba a punto de escuchar otra historia más de devoción sobrehumana, en la que además el protagonista apenas dormía dos o tres horas al día. Me alivió saber que simplemente se acuesta muy temprano, sobre las siete de la tarde. (No es el horario más práctico para un padre o una madre con hijos a los que alimentar y que luego deben llevar a la cama, pensé, aunque quizá sí era posible acostarse una hora antes para levantarse también una hora antes. ¿Conseguiría así un mayor crecimiento espiritual? ¿O una existencia más alegre?)

El Dalai Lama se llevó la mano del arzobispo a la mejilla.

—Y ahora vayamos a mi casa.

Cuando salimos del aeropuerto, la prensa los rodeó y les hizo todo tipo de preguntas sobre el viaje. El arzobispo se detuvo para responder y aprovechó la presencia de los medios para denunciar una vez más la injusticia en el mundo. Habló con voz firme, con el ruido de las cámaras salpicando su discurso.

—Me alegro de estar con mi querido amigo. Suele ocurrir que la gente o las circunstancias intentan mantenernos alejados, pero el amor que sentimos el uno por el otro y la generosidad del Señor siempre consiguen que nos reunamos de nuevo. La primera vez que el gobierno de Sudáfrica le negó el visado, cuando se disponía a asistir a mi ochenta cumpleaños, le pregunté: «¿Cuántas unidades tienes en tu ejército? ¿Por qué China te tiene tanto miedo?». Y eso es lo que me sorprende, y quizá no les falta razón: un líder espiritual debe tomarse muy en serio. Esperamos que este mundo que Dios ha creado pronto sea un lugar mejor, más abierto a la bondad, a la compasión, a la generosidad; más abierto a la convivencia para que no vuelva a repetirse lo que está pasando ahora mismo entre Rusia y Ucrania, o con el Estado islámico, o en Kenia o Siria. Dios llora por todo ello.

El arzobispo se disponía a reprender su camino cuando otro periodista le preguntó por el propósito del viaje.

—Nos hemos reunido para disfrutar de la amistad que nos une y para conversar sobre la alegría.

Una caravana de coches nos esperaba. La residencia del Dalai Lama estaba a tres cuartos de hora de distancia. Habían cortado las calles para que pudiera ir hasta el aeropuerto y, en las aceras, tibetanos, indios y algún que otro turista esperaban con la esperanza de poder ver a Su Santidad y a su invitado. De pronto, supe por qué el Dalai Lama raramente acude al aeropuerto, y es que se necesita una operación logística de primer nivel que supone cortar al tráfico una de las calles principales, lo cual acaba afectando al conjunto de la ciudad.

Estábamos allí para hablar de la alegría a pesar de los desafíos de la vida, y Dharamsala estaba llena de señales que nos recordaban que aquella era una comunidad traumatizada por la opresión y el exilio. La ciudad sigue el serpenteo constante de las carreteras que recorren la ladera de la montaña, y algunos puestos de artesanía cuelgan directamente sobre precipicios. No existen normas de construcción ni medidas de seguridad, al igual que ocurre en toda la India y buena parte del tercer mundo; lo importante es dar cabida a una población en vertiginoso aumento. Recuerdo que me pregunté qué pasaría con todos aquellos edificios si hubiese un terremoto. La ciudad al completo se desprendería de las montañas como una hoja posada sobre el lomo de un animal que de pronto se despierta.

A medida que la caravana fue ascendiendo, las hileras de devotos eran cada vez más densas. Algunos quemaban incienso y la mayoría extendían las manos en actitud de plegaria, con las palmas hacia el cielo y envueltas con las cuentas de los *malas*. Es difícil que alguien que no haya nacido en el Tíbet entienda cuánto significa el Dalai Lama para su pueblo, y especialmente para esta comunidad en el exilio. Es el símbolo de su identidad nacional y política, además de la personificación de sus aspiraciones espirituales. Ser la encarnación del *bodhisattva* de la compasión es, en muchos aspectos, el equivalente al Jesús cristiano. Me imagino lo difícil que debe de ser para el Dalai Lama cargar con esta responsabilidad y, al mismo tiempo, insistir en que él no es «nadie especial», uno más entre los siete mil millones de habitantes del planeta.

Las calles se fueron estrechando. Parecía imposible que los coches se abrieran paso entre la multitud a tanta velocidad, pero lo cierto era que solo aminorábamos de vez en cuando para esquivar las vacas sagradas que deambulaban por las calles, quizá para ver mejor a los dos hombres santos que iban dentro de uno de los coches.

Me pregunté si tanta velocidad respondía a razones de seguridad o al deseo de reabrir las calles cuanto antes; seguramente se trataba de lo segundo. La ciudad, como todas las de la India, está formada a partir de la fricción tectónica de distintas capas culturales, que se desplazan y se empujan las unas a las otras en una muestra vibrante y a veces inquietante de devoción e identidad.

La ciudad budista de McLeod Ganj, situada todavía a más altura y, por ello, conocida como Alta Dharamsala, conforma otro nivel de sedimentos sobre la ciudad hindú. Dharamsala, o Dharamshala como se pronuncia en hindi, significa «morada espiritual» y combina *dharma*, o enseñanza espiritual, con *shala*, que equivale a morada. El nombre completo significa «casa de invitados» o «refugio para peregrinos»; un nombre perfecto para una ciudad que se ha convertido en destino de tantos peregrinos.

Atravesamos a toda prisa las sencillas rejas de metal que dan acceso al complejo del Dalai Lama, donde se encuentran las oficinas y su residencia privada. Nos detuvimos en un camino de grava semicircular, en cuyo centro crecía un parterre cubierto de flores. Yo ya había estado en Dharamsala en enero para preparar el viaje con el equipo del Dalai Lama. Entonces la ciudad estaba cubierta de nubes y hacía un frío insoportable, pero ahora el sol brillaba con fuerza y las flores estaban ansiosas por florecer, como cada primavera en las alturas; sus vidas acortadas, cada día más necesario y más agradecido que el anterior.

Pronto se iniciarían las conversaciones y yo estaba cada vez más nervioso, pero sabía que no era el único. En una de las llamadas que hice al arzobispo Tutu para planear el viaje, me sorprendió que a este le preocuparan esas charlas sobre la filosofía de la vida con el Dalai Lama. «Él es mucho más cerebral —dijo refiriéndose a la pasión del Dalai Lama por el debate, la indagación intelectual y la exploración científica—. Yo soy más instintivo.» Al escuchar aquello, recordé que una vez le oí decir que en los momentos más críticos de su vida y en su lucha para acabar con el apartheid se había dejado aconsejar por su intuición más primaria y por la entrega a la oración. Supongo que incluso los guías espirituales más importantes se ponen nerviosos cuando se adentran en terreno desconocido.

Esperaríamos un día para que el arzobispo pudiera descansar y luego daríamos por inauguradas las conversaciones sobre la naturaleza de la alegría.

DÍA 1

La naturaleza de la alegría

¿Por qué no se te ve más taciturno?

Para empezar, invité al arzobispo Tutu a recitar una plegaria puesto que, según su tradición, esta es la forma de iniciar cualquier conversación importante.

—Sí, gracias —dijo el arzobispo—. Me vendrá bien toda la ayuda que pueda reunir. Guardemos silencio. Ven a nosotros, Espíritu Santo. Llena los corazones de tus fieles sirvientes y prende en ellos la llama de tu amor. Envías tu espíritu y ellos son creados, y tú renuevas la faz de la tierra. Amén.

—Amén —repitió el Dalai Lama, y aproveché para pedirle que compartiera con todos sus expectativas para los días que nos esperaban. Se puso cómodo mientras se frotaba las manos—. Estamos en el siglo XXI. Hemos mejorado los avances tecnológicos del siglo pasado y modernizado todo lo relacionado con el mundo material. Obviamente, sigue habiendo gente pobre que no se alimenta adecuadamente y, aun así, vivimos en sociedades altamente evolucionadas. El problema es que nuestro mundo y la educación que recibimos siguen centradas exclusivamente en valores externos y materialistas. Los valores internos apenas nos preocupan. Los que reciben este tipo de educación desde pequeños acaban siendo dominados por el materialismo y, al final, toda la sociedad sucumbe ante él. Sin embargo, esta filosofía de vida no basta para enfrentarse a los problemas del ser humano. El verdadero problema se encuentra aquí —dijo el Dalai Lama señalándose la cabeza.

El arzobispo Tutu se llevó los dedos al pecho para recordarle la importancia del corazón.

—Y aquí —añadió el Dalai Lama—. Mente y corazón. Los valores materialistas no traen consigo la tranquilidad. Así pues, debemos concentrarnos en los valores más íntimos, en nuestra verdadera humanidad. Solo así conseguiremos paz interior… y más paz en el mundo. Nosotros mismos somos los que creamos muchos de los problemas a los que nos enfrentamos, como la guerra o la violencia. A diferencia de los desastres naturales, estos son producto del ser humano.

»La contradicción es evidente —continuó—. Somos siete mil millones de seres humanos; nadie quiere tener problemas o sufrir y, sin embargo, vivimos rodeados de problemas y de sufrimiento, que, la mayoría de las veces, hemos creado nosotros mismos. ¿Por qué? —Se dirigía directamente al arzobispo Tutu, que asentía con la cabeza—. Me queda por añadir algo. Como uno de estos siete mil millones de seres humanos, creo que es responsabilidad de todos hacer del mundo un lugar más feliz. Tenemos que preocuparnos más por el bienestar ajeno. Dicho de otro modo, necesitamos más bondad, más compasión. Debemos centrarnos más en nuestros valores, buscar en nuestro interior. —Se volvió hacia el arzobispo, juntó las palmas de las manos y las levantó en un gesto de respeto—. Tu turno, arzobispo Tutu, mi querido amigo. —Extendió una mano y el arzobispo la sujetó con ternura entre las suyas—. Creo que tienes un gran potencial…

—¡¿Potencial?! —exclamó el arzobispo haciéndose el indignado, y retiró la mano.

—Un gran potencial, sí. Me refería a un gran potencial para crear una humanidad más feliz.

El arzobispo echó la cabeza hacia atrás riéndose.

—Ah, claro.

—Cuando la gente te mira —continuó el Dalai Lama—, tú siempre te estás riendo, siempre estás feliz. Ese es un mensaje muy positivo. —Ahora fue el Dalai Lama el que cogió la mano del arzobispo entre las suyas y la acarició—. Los líderes políticos o espirituales suelen tener un rostro muy serio… —Se incorporó en la silla frunciendo el ceño con gesto severo—. Impresionan. Pero cuando ven tu cara…

—Es por la nariz, que es enorme —sugirió el arzobispo, y los dos se echaron a reír.

—Te agradezco de verdad que hayas venido para conversar conmigo —dijo el Dalai Lama—. Si queremos desarrollar la mente, debemos buscar en un nivel más profundo. Todo el mundo ansía encontrar la felicidad, la alegría, pero siempre desde el exterior, gracias al dinero, al poder, a un coche más potente o una casa más grande. La mayoría de la gente no repara en la auténtica fuente de una vida más feliz, que está en nuestro interior, no fuera, al igual que la fuente de la salud física.

»Existen algunas diferencias entre nosotros dos. Tú sueles hacer énfasis en la fe. Yo soy budista y creo que la fe es muy importante, pero al mismo tiempo la realidad nos dice que, de los siete mil millones de personas que somos en todo el planeta, más de mil millones no son creyentes. No podemos excluirlos. Mil millones es una cifra importante. También son nuestros hermanos y hermanas, y se merecen ser más felices, miembros de pleno derecho de esta gran familia que formamos los seres humanos. Así pues, no podemos depender de la religión para educar nuestros valores interiores.

—Es muy difícil seguir razonamientos tan profundos como los tuyos —empezó el arzobispo Tutu—. De hecho, creía que ibas a decir que cuando perseguimos la felicidad es precisamente cuando no la encontramos. Es muy, muy escurridiza. No basta con decir «me olvido de todo y me dedico solo a buscar la felicidad». C. S. Lewis tiene un libro que se titula *Cautivado por la alegría* y que define a la perfección cómo funciona el proceso.

»La gente te mira —continuó el arzobispo— y piensa en todo lo malo que te ha pasado en la vida. No hay nada más terrible que el exilio, huir de tu hogar y de todo aquello que significa algo para ti. Y, sin embargo, cuando te conocen, descubren a alguien que desprende una serenidad maravillosa…, una compasión infinita…, una picardía…

—Esa es la palabra perfecta —intervino el Dalai Lama—. No me gustan las formalidades.

—No me interrumpas —protestó el arzobispo.

—¡Oh!

El Dalai Lama se echó a reír al recibir semejante reprimenda.

—Es maravilloso descubrir que lo que buscamos no es la felicidad. Yo no hablaría de eso, sino más bien de la alegría. En la alegría está la felicidad. Es algo mucho más grande. Piensa en una madre que está a punto de dar a luz. La mayoría de nosotros intentamos evitar el dolor. Y las madres, en cambio, saben que van a sufrir, que van a experimentar la agonía que supone dar a luz. Pero lo aceptan. E incluso después del parto más doloroso, cuando el bebé ya está fuera, la alegría de la madre es tal que es imposible medirla. Es de esas cosas que parecen increíbles: que la alegría pueda llegar tan pronto, cuando el dolor apenas ha desaparecido.

»Una madre puede estar agotada de tanto trabajar —prosiguió el arzobispo— y de todos los problemas que la abruman. Y de pronto su hijo enferma. Esa madre se olvidará del cansancio. Se sentará junto a la cama de su hijo enfermo y pasará allí toda la noche, y cuando el niño mejore en su rostro aparecerá de nuevo la alegría.

¿Cómo se definiría ese sentimiento que llamamos alegría y cómo es posible que evoque una gama tan extensa de emociones? ¿Cómo puede ser que abarque desde las lágrimas de alegría tras un nacimiento hasta la carcajada incontenible al escuchar un chiste o la sonrisa serena de la meditación? La alegría parece cubrir toda esa gama de emociones. Paul Ekman, conocido investigador en el campo de las emociones y amigo personal del Dalai Lama, ha escrito que la alegría está asociada a sentimientos tan variados como los siguientes:

placer (de los cinco sentidos)
diversión (desde una risa disimulada a una carcajada)
complacencia (un tipo más calmado de satisfacción)
excitación (en respuesta a la novedad o al desafío)
alivio (como consecuencia de otra emoción, ya sea miedo, ansiedad o incluso placer)
asombro (ante algo extraordinario y admirable)
éxtasis o arrobo (que nos transporta más allá de nosotros mismos)
exultación (tras completar una tarea difícil o atrevida)
orgullo rebosante (cuando nuestros hijos obtienen un reconocimiento especial)

regocijo malsano o alegría por el mal ajeno (disfrutar con
el sufrimiento de alguien)
elevación (tras presenciar un acto de bondad, generosidad o compasión)
gratitud (agradecimiento por un acto desinteresado del
que somos receptores)

En su libro *En defensa de la felicidad*, el científico y erudito del budismo Matthieu Ricard ha añadido otros tres estados
exaltados de alegría:

regocijo (por la alegría ajena, lo que los budistas denominan *mudita*)
deleite o embelesamiento (un tipo de complacencia rebosante)
irradiación espiritual (un tipo de alegría serena que nace
de un profundo estado de bienestar y de benevolencia)

En este mapa tan útil del reino de la alegría puede apre-
ciarse toda su complejidad y sus sutilezas. La alegría abarca
desde el placer por la buena suerte ajena, que los budistas
conocen como *mudita*, hasta el placer por el infortunio de los
demás, que los alemanes conocen con el término *schadenfreude*. Está claro que lo que el arzobispo estaba describiendo era
algo más que el mero placer y se acercaba más al alivio, asombro y éxtasis del nacimiento. Ciertamente, la alegría engloba
todas esas experiencias humanas, pero la alegría duradera
—la alegría como forma de ser— tan evidente en el arzobispo
Tutu y en el Dalai Lama se aproxima más a la «complacencia
rebosante» o a la «irradiación espiritual» que nace de la benevolencia y de un profundo bienestar.

Yo sabía que estábamos allí para descubrir la compleja topografía de la alegría. Los estudios llevados a cabo por el Institute of Neuroscience and Psychology de la Universidad de Glasgow sugieren que solo existen cuatro emociones esenciales, tres de las cuales se conocen como emociones negativas: el miedo, la ira y la tristeza. La única positiva es la alegría o la felicidad. Investigarla significa ni más ni menos que ir en busca de aquello que hace que la experiencia del ser humano sea satisfactoria.

—¿La alegría es un sentimiento que llega de repente y nos sorprende o es una forma de ser y, por tanto, más fiable? —pregunté—. En el caso de ambos, la alegría parece algo mucho más perdurable. La práctica espiritual no os ha convertido en personas más serias, más circunspectas, sino más alegres. Así pues, ¿cómo se cultiva esa sensación de alegría duradera como forma de ser y no solo como sentimiento pasajero?

Se miraron el uno al otro y el arzobispo Tutu le hizo un gesto al Dalai Lama. Este apretó la mano a su amigo y empezó:

—Sí, es cierto. La alegría es algo distinto de la felicidad. Cuando uso la palabra «felicidad», en cierto sentido lo que quiero decir es «satisfacción». A veces vivimos una experiencia dolorosa, pero esa misma experiencia, como has dicho tú antes cuando hablabas del parto, puede traer consigo una satisfacción y un júbilo enormes.

—Permíteme que te haga una pregunta —intervino el arzobispo Tutu—. ¿Cuántos años llevas en el exilio? ¿Cincuenta y tantos?

—Cincuenta y seis.

—Cincuenta y seis años alejado del país que más quieres de este mundo. ¿Por qué no se te ve más taciturno?

—¿Taciturno? —repitió el Dalai Lama, sin acabar de entender qué quería decir su amigo.

Jinpa se dispuso a traducir el término al tibetano, pero el arzobispo se le adelantó.

—Triste.

El Dalai Lama cogió la mano del arzobispo, como si intentara consolarlo mientras recordaba aquellos acontecimientos tan dolorosos de su vida. Cuando descubrieron que el Dalai Lama era la reencarnación de su predecesor, lo arrancaron, con apenas dos años, de su entorno rural en la provincia de Amdo, en la zona del Tíbet, y se lo llevaron a Lhasa, la capital, al palacio de Potala, con sus mil estancias. Allí fue criado en el más absoluto aislamiento y educado para ser el futuro líder espiritual y político del Tíbet y la reencarnación divina del *bodhisattva* de la compasión. Tras la invasión china del país en 1950, el Dalai Lama se vio empujado a la política. Con quince años gobernaba a seis millones de personas y se enfrentaba a una guerra sin cuartel e injustamente desigual. Pasó nueve años intentando negociar con la China comunista por el bien de su pueblo y buscando soluciones políticas mientras el país era anexionado. En 1959, durante un levantamiento que amenazaba con acabar en masacre, el Dalai Lama decidió, con todo el dolor de su corazón, partir hacia el exilio.

Las posibilidades de huir con éxito a la India eran alarmantemente escasas, pero, para evitar la confrontación y el subsiguiente baño de sangre, partió en plena noche vestido como uno de los guardias del palacio. Tuvo que quitarse las gafas por ser demasiado reconocibles, y su escasa visión debió de aumentar la sensación de miedo e incerteza mientras el grupo pasaba junto a las guarniciones del Ejército Popular de Liberación. Durante las tres semanas que duró la huida, sobrevivieron a tormentas de arena y de nieve y escalaron montañas de más de cinco mil metros.

—Uno de mis ejercicios tiene su origen en un viejo maestro indio —dijo el Dalai Lama, en respuesta a la pregunta del arzobispo—. Según él, cuando vives una experiencia trágica, debes pensar en lo sucedido. Si no hay forma de superar la tragedia, no tiene sentido que te preocupes demasiado. Es lo que yo hago.

El Dalai Lama se estaba refiriendo a Shantideva, el maestro budista del siglo XVIII, quien escribió: «Si tiene solución, entonces no hay de qué preocuparse. Y si no la tiene, ¿qué sentido tiene lamentarse?».

El arzobispo se echó a reír, quizá porque le parecía increíble que alguien pudiera dejar de preocuparse por algo simplemente porque no conducía a nada.

—Sí, creo que la gente ya es consciente de ello; sus mentes lo saben. —Se llevó los dedos índices de ambas manos a la frente—. Saben que no sirve de nada preocuparse, pero no pueden evitarlo.

—Muchos de nosotros nos hemos convertido en refugiados —intentó explicarse el Dalai Lama—, y en mi propio país las dificultades son muchas. Cuando pienso en ello —continuó juntando las manos hasta formar con ellas un círculo—, me preocupo. —Volvió a separarlas rompiendo el círculo—. Pero, cuando contemplo el mundo, veo muchos problemas, incluso en la República Popular de China. Por ejemplo, la comunidad musulmana hui padece muchos problemas y mucho sufrimiento. Y, fuera de China, sigue habiendo muchos más problemas e incluso más sufrimiento. Cuando miramos alrededor, nos damos cuenta de que no somos los únicos que lo pasamos mal; muchos de nuestros hermanos y hermanas están en la misma situación. Así pues, cuando observamos el mismo suceso desde una perspectiva más amplia, se reducen la preocupación y el sufrimiento.

Me sorprendió la simplicidad y profundidad de las palabras del Dalai Lama. Aquello no tenía nada que ver con «Don't Worry, Be Happy», la conocida canción de Bobby McFerrin. No se trataba de negar el dolor y el sufrimiento, sino de cambiar la perspectiva —de uno mismo hacia los demás, de la angustia a la compasión— y ser consciente de que todos sufrimos. Lo más extraordinario de aquellas palabras del Dalai Lama es que, cuando somos conscientes del dolor ajeno y nos damos cuenta de que no estamos solos, nuestro dolor disminuye.

A veces alguien nos relata su tragedia personal y, de pronto, nos sentimos mejor con nuestra situación. Pero lo que estaba haciendo el Dalai Lama era bastante distinto. Él no pretendía comparar su situación con la de los demás, sino que las estaba unificando, expandiendo su identidad hasta darse cuenta de que el pueblo tibetano y él mismo no estaban solos en su sufrimiento. Cuando reconocemos que estamos todos conectados —seamos budistas del Tíbet o musulmanes de la etnia hui—, entonces aparecen la empatía y la compasión.

Me pregunté qué relación había entre la capacidad del Dalai Lama para cambiar la perspectiva y ese proverbio que dice: «El dolor es inevitable; el sufrimiento es opcional». ¿De verdad era posible sentir dolor, ya fuera debido a una herida o al exilio, y no sufrir? Hay un *sutra*, o enseñanza de Buda, llamado Sallatha Sutra que establece una distinción similar entre el «sentimiento de dolor» y el «sufrimiento que resulta de nuestra propia respuesta» a ese dolor: «Cuando una persona corriente siente dolor, se entristece, llora y se lamenta, se golpea el pecho y no halla consuelo. Experimenta dos dolores distintos: el físico y el mental. Como si alguien le disparara con una flecha y, acto seguido, le disparase una segunda flecha para que sintiera el dolor de las dos». El Dalai Lama sugería que, al cambiar nuestra perspectiva y adoptar una más amplia, más compasiva, podemos evitar el sufrimiento y la preocupación que nos supone la segunda flecha.

—Y otra cosa —prosiguió—. Todo suceso tiene distintas vertientes. Por ejemplo, los tibetanos perdimos nuestro país y nos convertimos en refugiados, pero esa misma experiencia trajo consigo nuevas oportunidades, nuevos acontecimientos. En mi caso, pude conocer a gente muy diversa, practicantes de otras religiones como tú e incluso científicos. Esta nueva oportunidad no llegó hasta que me convertí en refugiado. Si me hubiera quedado en el palacio de Potala, en Lhasa, no me habría movido de lo que suele describirse como una jaula de oro: el lama, el santo Dalai Lama.

De pronto, estaba sentado con la espalda muy recta, el cuerpo todo rígido, como cuando era el líder espiritual del reino prohibido.

—Personalmente, prefiero las últimas cinco décadas de mi vida en mi condición de refugiado. Me han sido más útiles y me han proporcionado mayores oportunidades para aprender, para experimentar la vida. Por tanto, si miras las cosas desde solo un ángulo, te sientes tan triste, tan triste... Pero si contemplas la misma tragedia, el mismo suceso, desde otra perspectiva, te das cuenta de las nuevas oportunidades que trae consigo. Eso es maravilloso, y es también la principal razón de que no esté triste ni taciturno. Hay un dicho tibetano que dice: «Allí donde tengas amigos, ese es tu país, y allí donde recibas amor, ese es tu hogar».

Todos los presentes contuvimos el aliento al escuchar aquella sentencia tan conmovedora, capaz de aliviar, si no borrar directamente, el dolor de medio siglo en el exilio.

—Eso es muy hermoso —dijo el arzobispo Tutu.

—Y también —continuó el Dalai Lama— aquel que te dé amor se convierte en tu padre. Por eso te considero mi padre, aunque solo seas cuatro años mayor que yo. No creo que pudieras tener hijos a los cuatro años, así que no eres realmente mi padre. Pero, para mí, es como si lo fueses.

—Lo que acabas de decir es en verdad precioso —empezó el arzobispo Tutu, aún visiblemente emocionado por las palabras del Dalai Lama sobre el exilio—. Si tuviera que añadir algo, les diría a mis hermanas y hermanos que la angustia y la tristeza son emociones que no podemos controlar. Simplemente existen. Imagina que alguien te agrede. El dolor te provoca angustia e ira, y seguro que querrás vengarte. Pero a medida que creces en el terreno espiritual, ya seas budista, cristiano o de cualquier otra religión, aprendes a aceptar todo lo que te pasa. Lo aceptas, pero no como una consecuencia de tus pecados, como si tú fueras el culpable de lo que ha pasado. Sencillamente es parte de la urdimbre, de la trama de la vida. Te ocurrirá, lo quieras o no. La vida está repleta de frustraciones. La pregunta no es: «¿Qué hacer para evitarlas?»; es: «¿Cómo puedo usarlas de manera positiva?». Tal como Su Santidad acaba de describirlo. No se me ocurre nada más devastador en todos los aspectos que ser expulsado de tu propio país. Porque un país no es solo eso, es también una parte de ti. Formas parte de él de una manera que resulta difícil de explicar a los demás. El Dalai Lama tendría todo el derecho del mundo a ser un cascarrabias.

El Dalai Lama consultó con Jinpa el significado exacto de «cascarrabias», pero el arzobispo decidió explicárselo él mismo.

—Es cuando pones esa cara —dijo señalando los labios fruncidos y la expresión de incredulidad del Dalai Lama, que parecía como si acabara de morder un limón—. Esa cara, exactamente esa. Pareces un cascarrabias.

El Dalai Lama aún estaba intentando comprender cómo se podía cascar la rabia, a pesar de los esfuerzos de Jinpa.

—Y, de pronto, sonríes y se te ilumina la cara. Y es porque en gran medida has transmutado todo aquello que debería ser negativo. Lo has transformado en bondad. Porque, de nuevo, no has dicho: «Y bien, ¿qué debo hacer para ser feliz?». No lo has dicho. Has dicho: «¿Cómo puedo ayudar a difundir el amor y la compasión?». Y esa es la razón por la que viene a verte gente de todo el mundo, o llenan estadios aun cuando no acaban de entender tu inglés. No te tengo envidia, de verdad. Hablo inglés mucho mejor que tú y, a pesar de ello, no viene tanta gente a verme como a ti. ¿Y sabes qué? Creo que no están ahí para escucharte, o tal vez esto sea tan solo una pequeña parte. Pero la razón principal es que personificas algo y ellos lo sienten; porque algunas de las cosas que dices en cierto modo son evidentes. Y, sin embargo, no son las palabras; es la esencia que se esconde tras ellas. Es lo que experimentan cuando tomas asiento y les dices que el sufrimiento o la frustración no determinan quiénes somos. Es lo que sienten cuando te oyen decir que aquellos acontecimientos que en principio son negativos pueden convertirse en algo positivo.

»Y espero que seamos capaces de transmitir a todas las criaturas del Señor el profundo amor del que son merecedores. Y lo valiosos que son a ojos de Dios, incluso el refugiado repudiado por todos, cuyo nombre nadie parece conocer. A menudo miro fotografías de gente que huye de la violencia. Miro a los niños y sé que Dios llora porque no es así como quiere que vivamos. Pero, incluso en circunstancias como esas, ves a personas que se desplazan desde cualquier punto del mundo para ayudar, para intentar mejorar las cosas. Y a través de las lágrimas, Dios esboza una sonrisa. Y cuando Dios te ve y oye cómo intentas ayudar a las criaturas del Señor, sonríe abiertamente.

El arzobispo también sonrió de oreja a oreja y susurró la palabra «sonríe» como si se tratara de la palabra del Señor.

—Quiere hacer otra pregunta —añadió al ver que yo me había inclinado hacia delante.

Era increíble escuchar la profundidad con la que departían sobre la alegría y el sufrimiento, pero, al ritmo que íbamos, no podríamos cubrir ni una décima parte de las preguntas que necesitábamos plantear.

El Dalai Lama le propinó un manotazo cariñoso en la mano y dijo:

—Tenemos muchos días por delante, así que eso no supone problema ninguno. Si la entrevista solo dura treinta minutos o una hora, acortaremos las respuestas.

—Querrás decir que las acortarás tú —protestó el arzobispo Tutu—. Yo apenas me extiendo en mis respuestas.

—Primero tomémonos un té y luego intentaré ser más breve.

Lo bello siempre implica sufrimiento

—Arzobispo, antes hablaba del sufrimiento que el Dalai Lama ha experimentado durante su exilio. En tiempos del apartheid, usted y su país también lo pasaron mal. E incluso en su vida personal, ha padecido cáncer de próstata. De hecho, se le ha vuelto a reproducir. Mucha gente se ve incapaz de sentir alegría cuando enferma. Usted ha sido capaz de conservarla a pesar del sufrimiento. ¿Cómo lo ha conseguido?

—Bueno, lo cierto es que me ha ayudado mucha gente. Una de las cosas buenas que me llevo de todo esto es que, de pronto, descubres que no eres una célula solitaria, que formas parte de una comunidad maravillosa. Eso me ha ayudado mucho. Como decíamos antes, si intentas forzar la alegría, lo más probable es que no la encuentres. Te traicionarás a ti mismo. Serás como una flor: te abrirás, florecerás, pero será siempre en beneficio de los demás. Y creo que el sufrimiento, hasta el más intenso, es un ingrediente necesario de la vida, al menos para ser más compasivo.

»¿Sabes? Cuando Nelson Mandela entró en prisión, era un hombre joven y podría decirse que sediento de sangre. Era el jefe del brazo armado del Congreso Nacional Africano, su partido. Pasó veintisiete años en la cárcel. Muchos dirán: "Veintisiete años, madre mía, qué pérdida de tiempo". Y creo que la gente se sorprende cuando les digo que no, que esos veintisiete años fueron necesarios para retirar la escoria. Todo el sufrimiento que padeció en la cárcel le enseñó a ser más magnánimo, a estar dispuesto a escuchar al otro bando, a descubrir que los que hasta entonces habían sido sus enemigos también eran seres humanos con sus miedos y sus esperanzas, y que habían sido moldeados por la sociedad. Así pues, sin esos veintisiete años, no creo que hubiéramos llegado a conocer al Nelson Mandela compasivo y magnánimo, capaz de ponerse en la piel del otro.

Cuando el gobierno racista de Sudáfrica encarceló a Nelson Mandela y a muchos otros líderes políticos, el arzobispo Tutu se convirtió en el embajador *de facto* de la lucha contra el apartheid. Protegido por la sotana anglicana y el Nobel de la Paz que recibió en 1984, pudo hacer campaña para terminar con la opresión a la comunidad negra y al resto de la población de color en Sudáfrica. La lucha resultó ser sangrienta. Mientras duró, el arzobispo enterró a infinidad de hombres, mujeres y niños y aprovechó todos aquellos funerales para predicar la paz y el perdón.

Tras la liberación de Nelson Mandela y su posterior elección como primer presidente de la Sudáfrica libre, el arzobispo recibió el encargo de crear la famosa Comisión para la Verdad y la Reconciliación que intentaría encontrar una forma pacífica de enfrentarse a las atrocidades del apartheid y, al mismo tiempo, liderar un nuevo futuro sin venganzas ni represalias.

—En cierto modo, y no deja de ser paradójico —continuó el arzobispo Tutu—, es la forma en que nos enfrentamos a los aspectos negativos de la vida la que determina el tipo de persona en la que nos convertimos. Si el proceso se nos antoja frustrante, es bastante probable que acabemos agotados, furiosos y deseando destruirlo todo.

»Antes he hablado de madres y de partos y, de hecho, es una metáfora preciosa: lo bello siempre implica sufrimiento, frustración y dolor. Así son las cosas y así es como funciona el universo.

Más adelante, descubrí con asombro, gracias al investigador Pathik Wadhwa, especializado en la etapa prenatal, que en estas situaciones también funciona una especie de ley biológica. El estrés y la resistencia son los elementos que activan nuestro desarrollo en el útero. Las células madre no se definen hasta que no se establecen determinadas rutas de desarrollo que, en nuestro caso, es el desarrollo del feto humano; pero para ello se necesita suficiente estrés biológico que las anime a hacerlo. Sin estrés ni oposición, la vida compleja como la nuestra nunca se habría desarrollado. Sencillamente, no existiríamos.

—No se consigue ser un buen escritor —concluyó el arzobispo— yendo siempre al cine y comiendo bombones. Hay que sentarse y escribir por muy frustrante que llegue a ser, y es que sin práctica no se consiguen buenos resultados.

Las palabras del arzobispo Tutu encerraban una verdad muy profunda, pese a lo cual quise insistir en lo que le había dicho al Dalai Lama. Una cosa es comprender el valor del sufrimiento y, otra muy distinta, recordarlo cuando se está enfadado, frustrado o sufriendo.

—Arzobispo, imagine que acude al hospital o a la consulta del médico. Una vez allí, le hacen pruebas y le pinchan; el proceso es doloroso y desagradable. Usted espera, pero se le hace eterno. ¿Qué piensa, qué se dice interiormente para no enfadarse, para no quejarse ni dejarse llevar por la autocompasión? Si le he entendido bien, usted afirma que siempre se puede optar por la alegría a pesar de las dificultades. ¿Cómo lo hace?

—Creo que no deberíamos hacer que la gente se sienta culpable cuando algo le resulta doloroso. El dolor es real y no tiene sentido ignorarlo. Pero lo cierto es que, incluso estando aún inmersos en ese sufrimiento, podemos ser conscientes de la amabilidad de la enfermera que cuida de nosotros, o admiramos la habilidad del cirujano que nos va a operar. Por desgracia, a veces el dolor es tan intenso que ni siquiera somos capaces de eso.

»La cuestión es que no debemos sentirnos culpables. No controlamos nuestros sentimientos. Las emociones son espontáneas y aparecen cuando menos lo esperamos.

Durante la semana, tratarían varias veces este tema, ya que el arzobispo Tutu y el Dalai Lama tenían distintas opiniones al respecto: ¿hasta qué punto podemos controlar nuestras emociones? El primero afirmaba que muy poco; el segundo, más de lo que creemos.

—Antes o después, te invadirá la angustia —prosiguió el arzobispo—. La tradición cristiana nos dice que elevemos nuestro sufrimiento y lo unamos a la angustia y al dolor que padeció nuestro señor Jesucristo para, de este modo, hacer del mundo un lugar mejor. Nos ayuda a que no ser tan egocéntricos, y, en cierta medida, a no centrarnos tanto en uno mismo. Y también puede ayudarnos a que esa angustia de la que hablábamos antes sea más soportable. No hace falta profesar una fe para que uno piense: «Vaya, qué afortunado soy. Tengo médicos a mi disposición, enfermeras cualificadas que cuidan de mí y un hospital a mi servicio». Ese es el primer paso para dejar de ser tan egocéntricos, para no concentrarnos tanto en el «yo, yo, yo, yo». De pronto, te das cuenta de que no estás solo. Miras a tu alrededor y ves que hay gente que sufre más que tú. Es como si te metieran en un horno para convertirte en alguien más evolucionado.

El Dalai Lama intervino para secundar las palabras del arzobispo.

—Una mentalidad demasiado egocéntrica solo provoca sufrimiento. La compasión y el interés por el bienestar de los demás es una fuente de felicidad. Yo no tengo tanta experiencia como tú en cuanto al dolor físico, pero un día estaba en Bodh Gaya, el lugar en el que Buda alcanzó la iluminación, para iniciar una serie de enseñanzas muy importantes. Bodh Gaya es un lugar de peregrinación, el más sagrado de todos.

»Habían acudido unas cien mil personas para asistir a esas enseñanzas, pero de repente sentí un dolor muy intenso en el abdomen. Nadie sabía que se trataba de la vesícula biliar, pero me dijeron que tenía que ir al hospital cuanto antes. Los dolores eran tan fuertes que enseguida empecé a sudar. Me montaron en un coche y partimos hacia el hospital de Patna, la capital del estado de Bihar, que estaba a dos horas de distancia. Vimos mucha pobreza a lo largo de la carretera. Bihar es uno de los estados más pobres de la India. A través de la ventanilla, vi a multitud de niños sin zapatos y supe que no estaban recibiendo una educación adecuada. Cuando nos acercábamos a Patna, vi a un anciano en una choza, tumbado en el suelo. Tenía el pelo alborotado, la ropa sucia y parecía enfermo. No tenía a nadie que cuidara de él. Realmente parecía que se estuviera muriendo. Durante todo el trayecto hasta el hospital, no dejé de pensar en este hombre, en su sufrimiento, y me olvidé por completo del dolor. Al centrar mi atención en otra persona, y en eso consiste la compasión, mi propio dolor se volvió mucho menos intenso. Así es como funciona la compasión, e incluso repercute a un nivel físico.

»Así pues, tal y como muy bien has dicho, el origen del problema está en una actitud demasiado egoísta. Debemos cuidarnos sin ser egoístas. Es necesario hacerlo, ya que no nos queda otra elección si queremos sobrevivir, pero deberíamos practicar un egoísmo más sabio y menos estúpido. El egoísmo estúpido solo te deja pensar en ti mismo. No te preocupas por los demás, sino que los explotas, los intimidas. De hecho, cuidar del prójimo, ayudarle, es la mejor manera de descubrir la alegría en uno mismo y de llevar una existencia más feliz. A eso me refiero cuando hablo de egoísmo sabio.

—Tú sí que eres sabio —dijo el arzobispo—. No un egoísta, sino un sabio.

La práctica budista para entrenar la mente, que en tibetano se conoce como *lojong*, es una parte importante de la tradición del Dalai Lama. Uno de los mensajes principales del texto original, que data del siglo XII y que establece las bases del *lojong*, contiene el mismo razonamiento del Dalai Lama y del arzobispo sobre la necesidad de mirar más allá de uno mismo: «Todas las enseñanzas del *dharma* coinciden en un punto: reducir el ensimismamiento».

El texto explica que, cuando nos centramos en nosotros mismos, estamos condenados a la infelicidad: «Comprende que mientras estés demasiado centrado en ti mismo, pensando en aquello que te hace bueno o malo, sufrirás. Obsesionarte por conseguir aquello que deseas y evitar lo que no deseas no te dará la felicidad». El texto incluye la siguiente advertencia: «Mantén siempre una mente alegre».

¿Y qué es una mente alegre? Mientras preparábamos el viaje, Jinpa, traductor y comentarista de este texto tan venerado, me explicó que la alegría es nuestra naturaleza más esencial, algo de lo que todos somos conscientes. Podríamos decir que, en cierto modo, el deseo que nos impulsa a buscar la felicidad es un intento de redescubrir nuestro estado mental primigenio.

Los budistas creen que la alegría es el estado natural del ser humano, pero que se trata de una habilidad que debemos practicar como una destreza más, a fin de potenciarla. Y según lo que acabábamos de escuchar, es fundamental saber en qué debemos concentrar nuestra atención: en el sufrimiento propio o en el ajeno, en la separación que percibimos como individuos o en la conexión indivisible del grupo.

La habilidad del ser humano para desarrollar la alegría no ha sido objeto de un estudio científico tan profundo como sí ha ocurrido con la felicidad. En 1978, los psicólogos Philip Brickman, Dan Coates y Ronnie Janoff-Bulman publicaron un estudio que demostraba que las personas que ganan la lotería no son significativamente más felices que aquellos que quedan parapléjicos tras un accidente. A partir de este estudio y de otros posteriores, se impuso la idea de que cada persona tiene un «nivel de referencia» que determina el grado de felicidad que experimentará a lo largo de su vida. Dicho de otra manera: nos acostumbramos a cualquier situación nueva y acabamos regresando necesariamente a nuestro estado general de felicidad.

Sin embargo, un estudio más reciente de la psicóloga Sonja Lyubomirsky sugiere la posibilidad de que solo el 50 por ciento de nuestra felicidad sea determinada por factores inmutables como los genes o el carácter, es decir, nuestro «nivel de referencia». La otra mitad sería producto de una combinación de nuestras circunstancias, sobre las que tenemos un control limitado, y las acciones y actitudes con las que nos enfrentamos a la vida, sobre las que sí ejercemos un mayor control. Según Lyubomirsky, los tres factores que más influyen en el aumento de nuestros niveles de felicidad son la habilidad para redefinir una situación desde un prisma más positivo, la habilidad para sentir gratitud y la amabilidad y la generosidad como elección personal. Eran exactamente las mismas actitudes y acciones que el Dalai Lama y el arzobispo Tutu ya habían mencionado y sobre las que volverían más adelante como pilares centrales de la alegría.

¿Has renunciado al placer?

La mayoría de las religiones creen firmemente que no podemos alcanzar la felicidad duradera a través de los sentidos. Estos nos permiten obtener un placer temporal, pero es irremediablemente breve y nunca el origen de una satisfacción perdurable. Según un dicho budista, intentar buscar la felicidad a través de la gratificación sensorial es como tratar de saciar la sed bebiendo agua salada. Pero ¿cuál es exactamente la relación entre la alegría y el placer, y entre lo que el Dalai Lama había llamado felicidad a nivel físico y felicidad a nivel mental?

—Santidad, mucha gente cree que, al ser monje, ha renunciado al gozo o al placer.

—Y al sexo —añadió el Dalai Lama, aunque yo no iba exactamente por ahí.

—¿Qué? —intervino el arzobispo.

—Al sexo, al sexo —repitió el Dalai Lama.

—¿He oído bien? —preguntó el arzobispo, incrédulo.

—Oh, oh —exclamó el Dalai Lama entre risas al darse cuenta de la sorpresa mayúscula de su amigo, y a continuación se inclinó hacia él para tranquilizarlo, lo cual provocó una sonora carcajada por parte del arzobispo.

—Además de al sexo —dije yo intentando reconducir el

tema—, ¿ha renunciado al gozo y al placer? Me he sentado a su lado durante la comida y me ha parecido que disfrutaba de los deliciosos alimentos. Para usted ¿qué papeles desempeñan el gozo y el disfrute de los placeres de la vida?

—Me encanta la comida. Sin ella, mi cuerpo no sobreviviría. Tú —continuó volviéndose hacia el arzobispo— no te pasas el día pensando «Dios, Dios, Dios». Yo tampoco me paso el día repitiendo «compasión, compasión, compasión». La compasión no te llena el estómago. Pero en cada comida tenemos la oportunidad de trabajar la habilidad de consumir los alimentos sin sentir apego.

—¿Cómo? —preguntó el arzobispo, sin acabar de comprender el uso budista que el Dalai Lama acababa de hacer del término «apego», y quizá preguntándose cómo alguien puede no sentirse unido a su comida.

—No comer por avaricia —explicó el Dalai Lama—. Comer solo para que el cuerpo sobreviva. Debemos pensar en el profundo valor que implica alimentar el cuerpo.

Durante una de las comidas, el Dalai Lama me había enseñado su cuenco de arroz tibetano y, de postre, un pudin de yogur. «Esto es la típica comida de monje tibetano —me había explicado—. Me encanta.» Me pareció que comía con auténtico placer y pensé que era un alivio saber que la santidad no implicaba rechazar las alegrías más simples de la vida como un buen plato de comida, sobre todo si se trataba de pudin.

Estaba bastante seguro de que había disfrutado mucho comiéndose aquel postre. Se notaba que experimentaba cierta alegría a través de los sentidos. Reflexioné sobre los límites entre la alegría y la avaricia. ¿Era el repetir una o dos veces y, por tanto, una cuestión de porciones y tamaños o más bien se

trataba de la actitud hacia cada bocado? Jinpa compartió
conmigo una conocida plegaria tibetana que suele recitarse
antes de la comida: «Puesto que veo esta comida como una
medicina, la disfrutaré sin avaricia ni ira, sin gula u orgullo,
sin ánimo de engordar; únicamente para alimentar mi cuerpo». Quizá lo que el Dalai Lama pretendía decir era que comer con el fin de alimentar el cuerpo no implica la negación
del placer y satisfacción que la experiencia conlleva.

—Volvamos a tu pregunta —dijo—. Cuando hablamos
de experimentar la felicidad, debemos saber que existen dos
tipos. La primera es el disfrute del placer mediante los sentidos. El sexo, el ejemplo que he citado antes, pertenecería a
esta categoría. Pero también podemos sentir la felicidad a un
nivel más profundo a través de la mente, como ocurre con el
amor, la compasión y la generosidad. La felicidad en este nivel más profundo se caracteriza por la sensación de plenitud
que conlleva. La alegría de los sentidos es breve; la de la mente, en cambio, es mucho más duradera. Es alegría verdadera.

»El creyente desarrolla esta alegría más profunda a través
de la fe en Dios, que trae consigo fuerza interior y paz. Los no
creyentes o no teístas, como yo, tenemos que entrenar la mente para conseguir ese nivel más profundo de alegría. Es una
felicidad que mana del interior. De pronto, los placeres sen-
suales se vuelven menos importantes.

»En los últimos años, he hablado con muchos científicos
sobre la diferencia entre el nivel sensorial de placer y de dolor, y el nivel más profundo de felicidad mental y sufrimiento.
Si analizamos el modelo de vida materialista actual, vemos
que a la gente le interesan más las experiencias sensoriales.
Por eso, su satisfacción es tan breve, tan limitada, ya que para
sentir satisfacción necesitan estímulos externos. Estarán con-

tentos mientras la música no deje de sonar. —Esbozó una sonrisa e inclinó la cabeza a un lado como si estuviera escuchando la música—. Son felices cuando les pasan cosas buenas, cuando tienen ante ellos comida apetitosa. Cuando esto no ocurre, se aburren, se impacientan, son infelices. Obviamente, no estoy diciendo nada nuevo. Ya en tiempos de Buda, la gente caía en la trampa de pensar que las experiencias sensoriales les proporcionarían felicidad.

»Cuando la alegría no es solo sensorial sino también mental, la sensación de satisfacción es mucho más profunda y duradera. Puede llegar incluso a las veinticuatro horas.

»Por eso siempre digo que hay que prestar más atención a la alegría y a la felicidad desde un punto de vista de la mente. No solo al placer físico, sino a la satisfacción de esta última. Ahí es donde reside la verdadera alegría. Cuando eres feliz en el plano mental, el dolor físico apenas importa. Pero si no hay alegría ni felicidad, si todo son miedos y preocupaciones, el placer y las comodidades físicas no conseguirán acallar ese malestar mental.

—Muchos de nuestros lectores —dije— entenderán el concepto de placer físico y de la dimensión física de la alegría y la felicidad. Saben cómo se sienten después de escuchar una canción que les guste o de disfrutar de una buena comida. Pero ¿cómo definiría usted esa felicidad mental, ese placer que, según afirma, dura veinticuatro horas?

—Una sensación de amor y afecto verdaderos —respondió el Dalai Lama.

—¿Se levanta con esa alegría? —pregunté—. ¿Incluso antes de tomarse un café?

—Cuando desarrollas un verdadero interés por el bienestar de todos los seres vivos y, en particular, de los seres humanos, te basta con eso para ser feliz desde primera hora de la mañana, incluso antes de tomarte un café.

»Es el valor de la compasión, de albergar sentimientos compasivos hacia los demás. Diez o veinte minutos al día de meditación sobre la compasión, sobre la bondad con los demás, y los efectos son inmediatos. Así es como se consigue que la mente permanezca tranquila y feliz.

»Todos sabemos lo que es estar de buen humor, de pronto tener un problema y, aun así, sentirse bien. En cambio, cuando estás de muy mal humor, sientes que eres infeliz, aunque haya venido a verte tu mejor amigo.

—¿Es así como te sentiste cuando llegué? —preguntó el arzobispo con sorna.

—Precisamente por eso fui a recibirte al aeropuerto, para sentirme todavía peor... ¡y armarte un buen pitote!

La ciencia tiene una expresión para definir ese estado de insatisfacción que nos empuja a buscar el placer en solitario: «rutina hedonista», bautizada así por la escuela griega de pensamiento que creía que el placer era el bien supremo. A lo largo de la historia, el hedonismo ha tenido sus defensores, ya desde el nacimiento de la escritura. En el Gilgamesh, Siduri, la diosa de la fermentación (o, dicho de otra manera, del alcohol), ya lo advertía: «Llena tu vientre. Goza de día y de noche. Que tus días estén repletos de alegría. Baila y toca sin parar... Porque este es el cometido del hombre». Incluso en la cultura profundamente espiritual de la India ancestral, de la que proceden muchas de las tradiciones tibetanas del Dalai Lama, existía una escuela hedonista conocida como Charvaka. En muchos aspectos, el hedonismo es la filosofía por defecto de la mayoría de la gente y se ha convertido en la visión dominante en una sociedad de consumo desmedido.

Sin embargo, los científicos han descubierto que, cuanto más experimentamos cualquier forma de placer, más inmunes nos volvemos a sus efectos y menos lo valoramos. La primera ración de helado nos parece sublime, de la segunda nos gusta el sabor y la tercera nos provoca una indigestión. Es como una droga de la que hay que ir subiendo la dosis para conseguir el mismo efecto. Pero parece que sí hay algo capaz de cambiar nuestra sensación de bienestar de forma inmediata y duradera. Es lo que el Dalai Lama y el arzobispo Tutu llevaban defendiendo aquel primer día: las relaciones que nos unen y, en concreto, la expresión del amor y la generosidad hacia los demás.

Richard Davidson, el neurocientífico con el que me reuní para comer en San Francisco, ha utilizado la investigación neurológica a través de la imagen para crear una teoría unificada de la felicidad y del cerebro. Lo que me explicó era tan fascinante que me olvidé por completo de los rollitos de primavera, y eso que estaban deliciosos, al menos desde un punto de vista físico.

Según Davidson, existen cuatro circuitos cerebrales independientes que influyen en esa sensación de bienestar duradero. El primero es «nuestra habilidad para mantener estados positivos». Parece lógico que la capacidad para mantener un estado positivo o una emoción del mismo tipo tenga un impacto directo en la habilidad del individuo para experimentar felicidad. Lo que estos dos grandes líderes espirituales sostenían era que la forma más rápida de alcanzar ese mismo estado es partiendo del amor y la compasión.

El segundo circuito es responsable de «nuestra habilidad

para recuperarnos de un estado negativo». Lo que me pareció más fascinante fue que ambos circuitos son totalmente independientes. Alguien puede tener la capacidad de mantener un estado positivo, pero luego caer con facilidad en el abismo de la negatividad del que tanto le costó salir. Eso explica muchas cosas de mi vida.

El tercer circuito, también independiente pero esencial para los otros dos, se ocupa de «la habilidad para concentrarnos y evitar la dispersión mental». Precisamente, este es uno de los grandes objetivos de la meditación. Tanto para centrarnos en la propia respiración, en un mantra o en la meditación analítica que el Dalai Lama practica todas las mañanas, la habilidad para concentrarnos es fundamental.

El cuarto y último circuito es «la habilidad para ser generosos». Esto me pareció increíble: tenemos un circuito cerebral, uno de cuatro, dedicado exclusivamente a la generosidad. No es de extrañar que nos sintamos tan bien cuando ayudamos al prójimo o cuando recibimos la ayuda de los demás; incluso experimentamos bienestar cuando presenciamos una escena en la que el receptor de la ayuda es otro, una circunstancia que Ekman describe como la elevación, que es una dimensión de la alegría. Son muchas las investigaciones que apuntan a que venimos equipados de fábrica para la cooperación, la compasión y la generosidad.

John Bargh, uno de los mayores expertos en la ciencia del inconsciente, lo describe como uno de los tres objetivos innatos en el ser humano (y a menudo también inconscientes): sobrevivir, reproducirse y cooperar. Un experimento con bebés de dieciocho meses demostró que, cuando se les enseñaban muñecas que se miraban entre ellas, los niños se mostraban mucho más cooperativos que cuando las muñecas se daban la espalda. Según Bargh, esta reacción inconsciente, que puede activarse y desactivarse según la situación, es un ejemplo interesante de que la cooperación es un impulso evolutivo que ya existe en las primeras fases de desarrollo.

En una vertiente más aleccionadora, también nos ha inculcado la necesidad de cooperar y de ser amables con aquellos que cuidan de nosotros y que se presupone nos mantienen a salvo. Estamos predispuestos a desconfiar de aquel que es diferente: de aquí provienen las raíces inconscientes que fomentan los prejuicios. Nuestra empatía acaba donde acaba nuestro «grupo», y quizá por eso el arzobispo Tutu y el Dalai Lama insisten en recordarnos continuamente que, de hecho, todos pertenecemos al mismo grupo: la humanidad. No obstante, la habilidad y el deseo de cooperar y de ser generoso con el prójimo se encuentran en nuestros circuitos neuronales y pueden aplicarse en las esferas personal, social y global.

Nuestra mayor alegría

Dirigí la siguiente pregunta al arzobispo.

—La alegría de la que hablan no es solo un sentimiento. Tampoco se trata de algo que va y viene; es algo mucho más profundo. Según sus palabras, la alegría es una forma de aproximarse al mundo. Mucha gente espera que en algún momento le llegue la felicidad o la alegría. Cuando encuentren trabajo, cuando se enamoren, cuando se hagan ricos entonces serán felices, conocerán la alegría. Ustedes, en cambio, hablan de algo que siempre está presente, que no es necesario ningún acontecimiento especial para disfrutar de ella.

El arzobispo consideró detenidamente su respuesta.

—Lo que intento decir es que la mayor alegría de todas es la que obtenemos al hacer el bien ajeno. —¿Realmente era tan sencillo? ¿Bastaba con estimular y satisfacer el circuito cerebral dedicado a la generosidad? Como si intuyera mi escepticismo, el arzobispo añadió—: Estamos hechos así, diseñados para la compasión.

Diseñados casi literalmente a base de cables, pensé, según las investigaciones de Davidson.

—Estamos diseñados para cuidar al prójimo y para ser generosos los unos con los otros. Nos marchitamos cuando no tenemos con quién interactuar. Precisamente por eso el aislamiento penitenciario es un castigo tan espantoso. Necesitamos a los demás para poder desarrollarnos tal como somos. Me sorprendió que apareciese tan pronto en mi país un concepto como el *ubuntu*: una persona es persona a través de los demás.

»El *ubuntu* dice que si tengo un trozo de pan, al compartirlo contigo, me beneficio de esta acción. Porque, después de todo, no hemos llegado solos a este mundo: han hecho falta dos personas. La Biblia que judíos y cristianos compartimos explica una historia preciosa al respecto. Dios dijo: "No es bueno que Adán esté solo". A lo que podrías objetar: "No, perdona, pero no está solo. Está rodeado de árboles, de animales y de pájaros. ¿Cómo puedes decir que está solo?".

»Y, de pronto, te das cuenta de que en un sentido casi literal estamos destinados a una profunda complementariedad. Así es la naturaleza de las cosas. No hace falta que seas creyente. Quiero decir que yo no podría afirmar lo que acabo de contarte si antes no lo hubiera aprendido de otros seres humanos. No podría caminar como tal, no podría pensar como tal, excepto aprendiendo antes de otros seres humanos. He aprendido a ser una persona precisamente a través de otras personas. Formamos parte de una red muy delicada. Y muy profunda.

»Por desgracia, no nos percatamos de esa conexión hasta que sucede una desgracia. De pronto, nos preocupamos por la gente de Tombuctú, a pesar de que no conocemos a nadie que sea de allí y seguramente seguirá siendo así el resto de nuestra vida. Y, a pesar de ello, les abrimos nuestro corazón. Les enviamos ayuda porque somos conscientes de que estamos interconectados, unidos los unos a los otros, y solo podemos desarrollar nuestra humanidad si estamos todos juntos.

Me emocioné al escuchar las palabras del arzobispo Tutu y, sin embargo, casi podía sentir el escepticismo de algunos lectores tras leer estas palabras, el mismo que yo había experimentado. La gente no pasa el tiempo pensando en cómo ayudar al prójimo. Nos guste o no, la mayoría de nosotros, cuando nos despertamos por la mañana, lo primero que pensamos es en cómo nos las vamos a arreglar para hacer nuestro trabajo, ganar el dinero necesario para pagar las facturas y ocuparnos de nuestras familias y demás responsabilidades. El dicho «Los buenos siempre llegan los últimos» describe a la perfección la profunda ambivalencia con la que tratamos la bondad y la compasión en Occidente. En nuestra sociedad, el éxito se mide por el dinero, el poder, la fama o la influencia.

El Dalai Lama y el arzobispo Tutu lo tenían todo menos el dinero, pero tampoco iban a pasar hambre. Está bien que un líder espiritual no dé importancia al dinero, pero ¿qué pasa con aquellos que viven y mueren en la todopoderosa economía de mercado? La mayoría de nosotros no aspiramos a la grandeza espiritual o a la iluminación, sino a pagar la educación de nuestros hijos y a superar la jubilación antes de quedarnos sin dinero. De pronto, se me escapó la risa al recordar la vez que fui a visitar a unos amigos a Las Vegas. La casa era preciosa, más parecida a una finca persa, con varias construcciones, fuentes y hasta canales de agua. Me hizo pensar en las grandes estructuras de la civilización islámica. Yo había ido para asistir a una charla del arzobispo, quien, al llegar y comprobar la belleza y grandiosidad de aquel lugar, sonrió y bromeó con cierto descaro: «Retiro lo dicho: no me importaría ser rico».

—Como muy bien has dicho —añadió el Dalai Lama animándose de repente—, la gente piensa en el dinero, la fama y el poder. Desde el punto de vista de la propia felicidad, están todos miopes. La realidad, como ha dicho el arzobispo, es que los seres humanos somos animales sociales. Un solo individuo, por muy poderoso o listo que sea, no puede sobrevivir si no tiene a otros seres humanos cerca. Por eso, la mejor forma de cumplir tus deseos, de alcanzar tus objetivos, es ayudando a los demás, haciendo más amigos.

»¿Y cómo hacemos más amigos? —prosiguió lanzando una pregunta retórica—. Gracias a la confianza. ¿Cómo la desarrollamos? Muy sencillo: mostrando un interés real por el bienestar del otro. Así, la confianza pronto aparecerá. Pero si tras una sonrisa forzada, o un gran ágape, lo que hay en lo más profundo de tu ser es una actitud egocéntrica, entonces puedes estar seguro de que la confianza no llegará nunca. Si estás pensando en cómo sacarle partido a la relación, en cómo aprovecharte del prójimo, jamás podrás generar confianza en los demás. Y sin confianza no hay amistad. Los seres humanos somos animales sociales, ya lo hemos dicho, y necesitamos amigos. Amigos de verdad. Los amigos por dinero o por poder no son amigos de verdad.

—Dios —intervino el arzobispo— es comunidad, es compañerismo. Nos ha creado para que florezcamos. Y florecemos en comunidad. Cuando nos volvemos egocéntricos y nos concentramos únicamente en nosotros, lo que está claro es que algún día nos daremos cuenta de que, en realidad, estamos muy pero que muy frustrados.

He aquí la paradoja: si uno de los secretos fundamentales de la alegría es superar el ego, ¿centrarse en la felicidad y en la alegría de uno mismo es una forma absurda de egoísmo y,

además, contraproducente, como diría el Dalai Lama? El arzobispo Tutu había comentado poco antes que no podemos
buscar la alegría y la felicidad directamente. Así pues, ¿no es
un error centrarse en ellas?

Las investigaciones sugieren que trabajar en la alegría
personal trae consigo beneficios no solo para el interesado,
sino también para aquellos que tiene a su alrededor. Cuando
somos capaces de superar el dolor y el sufrimiento, tendemos
a ser más accesibles para los demás; el dolor nos hace extremadamente egocéntricos. Ya sea físico o mental, es como si
consumiera toda nuestra capacidad de concentración y nos
impidiese interesarnos por los demás. En su libro *El arte de la
felicidad*, escrito conjuntamente con el Dalai Lama, el psiquiatra Howard Cutler resume a la perfección estos descubrimientos: «De hecho, todas las encuestas demuestran que es la
gente infeliz la que tiende a ser más egocéntrica y socialmente retraída, melancólica, incluso hostil. La gente feliz, en contraste, suele ser más sociable, más flexible y creativa, y capaz
de tolerar las frustraciones diarias con más facilidad que la
gente infeliz. Y lo más importante: son más cariñosos y compasivos que sus antagonistas».

Algunos se preguntarán qué relación hay entre nuestra
propia alegría y la lucha contra la injusticia y la desigualdad.
¿Qué tiene que ver la felicidad individual con el propósito de
paliar el sufrimiento en el mundo? En pocas palabras, cuanto
más nos liberemos de nuestro dolor, más podremos centrarnos en el ajeno. Pero, sorprendentemente, el arzobispo Tutu
y el Dalai Lama afirmaban que, si queremos sanar nuestro
propio dolor, es necesario centrarnos en el dolor de los demás. Es, sin duda, un círculo vicioso. Cuanto más nos concentramos en los demás, más felices somos, y, cuanto más fe

lices somos, más alegría podemos ofrecer a los demás. El objetivo no es solo crear alegría para nosotros mismos, sino, en palabras del arzobispo, «ser como un pantano de alegría, un oasis de paz, un estanque de serenidad capaz de contagiar a todo aquel que esté a tu alrededor». Como verás, la alegría es bastante contagiosa, como ocurre con el amor, la compasión y la generosidad.

Así pues, tener una actitud más alegre no consiste únicamente en disfrutar de una vida más divertida. Estamos hablando de un estado mental más empático, más poderoso, incluso más espiritual, además de comprometido con el mundo. Una vez, el arzobispo Tutu y yo trabajamos en la creación de un curso de formación para embajadores de paz y activistas con destino a zonas de guerra. El arzobispo les explicaba que la paz debe salir del interior. No podemos llevar la paz a un territorio en conflicto si no tenemos paz interior. Del mismo modo, no podemos pretender hacer del mundo un lugar mejor, más feliz, si no aspiramos a ese mismo ideal para nuestra vida. Estaba ansioso por saber cómo debemos enfrentarnos a los obstáculos inevitables que la alegría trae consigo, pero tendría que esperar al día siguiente. Solo quedaba tiempo para una pregunta más antes de la comida.

Le pregunté al Dalai Lama qué se sentía al levantarse con el corazón rebosante de alegría y él tuvo a bien compartir su experiencia con nosotros.

—Si eres un creyente convencido, en cuanto te levantas por la mañana le das las gracias a Dios por haberte concedido un día más. E intentas cumplir la voluntad del Señor. Para un no teísta como yo, además de budista, lo primero que hago cuando me levanto es recordar las enseñanzas de Buda: la importancia de la bondad y de la compasión, el deseo del bien ajeno o, al menos, que se atenúe su sufrimiento. Luego recuerdo que todo está interrelacionado; la enseñanza de la interdependencia. Es entonces cuando establezco el propósito de la jornada: que el día sea provechoso, lo cual implica servir y ayudar a los demás en la medida de lo posible, y, cuando no puede ser, no perjudicar a nadie. Para mí, esa es la definición de un día provechoso.

Comida:
El encuentro entre dos pícaros es siempre algo maravilloso

Habían convertido la sala de audiencias del Dalai Lama en un comedor. Al fondo, se veía un Buda dorado en el interior de una caja de madera de colores. Las paredes estaban cubiertas de *thangkas*, pergaminos de seda de colores brillantes que representaban imágenes de Buda y de otras figuras del budismo. Tradicionalmente, se colgaban de las paredes de los templos durante un breve espacio de tiempo para inspirar la práctica de la meditación, y su función era animar a los monjes a seguir adelante en el camino de la iluminación.

Las ventanas estaban protegidas con cortinas de encaje blanco y sobre la mesa, preparada para la comida, había cestas de pan tibetano y zumos envasados. La presentación era sencilla, casi como un picnic, y la comida era típicamente tibetana y recién salida de la cocina del Dalai Lama: fideos, verduras y *momos*, los famosos bollos del Tíbet hechos al vapor.

El Dalai Lama y el arzobispo Tutu se sentaron el uno frente al otro. Yo me coloqué al lado del primero; podía sentir en su postura y en su lenguaje no verbal el poder propio de un líder. Recordé la fuerza y la ternura con la que me había estrechado la mano el día que nos conocimos. Su bondad no disminuía en absoluto su poder, un recordatorio constante de que la compasión es un rasgo propio de la fuerza, no de la debilidad, un punto que sería tratado durante la conversación.

Cuando el Dalai Lama te saluda, te coge la mano y la acaricia con ternura, como lo haría un abuelo. Te mira a los ojos, percibe perfectamente lo que tú estás sintiendo y apoya la frente contra la tuya. En su rostro se reflejan los sentimientos que alberga tu corazón —júbilo o angustia— y que transmite la expresión de tu rostro. Pero, en cuanto le presentan al siguiente invitado, todas esas emociones desaparecen y vuelve a estar disponible una vez más para el próximo encuentro. Quizá sea este el significado de estar totalmente presente, disponible para cada momento y cada persona con la que nos encontramos, liberado por los recuerdos del pasado y sin rendirse a la preocupación anticipada por lo que pueda venir.

La comida empezó abordando de nuevo el tema de los cumpleaños, de la edad y la mortalidad.

—El otro día fui a ver a un especialista alemán de las rodillas —comentó el Dalai Lama—. Me dijo que estoy en buena forma física. Y luego añadió que mi problema son las rodillas, pero que ya no tengo dieciocho años sino ochenta y que no se puede hacer mucho por ellas. Luego pensé que aquella era una gran enseñanza, que es muy importante reflexionar sobre la no permanencia. Me recordó que ya tengo ochenta años. Es increíble. Y tú, amigo mío, eres mayor que yo.

—¿Estás presumiendo de edad? —preguntó el arzobispo.

—Esto lo han preparado en mi cocina —repuso el Dalai Lama mientras le ofrecía un trozo de pan a su invitado de honor.

—¿De verdad crees que voy a comérmelo después de que le hayas puesto las manos encima? —manifestó el arzobispo—. Prefiero este otro —añadió pasando por encima del pan de cereales hasta llegar al blanco, mientras miraba a su médico con una sonrisa pícara en los labios.

—Los periodistas del aeropuerto me han dicho: «Debe de estar muy contento de tener al arzobispo aquí» —dijo el Dalai Lama—. Y yo he respondido: «Sí, claro que estoy contento. Ha venido a verme uno de mis mejores amigos. Primero, es un ser humano maravilloso. Segundo, es uno de los líderes de su comunidad, un religioso que respeta las distintas confesiones. Y tercero y más importante, es un muy pero que muy buen amigo mío».

—Me voy a poner colorado.

—Les he dicho que siempre me describes como una persona pícara y que yo opino lo mismo de ti. El encuentro entre dos pícaros es siempre algo maravilloso.

El arzobispo se santiguó y recitó una plegaria antes de comerse el pan.

—¿Estáis bien? ¿La temperatura es la adecuada? —quiso saber el Dalai Lama.

No importaba que fuera un gran líder espiritual, antiguo cabeza de Estado de la nación tibetana y la reencarnación del *bodhisattva* de la compasión. En ese momento, era tan solo un anfitrión preocupado por que a sus invitados les gustara la comida.

—Muchas gracias —dijo el arzobispo Tutu—. Gracias por recibirnos, gracias por la comida y gracias por convocar a toda la gente que abarrotaba la carretera para recibirnos. —Se echó a reír—. La sopa está deliciosa.

Nunca he visto al arzobispo Tutu no aprovechar la opor-

tunidad de dar las gracias por lo recibido. Es capaz de detener una función o toda la producción de una fábrica con tal
de hacérselo saber a todo el mundo.

—Esta sopa está muy buena —añadió tratando de ahu-
yentar a los monjes que intentaban volver a llenarle el plato.
Los demás ya casi habíamos terminado de comer y él seguía
sorbiendo la sopa—. Es deliciosa. Muchas gracias, pero de
verdad que no quiero nada más. Prefiero pasar directamente
al postre, algo sencillo, una macedonia de frutas quizá. —De
pronto, vio que los monjes servían helado y se echó a reír—.
Bueno, quizá un poquito de helado.

Mecía la cabeza de un lado a otro debatiéndose entre la
necesidad de cuidarse y su gusto por lo dulce. Al arzobispo
Tutu le encanta el helado, en especial el de ron con pasas.
Cuando vino a pasar unos días en mi casa con Rachel y conmigo, su oficina tuvo el detalle de informarnos de sus gustos:
pollo en lugar de pescado, ron con cola —que ya forma parte
del pasado debido a sus problemas de salud— y helado de
ron con pasas. No es un sabor especialmente fácil de encontrar, sobre todo en invierno, pero al final dimos con una tarri-
na de cuatro litros enterrada en el fondo del congelador de
una heladería. El arzobispo se comió tres buenas raciones y el
resto lo disfrutamos Rachel y yo durante meses.

La conversación derivó hacia el tópico de la comparativa entre las dos religiones, el gran reto que suponen los conflictos
religiosos y la necesidad de más tolerancia. El Dalai Lama
empezó diciendo que es imposible que todo el mundo sea
cristiano o budista.

—Los fieles de cualquier religión deben aceptar la existencia de otras confesiones. Tenemos que vivir juntos y, si queremos que esa convivencia sea pacífica, no tenemos más remedio que respetarnos mutuamente. Yo siempre he sido un gran admirador de todas las tradiciones.

—Kofi Annan, en su último año como secretario general de Naciones Unidas, creó una nueva comisión —añadió el arzobispo—. La llamaron Grupo de Alto Nivel, un nombre bastante pretencioso. Lo formábamos personas de todas las tradiciones y, a pesar de la diversidad cultural, redactamos un informe unánime cuya conclusión era: «El problema no es la fe, son los fieles».

—Cierto, cierto —asintió el Dalai Lama.

Les pregunté cómo debíamos enfrentarnos a la intolerancia y al fanatismo, en claro auge en todo el mundo.

—Las únicas soluciones posibles son la educación y un mayor contacto entre comunidades —respondió el Dalai Lama—. A lo largo de mi vida, he peregrinado a lugares santos de todo el planeta como Fátima en Portugal, el muro de las Lamentaciones y la cúpula de la Roca en Jerusalén. Una vez, estando en Barcelona, conocí a un monje cristiano que se había pasado cinco años viviendo como un ermitaño en las montañas, sin apenas probar un bocado caliente. Le pregunté qué tipo de práctica realizaba y me dijo que esta se sustentaba en el amor, y, al decirlo, sentí que había algo muy especial en su mirada. El amor está en lo más profundo de todas las religiones del mundo. Cuando conocí a ese hombre, mi primera reacción no fue pensar «qué pena que no sea budista» o «lástima que sea cristiano».

—Yo suelo preguntarle a la gente: «¿De verdad crees que…?» —intervino el arzobispo Tutu, pero el Dalai Lama se había vuelto hacia uno de los monjes que servían la comida y el arzobispo fingió que lo regañaba—. ¿Me estás escuchando?

El Dalai Lama, que no había oído el comentario de su amigo, retomó su explicación.

—Así pues, eso demuestra…

El arzobispo, por su parte, siguió haciéndose el ofendido.

—¿Lo ves? No me está escuchando.

—Y seguiré sin hacerlo mientras no uses el bastón —replicó el Dalai Lama entre risas.

—Pero ¿tú no eras pacifista?

—Ahora en serio, sigue hablando, por favor. Esta es mi última comida del día, así que será mejor que me concentre en comer.

Siguiendo la tradición budista, el Dalai Llama únicamente come dos veces al día, por la mañana y a mediodía.

—Está bien. Como iba diciendo, ¿de verdad crees que cuando el Dalai Lama llegue al cielo, y he dicho cuando llegue, no si llega, Dios le dirá: «Oh, Dalai Lama, qué bien lo has hecho. Lástima que no seas cristiano? No tengo más remedio que mandarte a la zona más calentita». Todo el mundo se da cuenta de lo ridículo que es. —El arzobispo hizo una pausa y luego añadió, en un momento muy íntimo de amistad—: Creo que conocerte ha sido una de las mejores cosas que me han pasado en la vida.

El Dalai Lama sonrió y se dispuso a explicar otra historia.

—Pero ¿no tenías que concentrarte en la comida? —preguntó el arzobispo.

El Dalai Lama soltó una carcajada y retomó su postre.

—Sí, has realizado un trabajo maravilloso en todo el mundo —continuó el arzobispo—. Es tanta la gente a la que has ayudado, gente que ahora son mejores personas gracias a ti, y de tantas religiones distintas, de tantas confesiones. Lo han visto con sus propios ojos, lo han sentido... porque no creo que sea debido a lo que dices, aunque sí, tu discurso está bien... es aceptable. Los científicos también creen que eres inteligente, pero en realidad se trata de quién eres. Allá donde vayas, la gente se da cuenta de que eres auténtico. No es una pose. Vives según tus propias enseñanzas y has ayudado a tantísima gente a recuperar la fe en su religión, a creer también en la bondad. No solo eres apreciado entre la gente mayor, sino también entre la juventud. Alguna vez he dicho que Nelson Mandela y tú sois las únicas personas que, sin ser estrellas del rock, sois capaces de llenar Central Park como lo habéis hecho. La gente acude en masa cuando se entera de que vas a hablar en público. Por eso, cuando dices que el mundo es esencialmente laico es verdad, aunque solo en parte.

El Dalai Lama agitó las manos en alto, como si quisiera negar la importancia que su amigo acababa de otorgarle.

—Siempre me he considerado uno más entre los siete mil millones de seres humanos que habitamos el planeta, solo eso, y en ese sentido he intentado que la gente se diera cuenta de que la receta de la felicidad es un cuerpo sano y un corazón compasivo.

Mientras él hablaba, me pregunté por qué nos resulta tan difícil creer en la humanidad como un todo y actuar en consecuencia. Es evidente que todos somos iguales, pero a menudo nos sentimos diferentes. Hay tanto aislamiento y tanta alienación en nuestra sociedad. Yo mismo había crecido con ese sentimiento en Nueva York, que por aquel entonces era la ciudad más poblada del planeta.

—Todo el mundo quiere ser feliz y ese anhelo individual

depende de la felicidad de la humanidad en su conjunto. Tenemos que reflexionar sobre el propio concepto de humanidad, descubrir un sentido de la unidad en los siete mil millones de seres humanos que poblamos el planeta. ¿Té o café? —preguntó de repente retomando el papel de anfitrión y dejando a un lado el de maestro espiritual.

—Tengo zumo, gracias —respondió el arzobispo—. Tú creciste con un estatus muy especial en el Tíbet. Seguro que con el tiempo descubriste ese sentido de la unidad del que hablas.

—Así es. He alimentado mi sabiduría a base de estudio y experiencia. La primera vez que fui a Pekín, o Beijing, como la llaman ahora, a reunirme con líderes de la zona, y también cuando vine a la India en 1956 con el mismo propósito, todo era tan formal, tan protocolario que me ponía nervioso. En cambio ahora, cuando me reúno con alguien, lo hago a un nivel más humano, sin formalidades. Odio la formalidad. No existe tal cosa cuando venimos al mundo o cuando lo dejamos. Es un concepto totalmente artificial que solo sirve para levantar más barreras. Todos somos seres humanos, con independencia de cuáles sean nuestras creencias, y lo único que queremos es ser felices.

No pude evitar preguntarme si su aversión por la formalidad y el protocolo tenía algo que ver con el hecho de haber pasado toda su infancia encerrado en una jaula dorada.

—¿Dejó a un lado esa formalidad cuando partió hacia el exilio? —pregunté.

—Exacto. Siempre digo que me liberé de la prisión que suponía la formalidad al convertirme en refugiado. Desde entonces, me he sentido mucho mejor, más unido a la realidad. A veces me burlo de mis amigos japoneses por su cultura excesivamente encorsetada. Cuando debatimos sobre algo, lo que sea, ellos siempre responden así. —Y empezó a asentir vigorosamente con la cabeza—. Nunca sé si están de acuerdo o no. Pero lo peor son las comidas o las cenas de protocolo. Siempre me burlo de los platos, que no parecen de verdad, como si fueran decorativos. Todo es tan bonito ¡y las porciones, tan pequeñas! Me dan igual las formas, así que siempre pido más arroz, más arroz. Demasiada formalidad. Al final acabas comiendo una ración tan pequeña que parece pensada para un pájaro.

Mientras decía esto, rebañaba los últimos restos de postre del plato.

—Normalmente, la gente quiere ser feliz —dije—, pero el problema aparece cuando la mayoría no sabe cómo conseguirlo. Antes ha hablado usted de la importancia de ser bondadoso, pero mucha gente es tímida o le cuesta abrirse a los demás. Se asustan. Tienen miedo al rechazo. También ha dicho que, cuando te acercas a alguien con seguridad, les inspiras confianza en sí mismos.

—Cierto. La verdadera amistad se basa por completo en la confianza —explicó el Dalai Lama—. Cuando la preocupación por el bienestar ajeno es sincera, la confianza enseguida aparece. Esa es la base de la amistad. Somos animales sociales. Necesitamos tener amigos. Son muy importantes en nuestra vida, desde que nacemos hasta que morimos.

»La ciencia ha descubierto que necesitamos amor para sobrevivir. Cuando nacemos, nuestras madres nos muestran un amor y un afecto sin límites. Muchos científicos sostienen que el contacto con la madre durante las primeras semanas tras el nacimiento es vital para el correcto desarrollo del cerebro. Aislar a un bebé recién nacido, privarle del contacto con su madre, conlleva muchos riesgos. Y esto nada tiene que ver con la religión; es biología. Necesitamos amor para sobrevivir.

La primera vez que el Dalai Lama oyó hablar de esta investigación fue en la década de los ochenta de boca del difunto biólogo Robert Livingstone, quien más adelante sería su «tutor» de biología. La neurocientífica y neuropediatra Tallie Baram es responsable de algunos de los hallazgos más recientes en este campo de estudio tan importante. Sus investigaciones demuestran que las caricias de la madre estimulan un tipo de actividad cerebral en el bebé que mejora el desarrollo cognitivo y la resistencia al estrés. El contacto con la madre podría inhibir la secreción de la hormona del estrés responsable de la desintegración de las espinas dendríticas, que son estructuras neuronales en forma de árbol que se encargan del envío y recepción de mensajes y de la codificación de la memoria.

—Mi madre fue un bebé prematuro —expliqué—. Nació en un parto múltiple con poco más de un kilo de peso y pasó dos meses en una incubadora sin ningún tipo de contacto humano.

—¿Y eso le afectó? —preguntó el arzobispo Tutu.

—Yo diría que mucho.

—Ahora hay... ¿cómo se llama? —dijo el arzobispo—, el método canguro. Mi mujer Leah y yo somos padrinos de un hospital infantil en Ciudad del Cabo. Un día, estando de visita, vimos a un tipo enorme con un bebé diminuto atado al pecho para que pudiera escuchar el latido de su corazón. Nos contaron que, gracias a este método, los bebés prematuros se recuperan mucho mejor.

Mpho me preguntó si llevaba encima la foto de mis hijas gemelas, que también fueron prematuras, cuando aún estaban en la unidad de neonatología del hospital. Una de ellas tuvo un prolapso del cordón umbilical que le impedía bajar por el canal del parto y que provocó que el pulso y el nivel de oxígeno cayeran en picado. La ginecóloga, mientras intentaba fijar una ventosa a la cabeza de nuestra pequeña, le dijo a Rachel que, si no sacaba a la niña en la siguiente contracción, tendría que hacerle a mi mujer una cesárea de emergencia. Eliana ya estaba encajada en el canal del parto, así que la cesárea tampoco garantizaba que todo saliera bien.

Rachel es médico y, al igual que yo, sabía que el nivel de oxígeno de Eliana seguía bajando peligrosamente y que cada segundo era vital. Nunca he visto nada tan impresionante como la fuerza con la que Rachel le plantó cara al dolor y reunió hasta la última gota de voluntad que le quedaba en el cuerpo para traer a nuestra hija al mundo. Eliana nació con la piel azulada; no respiraba ni respondía a los estímulos. Su puntuación en el test de Apgar fue uno de diez, lo cual quería decir que apenas estaba viva.

La llevaron corriendo al carro de paradas para intentar reanimarla y le dijeron a Rachel que le hablara, que la voz de la madre tiene un efecto sanador, casi mágico, incluso en los quirófanos de alto riesgo. Pasaron los segundos más largos de nuestra vida mientras los médicos se preparaban para intubarla. Y, de pronto, Eliana gorgoteó, cogió aire por primera vez en su vida y rompió a llorar. Todos los presentes, incluida la ginecóloga, nos echamos a llorar de la alegría.

Después del traumático nacimiento de Eliana, las enfermeras se la llevaron a ella y a su hermana a la unidad de neonatología del hospital. Cuando fui a verlas, unos minutos más tarde, estaban tumbadas la una junto a la otra y cogidas de la mano.

La importancia del amor para la supervivencia de la que hablaba el Dalai Lama no era un concepto desconocido para mí. Había sido testigo del amor maternal que le había salvado la vida a mi hija, el mismo gracias al cual sobrevivimos todos los demás.

—Oh, qué bonito —exclamó el arzobispo al imaginarse la escena.

—Es una cuestión biológica —dijo el Dalai Lama—. Todos los mamíferos, incluidos los humanos, tienen un vínculo especial con sus madres. Sin sus cuidados, las crías morirían. Es un hecho.

—Y, en el caso de que no murieran, crecerían con unas carencias tan enormes que podrían convertirse en una especie de Hitler —sugirió el arzobispo Tutu.

—Creo que Hitler, de muy pequeño —replicó el Dalai Lama—, no se diferenciaba demasiado del resto de los niños. —Era la primera vez que no estaban de acuerdo en ese juego travieso que llevaban entre ellos—. Seguramente su madre sí que fue cariñosa con él o no habría sobrevivido.

Según comentarios de familiares, Klara Hitler fue una madre entregada, aunque por lo visto el padre sí era un hombre violento.

—Hasta los terroristas de hoy en día —continuó el Dalai Lama— han recibido todo el afecto del mundo por parte de sus madres. En el fondo…

—Lo siento, pero no puedo estar de acuerdo contigo en eso —intervino el arzobispo—. La gente que se dedica a pisotear a los demás son personas con una enorme falta de seguridad en sí mismos. Necesitan demostrar que son alguien y muchas veces es porque no han recibido suficiente amor.

—Sí, las circunstancias, el entorno, la educación; todo es

importante —replicó el Dalai Lama—. Sobre todo ahora que
la educación apenas trabaja los valores interiores de la persona.
En vez de desarrollarlos, nos volvemos egocéntricos, estamos
obsesionados con el «yo, yo, yo». Las actitudes egocéntricas
crean inseguridad y miedo. Y también desconfianza. Demasiado miedo produce frustración; demasiada frustración, ira. Esa
es la psicología, el sistema mental, emocional, que acaba provo-
cando una reacción en cadena. Las actitudes egocéntricas nos
alejan de los demás, nos vuelven desconfiados, inseguros, te-
merosos. Nos llevan de la ansiedad a la frustración, de la frustración a la ira y de la ira a la violencia.

Era fascinante escuchar al Dalai Lama describiendo el
proceso mental que nos lleva al miedo, a la alienación y, por
último, a la violencia. Apunté que la crianza en Occidente
está demasiado centrada en los niños y en sus necesidades, y
que no les enseñamos a preocuparse por los demás.

—Sí, hay demasiado egocentrismo también entre los padres —respondió el Dalai Lama—. «Mis hijos, mis hijos.» Es
un tipo de amor partidista, cuando lo que necesitamos es que
sea imparcial, dirigido a toda la humanidad, a todos los seres
vivos, independientemente de cuál sea su actitud hacia nosotros. Tus enemigos son también tus hermanos y hermanas, así
que merecen amor, respeto y afecto. Eso es amor desinteresado. Puedes resistirte a las acciones de tus enemigos y, al
mismo tiempo, amarlos como hermanos. Eso es algo que solo
los seres humanos podemos hacer gracias a la inteligencia. El
resto de los animales simplemente no pueden.

Como conocedor del amor paternal, exaltado y egocéntrico, me pregunté si realmente era posible amar al prójimo
con esa misma clase de amor. ¿Somos capaces de ampliar el
círculo e incluir a todos los que nos rodean, no solo a nuestra

familia? Un monje puede centrar todo su amor en la humanidad, pero una madre o un padre tienen un hijo al que criar. El amor al que se refería el Dalai Lama podía ser un ideal para el ser humano, pero ¿era realista? Quizá no seríamos capaces de querer a todos los niños como queremos a los nuestros, pero sí que podríamos extender ese amor más allá de sus límites. Me pregunté qué opinaba el arzobispo, que también era padre, pero todos habían terminado de comer.

La elasticidad del amor y la compasión volverían a salir a lo largo de la semana, pero al día siguiente teníamos que empezar a hablar de los obstáculos que bloquean la alegría, desde el estrés y la ansiedad hasta la adversidad y la enfermedad, y de cómo somos capaces de experimentar alegría a pesar de estos inevitables desafíos.

DÍAS 2 Y 3

Los obstáculos que nos distancian de la alegría

Eres una obra maestra
en construcción

—Es muy simple —empezó el Dalai Lama—. Todo el mundo sabe que el dolor físico es malo y por eso intentamos evitarlo. Y lo logramos no solo curando enfermedades, sino también intentando evitarlas y fortaleciendo nuestro sistema inmunitario. El dolor mental es igual de malo, así que también deberíamos aliviarlo y la forma de conseguirlo es desarrollando una inmunidad mental.

Habíamos iniciado el segundo día de conversaciones y nos centramos en los obstáculos que impiden experimentar alegría. El tema de debate era cómo encontrar la alegría cuando sufrimos, y sabíamos que necesitaríamos dos días enteros para tratar todas las formas de dolor. Tal y como el Dalai Lama había dicho el día anterior, buena parte de nuestra infelicidad se origina en el interior de nuestra mente y de nuestro corazón, en cómo reaccionamos ante los acontecimientos de nuestra vida.

—La inmunidad mental —prosiguió el Dalai Lama— consiste en aprender a evitar las emociones destructivas y a desarrollar las positivas. Para ello, primero debemos comprender la mente en todos sus estados posibles, los pensamientos y las emociones que experimentamos a diario. Algunos de estos pensamientos y emociones son dañinos, tóxicos incluso, mientras que otros son sanos y curativos. Los prime-ros perturban nuestra mente y tienen un efecto devastador; los segundos nos colman de alegría.

»Cuando entendemos esta realidad, nos resulta mucho más fácil gestionar la mente y tomar medidas preventivas. Así es como se desarrolla la inmunidad mental. Y del mismo modo que un sistema inmunitario sano y una constitución fuerte protege el cuerpo de virus y bacterias potencialmente peligrosos, la inmunidad mental potencia una mente más sana que hace que esta sea menos susceptible a los pensamientos y a los sentimientos negativos.

»Planteémoslo de esta manera: si disfrutas de una buena salud, los virus no pueden dañarte. En cambio, si tu estado general es más bien débil, hasta el virus más pequeño resulta peligroso. Del mismo modo, si tu salud mental está en buenas condiciones, cuando tengas algún contratiempo, este te afectará pero te recuperarás enseguida. Pero si tu salud mental no es buena, hasta el problema más pequeño te causará mucho dolor y sufrimiento. Tendrás miedo, estarás triste y preocupado, enfadado e irritable.

»A mucha gente le gustaría poder tomarse una pastilla que haga desaparecer el miedo y la ansiedad. Pero eso es imposible. Debemos desarrollar la mente y cultivar la inmunidad mental. Son muchos los que me preguntan por la mejor solución a un problema, la más rápida. De nuevo, es imposible. Puedes encontrar una solución rápida o la mejor solución posible, pero nunca ambas cosas a la vez. La mejor forma de enfrentarse al sufrimiento es a través de la inmunidad mental, pero se necesita tiempo para desarrollarla.

»Una vez estaba hablando con Al Gore, el vicepresidente de Estados Unidos. Me contó que tenía muchos problemas, un montón de dificultades que le provocaban mucha ansiedad. Le dije que los seres humanos tenemos la habilidad de diferenciar entre el nivel racional y el nivel emocional. En el plano racional, aceptamos que un problema es grave y que debemos lidiar con él, pero en el emocional, mucho más profundo, somos capaces de guardar la calma. Es como el mar, que en la superficie está cubierto de olas, pero que bajo las aguas es mucho más tranquilo. Esto es posible si aprendemos a desarrollar la inmunidad mental.

—Sí —intervino el arzobispo—, has respondido muy bien. Siempre lo haces, pero esta vez lo has hecho bastante bien. Yo añadiría que a veces la gente se enfada consigo misma de forma innecesaria, sobre todo cuando sus pensamientos y emociones son perfectamente naturales.

»Básicamente —prosiguió—, creo que debemos aprender a aceptarnos tal como somos. Y confiar en que con el tiempo creceremos, siguiendo las palabras del Dalai Lama. Me refiero a que debemos descubrir qué hace que perdamos los estribos y qué no. Conseguiremos controlar algunas, incluso cambiarlas, pero nunca deberíamos avergonzarnos de nosotros mismos. Somos seres humanos y a veces es bueno reconocer que experimentamos emociones humanas. La cuestión es aprender a decir cuándo son pertinentes y cuándo no.

A lo largo de aquella semana de conversaciones, el arzobispo Tutu repitió en multitud de ocasiones que no deberíamos reprendernos a nosotros mismos por los pensamientos o las emociones negativas que podamos tener. Son perfectamente naturales e inevitables, y solo ganan en intensidad cuando la vergüenza y el sentimiento de culpa se apoderan de nosotros. El Dalai Lama estaba de acuerdo en que las emociones humanas son naturales, pero opinaba que sí eran evitables si trabajábamos la inmunidad mental.

Varios meses después de que terminara el encuentro de Dharamsala, yo aún seguía peleándome con lo que parecía ser un contrasentido: ¿es posible evitar los pensamientos y las emociones negativas y desarrollar lo que el Dalai Lama llamaba «inmunidad mental», o, por el contrario, son reacciones inevitables y, por tanto, tal y como proponía el arzobispo, deberíamos limitarnos a aceptarlas y perdonarnos a nosotros mismos por tenerlas?

Al final, tras hablar con varios expertos en psicología, comprendí que ambas opciones eran válidas y que simplemente reflejaban fases distintas del ciclo de la vida emocional. Mediante la reflexión y la meditación, podemos descubrir la naturaleza de nuestra mente y aprender a controlar la reactividad emocional. De este modo, seremos menos vulnerables a las emociones destructivas y a los patrones de pensamiento que tanto dolor nos infligen. Así es como se desarrolla la inmunidad mental.

El arzobispo simplemente nos estaba recordando que, incluso desarrollando esta inmunidad, habrá ocasiones en las que sintamos emociones negativas o destructivas y que, cuando eso ocurra, no debemos juzgarnos por ello.

Dicho de otra forma, el Dalai Lama afirmaba que, si comemos sano, tomamos vitaminas y descansamos bien, disfrutaremos de una buena salud, a lo que el arzobispo Tutu replicaba: «Cierto, pero, incluso así, en algún momento cogeremos un catarro y no debemos empeorarlo fustigándonos por ello».

Así pues, ¿cómo lidiar con esos obstáculos que nos distancian de la alegría —fuentes inevitables de sufrimiento, tanto interno como externo— y que, con su aparición, nos provocan angustia y dolor? Abarcan desde problemas cotidianos como el estrés o la frustración hasta experiencias vitales relacionadas con la adversidad, la enfermedad y, en última instancia, la aceptación de la muerte. No podemos controlar la inevitabilidad de estos sucesos, pero tanto el Dalai Lama como el arzobispo Tutu coincidían en afirmar que sí es posible moldear el efecto que tienen sobre nuestra vida adoptando la actitud correcta que nos ayude a enfrentarnos a ellos.

El primer paso es aceptar la existencia del sufrimiento. Según la tradición, Buda dijo: «Solo he enseñado una cosa: el sufrimiento y su cese». La primera Noble Verdad del budismo es que la vida está llena de sufrimiento. *Dukkha* es la palabra en sánscrito para «sufrimiento» (no debe confundirse con el sabroso condimento egipcio llamado *dukka*).

Dukkha puede traducirse como «estrés», «ansiedad», «sufrimiento» o «insatisfacción». Suele describirse como el sufrimiento, tanto físico como mental, fruto de la enfermedad, del envejecimiento y de otras circunstancias de la vida. También se define como el estrés y la ansiedad que nace del intento de controlar lo que es básicamente temporal y que, por tanto, no puede controlarse. Intentamos controlar el momento, lo cual nos deja con la sensación de que lo que nos ocurre no debería estar pasando. Buena parte de nuestro dolor tiene su origen en el deseo irracional de que las cosas sean distintas a como realmente son.

—En muchos casos —explicó el Dalai Lama—, desarrollamos una especie de infelicidad, de descontento, que desemboca en un estado permanente de frustración e ira.

Puede que ese estrés y la frustración aparenten ser poco

más que problemas superficiales o simples quejas. Sin embargo, Buda los identificó como el origen de buena parte de nuestro dolor, ya sea innecesario o artificial. De pronto, recordé algo que el Dalai Lama había dicho el primer día: no podemos acabar con los desastres naturales ni con el sufrimiento que provocan, pero sí con buena parte del resto del dolor que experimentamos.

El *dukkha* o sufrimiento es lo opuesto al *sukha*, que significa felicidad, alivio y consuelo. Se dice que ambas palabras tienen su origen en los antiguos arios procedentes de la región de Irán que llevaron el sánscrito hasta la India. Eran nómadas que viajaban a caballo o en carros tirados por bueyes, y las dos palabras significan literalmente «tener un mal (o un buen) eje». ¿El resultado era un viaje lleno de baches (*dukkha*) o un paseo tranquilo (*sukha*)? Es una buena metáfora de la vida. ¿Qué es el sufrimiento más que un viaje lleno de baches? La vida es una sucesión de tropiezos, muchos de ellos inevitables, en buena medida determinados por nuestra percepción del trayecto. La mente es el eje que decide si el camino es llano o está lleno de obstáculos.

Este punto en concreto es algo que comprendí de forma bastante literal en enero de ese mismo año, meses antes de que se produjera el encuentro entre ambos, cuando viajé a Dharamsala con Peggy Callahan, la responsable de grabar las conversaciones, para preparar aquella reunión de amigos que sería en abril. El vuelo de vuelta desde el siempre encapotado aeropuerto de Dharamsala fue cancelado, así que partimos en una expedición sinuosa y llena de baches con destino al aeropuerto más cercano, asidos a las manetas de las puertas del coche y dando botes de un lado a otro. Para no marearnos, pasamos el rato contándonos historias divertidas de nuestros respectivos viajes, estirándolas tanto como podíamos durante las seis horas que duró el viaje con el cuerpo maltrecho.

—Tenemos percepciones de nuestras experiencias y nos basamos en ellas para juzgarlas: «esto es bueno», «esto es malo», «esto es neutral» —explicó el Dalai Lama—. Luego tenemos respuestas: miedo, frustración, ira. Somos conscientes de que no son más que distintos aspectos de la mente. No pertenecen a la realidad presente. Del mismo modo, la valentía, la bondad, el amor, el perdón también son aspectos de la mente. Es muy útil conocer el sistema de emociones y entender cómo funciona la mente.

»Cuando nos asalta el miedo o la frustración, tenemos que pensar qué es lo que provoca estas sensaciones. En la mayoría de los casos, el miedo no es más que una proyección mental. Cuando era joven y vivía en el palacio de Potala, había una zona que siempre estaba en penumbra y sobre la que se contaban historias de fantasmas. Cuando pasaba por allí, siempre sentía algo. Solo era una proyección mental.

—No —intervino el arzobispo Tutu con cara de susto—. Allí había fantasmas, seguro.

El Dalai Lama se echó a reír y luego dijo:

—Cuando se te acerca un perro rabioso, ladrando y enseñando los dientes, sientes un miedo real; no se trata de una proyección mental. Tienes que analizar las causas de ese miedo. Con la frustración suele ocurrir algo similar: miras a alguien y enseguida tienes una proyección mental, aunque la expresión de su rostro sea neutral. Del mismo modo, observas cómo actúa y tienes otra proyección mental, incluso si su comportamiento es igualmente neutral. Así pues, tienes que preguntarte si tu frustración se basa en algo real. Cuando alguien te ataque o te critique, tienes que pensar: ¿por qué ha ocurrido? Esa persona no siempre ha sido tu enemiga, sino que hay una serie de circunstancias que han hecho que adopte una actitud negativa hacia ti. Tal vez existan muchos motivos, pero tu propia actitud suele ser un factor importante que contribuye a esta situación. De pronto, eres consciente de que la razón de lo ocurrido se debe a que hiciste algo en el pasado y a esa persona no le gustó. En el momento en el que por fin eres consciente de que esas críticas y ataques, en parte, son culpa tuya, los niveles de frustración e ira se reducen automáticamente. De repente, te das cuenta de que la naturaleza humana es básicamente buena, compasiva, y que esa persona no quiere hacerte daño. Sabes que sus emociones son fruto de un malentendido, y sus acciones, de emociones claramente destructivas. Puedes desarrollar un sentimiento de preocupación, de compasión por esa persona, sentir su dolor y su sufrimiento: qué triste que no pueda controlar la situación o que lo domine un sentimiento tan negativo. En lugar de frustración o ira, te compadeces por la otra persona y te preocupas por ella.

Asentí con la cabeza y repliqué:

—Pero a veces nuestra frustración no depende de los demás, sino de circunstancias que están fuera de nuestro control. Por ejemplo, no podemos controlar un vuelo cancelado.

—Cuando era joven, estaba ansioso por ir de aquí para allá y hacer miles de cosas —explicó el Dalai Lama—. Cada vez que anunciaban un retraso o directamente cancelaban un vuelo, me ponía furioso y a veces me enfadaba con el piloto o con la compañía.

»Antes de que empezara a funcionar la conexión directa entre Dharamsala y Nueva Delhi, tenía que ir hasta Jammu, a unas cinco horas en coche de aquí, para coger el avión. Una mañana, con todos los pasajeros ya a bordo, nos comunicaron que el vuelo había sido cancelado y que debíamos bajar del avión. Luego supe que el piloto había estado bebiendo la noche anterior y no se había presentado. Todo el mundo se quejó y yo también sentí una gran frustración.

»Ahora, cuando me cancelan un vuelo o simplemente lo retrasan, algo que aquí suele ocurrir a menudo, me lo tomo como una oportunidad inmejorable para sentarme y meditar. Así siento mucha menos frustración.

Recordé entonces un vuelo a Hawái con Rachel, nuestro hijo Jesse, que entonces contaba dos años, y mi madre. No teníamos mucho dinero y habíamos comprado los billetes en la compañía más barata que encontramos. Solo disponían de dos aviones que hacían el trayecto de California a Hawái, ida y vuelta, además de cubrir otros destinos típicos de las vacaciones. Cuando sobrevolábamos el Pacífico, a medio camino ya de Oahu, sentí una fuerte sacudida, como si alguien hubiera empujado la nave desde un lateral. El avión enseguida cambió de rumbo y, al cabo de un rato, la tripulación nos comunicó que volvíamos a San Francisco. Recuerdo que me sentí frustrado y muy muy enfadado.

Teníamos que esperar todo el día hasta que llegara otro avión, de modo que decidimos llevar a Jesse al zoo y empezar las vacaciones en California. Fue divertido, aunque seguía enfadado al pensar que nos habían acortado nuestras vacaciones en Hawái. Cuando por fin regresamos al aeropuerto y nos disponíamos a subir al avión, oí al piloto que hablaba con un miembro de la tripulación explicándole por qué habíamos dado media vuelta.

Por lo visto, se había soltado un tornillo, uno de los que

sujetan los motores. El piloto mencionó de pasada, con la tranquilidad de quien está acostumbrado a lidiar con situaciones peligrosas, que, si hubieran tardado un poco más en apagar el motor, se habría desprendido del ala y el avión habría acabado estrellándose en el mar. De pronto, un vuelo retrasado y un día en el zoo ya no me parecieron tan malos.

—Yo antes me enfadaba mucho —intervino el arzobispo Tutu— cada vez que tenía una reunión importante y te quedabas atrapado en medio del tráfico por culpa de un accidente. Apretaba los dientes y buscaba un culpable al que partirle la cara. Pero con el paso de los años me di cuenta de que lo mejor que podía hacer era cerrar la boca e intentar ayudar a las víctimas del accidente. La verdad es que tampoco puedes hacer mucho más. No sirve para nada apretar los dientes y ponerte como un basilisco. ¿Por qué no echar mano de los trucos de toda la vida? Contar hasta diez. Uno, dos, tres… ¡Ah! —exclamó fingiendo que perdía los estribos a pesar de sus esfuerzos.

»Creo que se necesita tiempo para aprender a tranquilizarse —continuó—. No es algo que se aprenda de un día para otro. Nadie debería enfadarse consigo mismo por una mala reacción. Solo sirve para aumentar el nivel de frustración. Es decir, somos seres humanos, seres humanos falibles. Y, como ha dicho el Dalai Lama, no hace mucho… Quiero decir que ahora lo vemos tranquilo y calmado, pero que hubo una época en la que a él también le molestaban cosas, las que fueran, y quizá a día de hoy sigue pasándole de vez en cuando. Es como un músculo que debemos ejercitar para que se fortalezca. A veces nos enfadamos en exceso con nosotros mismos porque creemos que deberíamos ser perfectos en cualquier situación. Sin embargo, nuestro paso por la Tierra es el tiempo del que disponemos para aprender a ser buenos, a ser más afectuosos, más compasivos. Y no aprendemos a través de la teoría. —El arzobispo se llevó a la cabeza los dedos índices de ambas manos—. Aprendemos cuando nos sucede algo que nos pone a prueba. —De pronto, empezó a hablar como si imitara al Todopoderoso—. Hola, dijiste que querías ser más compasivo. Hola, dijiste que querías estar más tranquilo.

»Nos enfadamos muchísimo con nosotros mismos. Nos convencemos de que tenemos que ser superhombres y supermujeres desde el principio. La serenidad que transmite el Dalai Lama no le cayó un buen día del cielo, completamente formada. Gracias a la plegaria y a la meditación, fue cultivando la compasión, la paciencia y la aceptación, con unos límites razonables. Debemos aprender a aceptar las circunstancias tal y como se presentan porque a veces no podemos cambiarlas y, en ese caso, no tiene sentido darnos de cabezazos contra la pared; lo único que conseguimos es provocarnos un buen dolor de cabeza. El mundo es un valle de crecimiento y de desarrollo.

Me llamó la atención la frase «un valle de crecimiento y desarrollo», que parecía hacer referencia al famoso concepto cristiano de la vida como valle de lágrimas, del que no nos libramos hasta que entramos en el cielo. Se suele decir que esta expresión tiene su origen en el salmo 84:6, en cuyo hermoso texto puede leerse: «Cuando pasan por el valle de lágrimas lo convierten en manantial». Ciertamente, podemos usar las lágrimas, el estrés y la frustración a modo de pozo del que extraer las aguas vivificantes de nuestro crecimiento emocional y espiritual.

—Es parecido al proceso por el que aprendemos a ser padres y madres —dijo el arzobispo a modo de conclusión—.

Aprendemos cómo reaccionar ante un niño cuyo comportamiento nos genera frustración. Somos mejores con el tercer hijo que con el primero. Yo le diría a todo el mundo: estáis hechos para la perfección, pero aún no sois perfectos. Sois una obra maestra en construcción.

Miedo, estrés y ansiedad:
Yo estaría muy nervioso

—Todos tenemos miedos —explicó el arzobispo—. El miedo y la ansiedad son mecanismos que nos han ayudado a sobrevivir. Si vieras un león y no tuvieras miedo, si pasaras tranquilamente a su lado, tendrías los días contados. Dios nos ha provisto de esas reacciones porque sabe que las necesitamos. En caso contrario, seríamos muy valientes pero también muy estúpidos y no duraríamos demasiado. El problema viene cuando ese miedo es exagerado o tiene su origen en algo insignificante.

Le pregunté al arzobispo Tutu cómo consiguió controlar el miedo durante la época del apartheid, cuando recibía amenazas de muerte casi a diario, y él respondió:

—Bueno, evitábamos hacer estupideces como acercarnos por la noche a una ventana iluminada, pero al mismo tiempo le decíamos a Dios: «Estoy haciendo tu trabajo, así que será mejor que me protejas».

Siempre me ha impresionado la sinceridad con la que el arzobispo admite abiertamente sus miedos y su fragilidad. Apenas oímos hablar de las dudas o de los temores que afectan a los líderes de nuestra sociedad, y es que el liderazgo en sí mismo requiere transmitir una apariencia de confianza que raramente permite el reconocimiento de debilidades o de puntos débiles. Una vez, Rick Stengel, el ex editor de la revista *Time* que trabajó con Nelson Mandela en su autobiografía *El largo camino a la libertad*, me contó una anécdota maravillosa. Mandela iba a bordo de un pequeño avión de hélices con su guardaespaldas, Mike. El gran líder estaba leyendo el periódico de la mañana cuando, de pronto, se dio cuenta de que una de las hélices no funcionaba. Se inclinó hacia delante y, con toda la calma del mundo, se lo dijo a Mike, quien, a su vez, se lo trasladó a los dos pilotos. Estos, que ya estaban al tanto del problema, respondieron que ya habían iniciado las maniobras para hacer un aterrizaje de emergencia. Cuando Mike le explicó la situación a Mandela, este asintió y, sin inmutarse, siguió leyendo el periódico. Mike, que era un tipo duro, estaba temblando de miedo, pero al ver la reacción de Mandela se tranquilizó. Una vez en tierra, sanos y salvos y a bordo del BMW blindado que los esperaba en el aeropuerto, Stengel le preguntó cómo había ido el vuelo. Mandela se inclinó hacia él y, con los ojos abiertos como platos, respondió: «Dios, no te imaginas el miedo que he pasado». Aunque el liderazgo requiera una apariencia de fortaleza incluso en los momentos de crisis, nuestra humanidad se define igualmente, o quizá más, a través de la fragilidad y de la vulnerabilidad, un hecho que, según el arzobispo Tutu, sirve para recordarnos cuánto nos necesitamos los unos a los otros.

Una de mis citas favoritas de la selección que incluimos en el libro de Mandela *Notes to the Future* hablaba del coraje: «Aprendí que el coraje no era la ausencia de miedo, sino el triunfo sobre él. Sentí miedo más veces de las que soy capaz de recordar, pero lo oculté tras una máscara de valentía. El hombre valiente no es aquel que no siente miedo, sino aquel que lo vence». El arzobispo Tutu dijo algo muy parecido cuando trabajábamos en su libro *Dios tiene un sueño*. Dijo: «El coraje no es la ausencia de miedo, sino la habilidad de actuar a pesar de él». La palabra «coraje» viene del francés *coeur* o corazón; es el triunfo del amor y del compromiso de nuestros corazones sobre el murmullo de la mente, cuyo objetivo es mantenernos a salvo.

Tal como el arzobispo había explicado, cuando el miedo se convierte en algo que no podemos controlar experimentamos estrés, preocupación y ansiedad. Somos muchos los que sufrimos ese estado de inquietud generalizado, durante el cual padecemos temores imprecisos y preocupaciones que afectan a cualquier experiencia o relación de nuestra vida. Es muy difícil sentir alegría cuando se está bajo la presión del estrés y de la ansiedad; experimentamos una sensación de agobio constante y somos incapaces de gestionar nuestros compromisos laborales y sociales o los dispositivos digitales que nos recuerdan continuamente todo lo que nos estamos perdiendo. Tenemos que hacer tantos malabarismos que nos parece que siempre vamos un paso por detrás.

Jinpa señaló que la sociedad moderna ha priorizado la independencia hasta tal punto que acabamos gestionando en solitario unas vidas que cada vez controlamos menos. Nos habló de la vida que el Dalai Lama y su gente llevaban en el Tíbet antes de la ocupación china. En la remota aldea de Taktser, en la provincia de Amdo, la casa familiar del Dalai Lama, como todas las del pueblo, estaba situada en un altiplano, con vistas a las praderas repletas de nómadas y yaks. El Dalai Lama era uno de los dieciséis hijos de la familia, nueve de los cuales murieron siendo niños. El pueblo más cercano estaba a tres horas de camino en mula. El niño, que entonces se llamaba Lhamo Thondup, dormía en la cocina, cerca del fuego. Su vida no podía ser fácil y precisamente por eso me sorprendió que Jinpa afirmara que habría sido mucho menos estresante en una aldea tradicional.

A lo largo de la historia de la humanidad, ya sea en el Tíbet, en África o en cualquier otro lugar, el miedo y las preocupaciones siempre han estado presentes, y a veces con gran intensidad, como puede ser el temor a no tener provisiones suficientes para pasar el invierno. Por suerte, llevar una vida más cercana, más conectada, hacía de la preocupación un sentimiento más llevadero. La supervivencia es, a todas luces, el gran generador de estrés y, sin embargo, hay algo distinto en la presión constante de la vida moderna. Es innegable que en el pasado podía haber momentos de gran estrés y ansiedad, como la pérdida de la cosecha o la muerte de un hijo, pero el ritmo de la vida cotidiana era mucho menos frenético, menos disperso. «Hay un tipo de sabiduría que se ha perdido —dijo Jinpa—. Las oportunidades ahora son mayores, pero también lo es la ansiedad.» Pensé en el viaje de Jinpa, tanto físico como psicológico: de un monasterio budista que apenas había cambiado en siglos a una vida en familia en Montreal.

Pero si el estrés y la ansiedad son parte inevitable de la vida moderna, ¿cómo hacemos para enfrentarnos a las molestias que generan? ¿Qué hacemos para que el viaje sea más cómodo? ¿Cómo minimizamos la preocupación que nos asola?

—El estrés y la ansiedad suelen ser producto de un exceso de ambición y de unas expectativas demasiado altas —dijo el Dalai Lama—. Cuando no cumplimos con las expectativas que nos habíamos fijado ni satisfacemos nuestra ambición, nos sentimos frustrados. Se trata de una actitud plenamente egocéntrica. Quiero esto; quiero lo otro. Muchas veces ni siquiera somos realistas; sobrevaloramos nuestras habilidades y no somos objetivos con la realidad que nos rodea. Tener una imagen clara de nuestras capacidades nos permite ser realistas y saber cuánto esfuerzo podemos invertir. De este modo, las posibilidades de alcanzar nuestros objetivos se multiplican. Un esfuerzo poco realista, en cambio, solo provoca problemas. Así pues, muchas veces el estrés es causado por las expectativas y la ambición.

Me pregunté qué era un exceso de ambición. Como persona nacida en Estados Unidos, donde la ambición es una virtud en sí misma, donde la iniciativa y la persistencia van de la mano, me sorprendió su respuesta. ¿Era posible que hubiéramos malinterpretado la codicia y el afán por alcanzar metas, que en la vida moderna se han convertido en nuestra mayor ambición? ¿Y quizá la creencia de que más es siempre mejor sea la receta perfecta del estrés y la frustración y, en último término, de la insatisfacción?

Quizá se trate de una cuestión de prioridades. ¿Hay algo por lo que valga la pena luchar? ¿Qué necesitamos realmente? Según el arzobispo Tutu y el Dalai Lama, cuando nos damos cuenta de lo poco que necesitamos, únicamente amor y conexión, la codicia y el afán por pulverizar metas, que creíamos imprescindibles para nuestro bienestar, ocupan el lugar que les corresponden y nunca más vuelven a ser el objetivo ni la obsesión de nuestra vida. Debemos ser más conscientes de la vida que llevamos y no dejarnos arrastrar por la sensación hipnótica que provoca en nosotros la modernidad, la marcha incansable, la ansiosa aceleración. El Dalai Lama nos instaba a ser más realistas para así encontrar la paz interior y a no pasarnos la vida persiguiendo expectativas y ambiciones.

Los síntomas del estrés crónico son la sensación de fragmentación y de falta de tiempo, de no ser capaz de estar presente. Buscamos un estado mental alegre y estable, un estado que necesita de mucho espacio para funcionar correctamente. En una ocasión, el arzobispo Tutu me dijo que la gente cree que necesita tiempo para rezar y para reflexionar por su condición de líder religioso. Y luego añadió que aquellos que viven inmersos en la sociedad de consumo —ejecutivos, autónomos y asalariados— lo necesitan mucho más que él.

El estrés crónico se está convirtiendo en una epidemia global, por lo que la ciencia está llevando a cabo profundos estudios sobre nuestra respuesta al estrés para tratar de descifrar sus misterios. De momento sabemos que nuestra perspectiva influye, y mucho, en la respuesta de nuestro cuerpo al ser sometido a estrés. Cuando transformamos una amenaza en un reto, el cuerpo responde de una forma muy distinta.

La psicóloga Elissa Epel, una de las investigadoras más importantes en su campo, me explicó el funcionamiento del estrés. La forma de reaccionar del ser humano evolucionó para que pudiéramos salvarnos de un ataque o de un peligro, como un león hambriento o una avalancha. El cortisol y la adrenalina recorren el torrente sanguíneo y favorecen la dilatación de las pupilas para ver con más claridad, la aceleración de la respiración y del pulso para poder reaccionar más rápido y la acumulación de la sangre en los músculos para poder defendernos o huir. Todas estas reacciones conforman una respuesta al estrés que debería ser temporal y poco habitual, pero en el mundo moderno es mucha la gente que vive con este mecanismo de respuesta constantemente activado. Epel y su colega, la bióloga molecular y ganadora del premio Nobel Elizabeth Blackburn, han descubierto que el estrés sostenido desgasta los telómeros, los extremos del ADN que protegen las células de la enfermedad y del envejecimiento. Pero no solo les afecta el estrés; también los patrones de pensamiento en general provocan un impacto considerable en ellos, lo cual ha llevado a Epel y a Blackburn a la conclusión de que las células del cuerpo humano «escuchan nuestros pensamientos».

El problema no es la existencia de elementos estresantes; esto es algo que no podemos evitar. El estrés es la forma que tiene el cerebro de señalar que algo es importante. El problema, o quizá la posibilidad, es cómo respondemos ante ese estímulo.

Según Epel y Blackburn, el estrés no es lo único que daña los telómeros. Nuestra reacción es aún más importante, y por eso nos animan a que desarrollemos una resiliencia específica ante el estrés. Esto implicaría convertir el llamado «estrés de amenaza», la percepción de que un suceso estresante es una amenaza para nosotros, en lo que se denomina «estrés de desafío» o percepción de que un evento estresante nos ayudará a crecer. La solución que nos ofrecen es bastante directa. Solo tenemos que percatarnos de la reacción que se desencadena en nuestro cuerpo —el latido del corazón, el cosquilleo en las manos y en la cara o la respiración acelerada— y recordar que es una respuesta perfectamente normal ante una situación de estrés y que nuestro cuerpo no hace más que prepararse para aceptar el reto.

¿Qué determina que percibamos ciertas cosas o personas como una amenaza y otras no? Lo que el arzobispo Tutu y el

Dalai Lama sostenían era que buena parte del estrés es consecuencia directa del aislamiento que sufrimos con respecto a
nuestro entorno, lo cual nos trae de nuevo al *ubuntu* o falta de
conexión con el grupo. Una vez le pregunté al arzobispo
cómo se enfrentaba al insomnio y a las tribulaciones de la vida
y me respondió que pensaba en toda la gente que, como él, no
conseguía conciliar el sueño. Pensar en ellos y recordar que
no estaba solo en el mundo le ayudaba a disminuir la angustia, y además aprovechaba para entonar una oración en su
nombre.

—Cuando era joven, solía dar charlas —explicó el Dalai
Lama describiendo una de las experiencias que le provocaban estrés y ansiedad—. Me ponía muy nervioso porque me
veía distinto a la gente que acudía a esas charlas. A partir de
1959, tras salir del Tíbet, empecé a pensar: «Esta gente es
como yo, seres de la misma especie». Cuando creemos ser
demasiado especiales o, al contrario, demasiado corrientes,
entonces el miedo, el estrés, el nerviosismo y la ansiedad se
apoderan de nosotros. Todos somos iguales.

—Lo que el Dalai Lama y yo proponemos —añadió el
arzobispo Tutu— es un método para controlar las preocupaciones: pensar en el prójimo. Puedes pensar en aquellos que
están en una situación parecida a la tuya o incluso peor, pero
que, a pesar de ello, han sobrevivido y, en algunos casos, pros-
perado. Ayuda bastante verse a uno mismo como parte de un
todo mayor.

De nuevo, el camino hacia la alegría pasaba por la interconexión entre los seres humanos, y el camino del dolor, por
la separación. Cuando vemos al prójimo como un ente alie-
nado, este se convierte en una amenaza. Cuando lo vemos
como parte de nosotros mismos, como si estuviéramos co-

nectados, no hay reto al que no seamos capaces de plantar cara. Juntos.

—Cuando conozco a alguien —dijo el Dalai Lama retomando un tema que iba ganando importancia por momentos—, siempre intento sentirme identificado con esa persona al nivel más elemental. A ese nivel, sé que, al igual que yo, esa persona desea encontrar la felicidad, tener menos problemas y menos dificultades en la vida. Ya esté hablando con una persona o dirigiéndome a un grupo más grande, siempre me veo a mí mismo ante todo como un ser humano más. De esa manera, no son necesarias las presentaciones.

»Si, por otro lado, me relaciono con los demás desde la perspectiva de mí mismo como alguien diferente (un budista, un tibetano, etc.), en ese caso levantaré muros que me aislarán del resto del mundo. Y si me relaciono con los demás pensando que yo soy el Dalai Lama, crearé las bases de mi propio aislamiento y separación. Después de todo, solo hay un Dalai Lama en todo el mundo. Por el contrario, si me veo a mí mismo como un ser humano más, tendré a más de siete mil millones de personas con las que establecer una conexión profunda. Es maravilloso, ¿verdad? ¿Por qué preocuparse o tener miedo, con siete mil millones de personas a tu lado?

La frustración y la ira:
Yo antes gritaba

Hará algo más de diez años, antes de venir a Dharamsala, iba en el coche del arzobispo Tutu recorriendo las calles de Jacksonville, Florida, y nos quedamos atrapados en un atasco considerable. Podríamos decir que, de hecho, esa fue una de las principales motivaciones por las que quise trabajar con él: para entender cómo se las arregla alguien tan espiritual para conducir en semejante embotellamiento.

Veníamos de su casa, de grabar una entrevista sentados junto al estanque de los caimanes, con los pies colgando a poca distancia del agua. De camino, habíamos parado en uno de los establecimientos de la cadena de restaurantes Boston Market para comer algo rápido. El arzobispo había saludado a todos los trabajadores, que observaban atónitos a aquel cliente famoso que acababa de pedir un plato de pollo con puré de patatas. Íbamos camino de la universidad donde, por aquel entonces, era profesor no numerario y yo le estaba entrevistando mientras él conducía. Quería aprovechar al máximo hasta el último minuto del tiempo que pasábamos juntos para reunir todas las perlas que conformaban su sabiduría. Estábamos hablando de algunas de las principales teologías y corrientes filosóficas moralistas de nuestro tiempo, aunque yo en realidad quería saber cómo afectaban sus creencias y la práctica espiritual a las interacciones del día a día como el tráfico.

De repente, un coche cruzó los carriles de lado a lado, justo delante de nosotros, y el arzobispo tuvo que apartarse para no chocar con él.

—¡Si es que la carretera está llena de conductores estupendos! —exclamó, a medio camino entre la risa y la exasperación.

Le pregunté qué le pasaba por la cabeza en un momento como aquel y me respondió que quizá el otro conductor iba de camino al hospital porque su mujer estaba dando a luz, o tenía un familiar cercano ingresado.

Aquella era la cuestión. Había reaccionado inevitablemente con sorpresa, una de las respuestas primarias del ser humano, pero, en lugar de mostrarse airado, prefirió decantarse por el humor, aceptó lo sucedido sin problemas e incluso se mostró compasivo. Y no había pasado nada: ni retahíla de improperios, ni frustración sostenida ni subida de la presión sanguínea.

Solemos pensar que el miedo y la ira son dos emociones que poco tienen que ver entre ellas. Por eso me sorprendió que, estando en Dharamsala, el Dalai Lama estableciera una conexión entre ellas.

—Donde hay miedo, tarde o temprano habrá frustración. Y la frustración trae consigo la ira. Así pues, es evidente que el miedo y la ira son sentimientos muy cercanos.

El punto de vista del Dalai Lama, como supe más tarde, se apoya en la biología básica del ser humano. El miedo y la ira son dos polos opuestos de una misma respuesta; nos preparamos para correr cuando tenemos miedo y para luchar cuando sentimos ira.

El Dalai Lama estaba respondiendo a uno de los alumnos del Pueblo de los Niños Tibetanos, adonde fuimos durante la semana para celebrar su cumpleaños. Uno de los estudiantes mayores había preguntado: «Santidad, ¿cómo controla la ira en su vida diaria?».

Al arzobispo se le escapó la risa, pero no una risa disimulada, sino una sonora carcajada. Al parecer, le parecía sumamente divertido que la ira supusiera un reto incluso para un hombre santo como el Dalai Lama.

—Yo antes, cuando me enfadaba, gritaba —respondió este admitiendo que hasta el *bodhisattva* de la compasión podía perder la paciencia de vez en cuando. Los niños también se reían—. Os contaré una historia: allá por 1956 o 57, con veintipocos años, tenía un coche que había pertenecido al decimotercer Dalai Lama.

»Por aquel entonces, era uno de los pocos coches que había en Lhasa. Las carreteras del Tíbet aún no eran transitables, solo algunos tramos en las inmediaciones de Lhasa, así que tuvieron que llevarlo hasta la capital por piezas y, una vez allí, montarlo de nuevo.

»Una de las personas que solían conducirlo se ocupaba también de arreglarlo cada vez que se rompía, que era a menudo. Un día, fui a verlo y me lo encontré debajo del coche cambiando alguna pieza. Cuando salió para recibirme, se dio un golpe en la cabeza contra el guardabarros. Aquello le hizo perder el control. Estaba tan enfadado que se golpeó la cabeza contra el coche una y otra vez. Pam, pam, pam. —El Dalai Lama fingió golpear un guardabarros imaginario con la cabeza, para disfrute de los niños—. Eso es ira. ¿Qué sentido tiene? Perdió el control porque se había dado un golpe en la cabeza y luego se golpea de nuevo pero a propósito, haciéndose más daño. Es absurdo. Cuando aparezca la ira, pensad: ¿cuál es la causa? Y ¿qué conseguiré con tanta ira gritando y poniendo cara de enfadado? Entonces os daréis cuenta de que la ira no sirve para nada.

El neuropsiquiatra Daniel Siegel explica que, cuando nos dejamos llevar por la ira, podemos llegar a «perder la cabeza» o, lo que es lo mismo, vernos privados de nuestra capacidad para el pensamiento crítico. Como resultado, el córtex prefrontal, que es fundamental para la regulación de las emociones y de los juicios morales, pierde su capacidad de controlar el sistema límbico, responsable de las emociones. El chófer del Dalai Lama perdió la cabeza y, en consecuencia, actuó de forma estúpida, provocándose aún más dolor a sí mismo. Se trata de una escena cómica porque es muy habitual. A todos nos ha pasado. Así pues, ¿cuál es la alternativa?

El Dalai Lama estableció una conexión entre el miedo y la ira de una forma muy sutil y profunda, y explicó por qué la ira alimenta claramente al miedo. Lo más normal es que la frustración y la rabia procedan del dolor. El chófer golpeándose la cabeza contra el coche es un ejemplo perfecto. Además del dolor físico, también podemos experimentar dolor emocional, que es incluso más habitual. Queremos algo que no hemos conseguido, como respeto o bondad, o recibimos algo que no deseamos, como críticas y falta de respeto. Bajo la rabia, según el Dalai Lama, se esconde el miedo a no obtener aquello que necesitamos, a no ser amados o respetados, a no sentirnos incluidos.

Podemos escapar de la ira preguntándonos: ¿ha sido el dolor el responsable de la ira o ha sido el miedo? Los psicólogos suelen catalogar la ira como emoción secundaria porque es nuestra forma de defendernos ante la amenaza. Cuando somos capaces de reconocer y expresar el miedo, o admitir que nos sentimos amenazados, por norma general conseguimos calmar la ira.

Pero tenemos que estar dispuestos a admitir nuestra vulnerabilidad. Solemos avergonzarnos del miedo y del dolor porque creemos que, si fuéramos invulnerables, nunca sentiríamos dolor, pero esa no es, en palabras del arzobispo, la naturaleza del ser humano. Si podemos compadecernos de nosotros mismos y admitir que experimentamos miedo, dolor o que nos sentimos amenazados, también podemos sentir compasión por los demás, incluso por aquellos que provocan nuestra ira.

—Cuando te marcas un objetivo pero encuentras obstáculos en tu camino, lo más normal es que te sientas frustrado —dijo el arzobispo—. O cuando lo das todo y las personas con las que trabajas, o con las que deberías trabajar, no están tan dispuestas a colaborar como tú esperabas; o cuando en casa, con la familia, se malinterpreta algo que has dicho o hecho. Todo ello conduce inevitablemente a la frustración y a la ira. Cuando la gente cuestiona tus intenciones y tú sabes que son nobles. Eso duele mucho. Aprietas los dientes y dices: «Ya están otra vez con lo mismo».

»O a mayor escala, por ejemplo en mi país, en la época del apartheid. Algunos utilizaban métodos inaceptables como el *necklacing*, que consistía en matar a alguien poniéndole un neumático alrededor del cuello y prendiéndole fuego. Entonces pensabas que aquello no estaba bien, que lo único que conseguíamos con ello era que nos criticaran a todos y al movimiento.

»O desde una perspectiva más personal, cuando tienes que enfrentarte a una enfermedad y querrías tener más energía de la que tienes. De pronto, recordamos que somos seres frágiles.

—Una vez, estando en Jerusalén —dijo el Dalai Lama—, conocí a un profesor que solía decirles a sus alumnos: «Cuando os enfadéis con alguien, recordad que esa persona ha sido creada a imagen y semejanza de Dios». Algunos de los alumnos eran palestinos que a menudo tenían que pasar por los puntos de control israelíes. Le contaron que, cuando se ponían nerviosos o estaban a punto de perder los nervios, se decían a sí mismos que aquellos soldados habían sido creados a imagen y semejanza de Dios y enseguida se sentían mejor. En el nivel físico, debemos actuar en consecuencia, pero en el mental podemos estar tranquilos y relajados. Así es como se entrena la mente.

Y, sin embargo, la ira también tiene un sentido, pensé. A veces sirve para protegernos del peligro a nosotros mismos o a otros. ¿Cuál era, me pregunté, el papel de esa ira lícita? El arzobispo, cada vez que se producía un asesinato que empañaba las protestas pacíficas contra el apartheid, levantaba el puño en alto y exigía a voz en grito una lluvia de fuego y azufre sobre los malvados y los injustos. Su biografía, escrita por John Allen, quien durante muchos años fuera su secretario de prensa, se titula *Rabble-Rouser for Peace*, y es que ese término, *rabble-rouser* o agitador, describe a la perfección la paradoja que ha sido su lucha por la libertad. No le tenía miedo a la ira ni a la indignación justificadas porque el objetivo final era instaurar la paz, la justicia y la igualdad en su tierra.

El arzobispo nos explicó, con sencillez y pocas palabras, el poder y los límites a la hora de usar este tipo de ira.

—La ira justificada no suele estar directamente relacionada con uno mismo, sino con aquellos a los que vemos sufrir y que necesitan nuestra ayuda.

Resumiendo, la ira justificada es una herramienta pensada para hacer justicia, una guadaña al servicio de la compasión, y no una emoción reactiva. Puede que tenga su origen en el deseo de lucha o huida con el que protegemos a nuestra familia o a nuestro grupo de posibles amenazas, pero en este caso es una respuesta elegida conscientemente y no una reacción incontrolable. Y no tiene nada que ver con el acoso a nuestra propia imagen o con la sensación de aislamiento del entorno, sino que responde a un tipo de responsabilidad colectiva y a un profundo y poderoso sentimiento de conexión.

—La ciencia afirma —continuó el Dalai Lama— que el miedo constante, la ira sostenida o el odio recurrente dañan nuestro sistema inmunitario. Todos intentamos cuidar de nuestra salud física y para ello necesitamos un cuerpo y una mente sanos. Una mente sana es una mente tranquila. El miedo y la ira destruyen esa tranquilidad. De pronto, nos damos cuenta de que la ira no nos ayuda a solucionar los problemas. No sirve para nada, tan solo para empeorarlos. Al final, solo a través del ejercicio mental y del razonamiento lógico, conseguimos transformar nuestras emociones. —Y luego añadió—: Así de sencillo.

Y yo pensé: «Como si el miedo y la ira, sensaciones que aparecen tan a menudo en nuestra vida, origen de tantas emociones negativas, de tanto sufrimiento, pudieran evaporarse sin más».

Sabía que lo que el Dalai Lama estaba describiendo era el

resultado de toda una existencia de práctica, en la que hay que luchar continuamente contra los mecanismos del miedo y de la ira propios de nuestro cerebro mamífero o, de lo contrario, exponernos a perder el control más a menudo de lo que estamos dispuestos a admitir.

Una noche, durante una cena con Paul Ekman, este me contó la asombrosa historia de cómo el Dalai Lama lo curó de sus ataques de ira. Ekman no es budista y no estaba especialmente interesado en conocer al Dalai Lama, pero su hija sí, de modo que cuando supo que los científicos invitados a la conferencia bianual de Mind and Life con el Dalai Lama podían llevar a un invitado, decidió asistir.

Me explicó que de pequeño era un niño muy tímido y callado, pero que con el tiempo se convirtió en un «adicto a la ira» tras vivir el suicidio de su madre y sufrir los maltratos y la agresividad de su padre. Padecía lo que él mismo y otros expertos denominan «episodios emocionales», en su caso ataques de ira varias veces por semana. Cuando fue a ver al Dalai Lama, ocurrió algo muy extraño.

El Dalai Lama le cogió las manos, lo miró a los ojos con ternura y, de pronto, Ekman sintió como si su cuerpo se vaciara de ira. Estuvo seis meses sin sufrir ningún episodio y, aunque sí se repitieron, lo hicieron con mucha menos frecuencia que antes. Ekman no sabe qué le pasó, pero dijo que quizá fue la profunda compasión del Dalai Lama la que le ayudó a sanar el dolor y la reactividad que padecía desde hacía tanto tiempo. El Dalai Lama le ha pedido que elabore un mapa del paisaje emocional para ayudar a otros a evitar el terreno pedregoso de las emociones negativas y a encontrar más fácilmente la tierra prometida de la compasión y la alegría.

El Dalai Lama había comentado anteriormente que si somos capaces de descubrir cómo intervenimos en ciertas situaciones que nos afectan negativamente, podemos reducir la sensación de frustración y de ira. Del mismo modo, cuando por fin entendemos que los demás también sufren y sienten temores, que tienen su propio punto de vista sobre la realidad, frágil y humano como el de todos, solo entonces tenemos la posibilidad de escapar del reflejo natural de la ira.

—Así pues, al final es una cuestión de encontrar el momento —dijo el Dalai Lama dando por concluida nuestra primera sesión matinal antes de la pausa para el té—. Demasiado cansancio puede provocar frustración e ira. En mi caso en particular, cuando me enfrento a alguna situación complicada por la mañana, mi mente está mucho más tranquila y todo me resulta más sencillo. Cuando esa misma situación se da a última hora de la tarde y yo me encuentro un poco cansado, enseguida me irrito. Así que la diferencia radica en la condición física, en si tu cuerpo y tu mente están descansados y frescos o no. Esto también demuestra lo mucho que depende de la percepción de cada uno y de la visión limitada y subjetiva de nuestro entorno.

Según el plan, el siguiente punto a discutir era la tristeza y el dolor, sentimientos que tantos intentan evitar. Me sorprendió mucho oírles decir que el camino real hacia la alegría pasa directamente a través de dichas emociones.

La tristeza y el dolor:
Los momentos difíciles nos unen aún más

—Justo el primer día de la Truth and Reconciliation Commission —dijo el arzobispo rompiendo el hielo—, uno de los testigos vino a contarnos su experiencia, al final de una larga y agotadora jornada, sobre las torturas que había sufrido. En cierto momento, mientras intentaba recordar lo que le habían hecho, se dio cuenta de que le costaba hablar. Había desarrollado un trastorno del habla. No sé si fue por el recuerdo o por el trastorno, pero el caso es que el hombre no podía continuar. Empezó una frase y, de pronto, se tapó los ojos con las manos y se echó a llorar. Y yo con él.

»Al final de la jornada, les comenté a mis compañeros: "Ya os dije que no estoy preparado para presidir estas sesiones. Y vaya si tenía razón. He hecho el ridículo". Soy un llorón. Lloro con mucha facilidad. Supongo que porque también amo de la misma manera.

»A veces nos creemos superhombres o supermujeres y no lo somos. Reprimir las emociones en un entorno controlado, por así decirlo, no es bueno. Yo animo a la gente a que no se reprima, que no se calle la tristeza ni el dolor. Es una forma de recuperar la normalidad. Cuando encerramos las emociones y fingimos que no existen, lo único que conseguimos es que la herida se infecte. No lo he leído en un libro. Así es como he gestionado yo mi propia pena.

La tristeza supone una amenaza directa a la alegría, pero, como sostiene el arzobispo, nos lleva por una ruta más directa a la empatía, a la compasión y a comprender lo mucho que nos necesitamos los unos a los otros.

La tristeza es una emoción muy poderosa y que se prolonga en el tiempo. Según un estudio, dura mucho más tiempo que otras emociones más fugaces como el miedo y la ira: el miedo persiste un promedio de treinta minutos; la tristeza, por su parte, puede llegar a durar hasta ciento veinte horas o, lo que es lo mismo, casi cinco días. Mientras que el valor evolutivo de los impulsos de lucha (ira) y huida (miedo) es evidente, la tristeza es más difícil de entender.

Un estudio reciente del investigador en psicología Joseph Forgas demuestra que un estado leve de tristeza puede llegar a tener efectos beneficiosos; de ahí su valor. En dicho estudio, los individuos que se definían como tristes tenían mejor juicio y mejor memoria, estaban más motivados, más sensibles a las normas sociales y eran más generosos que el grupo de control de los «felices». La gente que se encontraba en el llamado estado negativo de tristeza era más consciente de su situación, más capaz de recordar detalles y estaba más motivada ante la perspectiva de mejorar su estado. Lo que resulta especialmente interesante es que una tristeza breve puede generar más empatía o generosidad. Los participantes del estudio jugaron a un juego que consistía en decidir cuánto dinero se quedaban para sí mismos y cuánto les daban a los demás. Los que se definían como tristes eran mucho más generosos que sus compañeros.

La depresión succiona nuestro círculo de preocupaciones

hacia dentro; la tristeza periódica lo ensancha. Forgas concluía que la tristeza conlleva ciertos beneficios, razón por la cual nos sentimos atraídos por la música, el arte y la literatura, incluso cuando nos ponen tristes. Nos anima a aceptar todas nuestras emociones porque, sin duda, juegan un papel necesario en nuestra vida.

La tristeza es, en muchos sentidos, la emoción que hace que nos acerquemos los unos a los otros en busca de apoyo y solidaridad. El arzobispo lo explicó muy bien con las siguientes palabras:

—No profundizamos en el vínculo que nos une a los demás si nuestras relaciones son siempre buenas. Son las épocas difíciles, los momentos más duros, la tristeza y el dolor los que nos acerca más al prójimo.

Los funerales son quizá el ejemplo más evidente de esta intensificación de las relaciones. Sin ir más lejos, las lágrimas no son más que una señal visible de que necesitamos consuelo y bondad, de que somos vulnerables y necesitamos ayuda.

Nos esforzamos mucho en mantener separadas la alegría y la pena, cada una en su caja, pero el arzobispo Tutu y el Dalai Lama nos recuerdan que están interrelacionadas. No creen en la felicidad pasajera, a menudo conocida como felicidad hedonista, formada únicamente por estados positivos y que evita la coexistencia con otros sentimientos tales como la tristeza derivada del exilio emocional. La felicidad que ellos defienden se conoce como felicidad eudemónica y se caracteriza por la comprensión de uno mismo, la intención, el crecimiento personal y la aceptación, e incluye el sufrimiento, la tristeza y el dolor.

—A menudo recibo mensajes —dijo el Dalai Lama— de gente cuyos amigos, padres o incluso hijos han fallecido. Me preguntan: «¿Qué hago?».

»Siempre comparto con ellos mi propia experiencia. Mi querido maestro, el que me ordenó monje, murió y fue muy duro para mí. Mientras vivió, siempre sentí su presencia como una roca firme en la que podía apoyarme invariablemente. Su muerte me llenó de tristeza y de pena.

»La forma de superar la tristeza fruto de una gran pérdida es usándola como motivación para generar un sentido de la finalidad aún más profundo. Cuando murió mi maestro, yo solía decirme que ahora estaba más obligado que nunca a cumplir sus deseos, de modo que la tristeza se convirtió en entusiasmo, en determinación. A aquellos que pierden a un amigo o a un miembro de su familia siempre les digo: "Es un hecho muy triste, pero esa misma tristeza debería traducirse en más determinación para cumplir sus deseos. Si tu ser querido pudiera observarte y te viera lleno de esperanza y determinación, sería feliz. La gran tristeza de la pérdida puede animarnos a vivir una vida más profunda".

»La tristeza y la pena son, obviamente, respuestas naturales del ser humano ante la pérdida, pero, si mantenemos el foco de atención en la persona que acabamos de perder, es menos probable que nuestro estado se convierta en desesperación. Por el contrario, si nos centramos en nosotros mismos ("¿Y ahora qué hago yo? ¿Cómo sigo adelante?"), el peligro de caer en las garras de la depresión es mucho más grande. Insisto, es muy importante cómo reaccionamos ante la experiencia que supone la pérdida y la tristeza que la acompaña.

El Dalai Lama explicó la famosa historia de tradición budista de la mujer que perdió a su hijo y que estaba tan triste que no había forma de consolarla. Iba de aquí para allá cargada con el cuerpo de su hijo, suplicando que alguien la ayudara a resucitarlo, hasta que se encontró con Buda y le rogó que hiciese algo. Él le dijo que podría ayudarla si antes ella recogía semillas de mostaza para la medicina. La mujer aceptó, pero Buda le explicó entonces que las semillas debían provenir de una casa que no hubiera sido rozada por los fríos dedos de la muerte. La mujer visitó una a una todas las casas que encontró en su camino en busca de las semillas de mostaza que curarían a su hijo, y entonces descubrió que en todas ellas habían sufrido la muerte de un familiar, de una esposa, de un hijo. Al ver que su sufrimiento no era único, pudo enterrar a su hijo en el bosque y liberar la pena.

Mi amigo Gordon Wheeler, psicólogo, explica que la pena es un recordatorio de lo profundo que es nuestro amor. Sin amor, no hay pena. Así pues, cuando nos invade ese sentimiento, por desagradable y doloroso que sea, es en realidad un recordatorio de la belleza de ese amor que hemos perdido. Nunca olvidaré el día que, estando de viaje, llamé a Gordon y me dijo que había salido a cenar solo tras la muerte de un amigo muy querido «para poder experimentar la pena». Sabía que en el mundo frenético y oscilante de nuestra vida, es muy fácil borrar el pasado y seguir adelante. Detenernos en la nostalgia, la pérdida, es una forma de acariciar la rica textura de la vida, la tela rasgada de nuestro mundo que se rompe una y otra vez para luego ser remendada.

La desesperación:
El mundo se halla sumido en la confusión

Había llegado el momento de hacer la pregunta que tanta gente estaba esperando, una pregunta no sobre la alegría, sino sobre la pena, y no la propia sino la ajena.

—Todo el mundo quiere saber qué hay que hacer para vivir con alegría en un mundo tan lleno de dolor y sufrimiento como este. Una mujer que se llama Dawn nos ha planteado esta misma pregunta, formulada de la siguiente manera: «El mundo se halla sumido en la confusión: guerras, hambre, terrorismo, contaminación, genocidios. Tanto dolor me parte el corazón. ¿Cómo encontrar la alegría en medio de semejantes problemas?».

—Tú eres el mayor —dijo el Dalai Lama señalando a su amigo el arzobispo Tutu.

—Demuestras tu humanidad —repuso el arzobispo— viéndote a ti mismo no como una entidad separada de los demás, sino íntimamente conectado a ellos. Yo también lloro a menudo por todas esas cosas que has mencionado.

»Dios nos creó y dijo: "Y ahora marchaos, hijos míos. Sois libres". Y Dios sentía tal reverencia por esa libertad que habría preferido que fuésemos al infierno como hombres libres antes que enviarnos al cielo.

»Sí, somos capaces de las atrocidades más inimaginables.

Podría recitarte el catálogo entero. Y Dios llora hasta que algunos deciden hacer algo al respecto. También debemos recordar que tenemos una capacidad fantástica para hacer el bien. Y entonces observas de nuevo. Y ves a todos esos médicos y enfermeras de otras partes del mundo que van a esas situaciones. Por ejemplo, estoy pensando en Médicos Sin Fronteras. ¿Por qué van a todos esos países? Es decir, podrían quedarse en Francia o en el país que sea y ejercer su profesión sin problemas. Pero no lo hacen. Dejan su hogar para ir a los países más asolados por la pobreza.

Lo hemos visto hace poco con el ébola. La gente va igualmente, a pesar de lo peligroso de la situación. Llegan desde países en los que no hay ébola. Y no tienen motivos para ir a Sierra Leona o donde sea. Simplemente nos demuestran de lo que somos capaces. Y, por asociación, nos identificamos con ellos e intentamos ser quien realmente somos: seres humanos compasivos.

»¿Qué podemos hacer para cambiar esta situación? Quizá tú, a título personal, no puedes hacer demasiado, pero aun así empieza donde estés y haz lo que puedas. Y sí, llévate las manos a la cabeza. Sería tremendo que pudiéramos presenciar tanto horror y decir: "Ah, pero qué más da". Es maravillosa esa capacidad que tenemos para sentir angustia. Es parte de la grandeza del ser humano, que somos capaces de sentirnos mal por alguien que no es de nuestra familia, al menos no de una forma convencional. Sufrimos de todos modos. Es increíble lo compasiva y generosa que puede llegar a ser la gente.

»Cuando ocurre una tragedia como el 11S, nos damos cuenta de que somos una familia. Una gran familia. La gente que había en las Torres Gemelas eran nuestros hermanos y hermanas. Y, más sorprendente aún, la gente que pilotaba los aviones también eran nuestros hermanos y hermanas. Cuando se produce un tsunami, ¿habéis visto la cantidad de amor y de compasión que se genera? Y eso que no conocemos a las víctimas absolutamente de nada. Y aun así la gente siempre está dando. Porque así somos en realidad.

»Después del 11-S, lo más normal habría sido que los que odian Estados Unidos lo celebraran. Pero hubo muy muy poca gente que se alegrara. La gente estaba realmente consternada.

»Si el presidente de Estados Unidos no hubiera devuelto el golpe, quizá ahora tendríamos un mundo diferente. El mundo cambiará en algún momento, eso está claro. Pero pensad en cualquier tragedia. Cuando en Rusia unos mineros se quedan atrapados bajo tierra, la gente no dice "no sé hablar ruso" o "no sé ni dónde está ese sitio". Lo que se genera es un sentimiento de compasión.

La certeza, tanto del arzobispo Tutu como del Dalai Lama, de que el mundo tarde o temprano cambiará me pareció sorprendente. Unos meses más tarde, después de las entrevistas, estaba en Sudáfrica visitando al arzobispo cuando ocurrieron los ataques terroristas de París. Mucha gente quedó conmocionada por la evidente falta de humanidad del ser humano. Cuando le pregunté al arzobispo qué les diría a los que estaban a punto de perder la esperanza, él respondió: «Sí, de vez en cuando retrocedemos, pero no debemos perder la perspectiva. El mundo está mejorando. Piensa en los derechos de las mujeres o en la justificación moral de la esclavitud hace apenas unos cientos de años. Se necesita tiempo. Estamos creciendo y aprendiendo a ser más compasivos, más solidarios, más humanos».

Casi un mes después de los ataques de París, el mundo se reunió en la ciudad de las luces y ratificó un acuerdo contra el cambio climático que dejaba atrás las diferencias nacionales y la codicia y le daba al mundo una oportunidad de oro para sobrevivir. Al arzobispo le gusta citar con frecuencia a uno de sus héroes, Martin Luther King, que a su vez citaba a otro héroe, el ministro abolicionista Theodore Parker, que dijo: «El arco del universo moral es largo, pero se dobla hacia la justicia».

—Quizá estaría bien que explicara una de mis experiencias —intervino el Dalai Lama—. 10 de marzo de 2008.

Todos los años, la comunidad tibetana en el exilio conmemora el 10 de marzo como el día del Levantamiento Nacional del Tíbet, en recuerdo de las protestas de 1959 contra la ocupación china que acabaron con represalias contra el movimiento de liberación tibetano y la huida precipitada del Dalai Lama hacia el exilio. En 2008, poco antes de los Juegos Olímpicos de Pekín, la jornada acabó de forma violenta, primero en la capital, Lhasa, y luego en todo el Tíbet y en otras ciudades del mundo.

—Habíamos organizado una celebración para conmemorar el 10 de marzo, como todos los años. Al terminar, recibí un mensaje de Lhasa que decía que un grupo de locales se estaba manifestando. En cuanto lo supe, me puse muy nervioso. No había nada que yo pudiera hacer. Me sentí impotente. Sabía que si la cosa iba a más, habría más problemas y más sufrimiento. Y eso fue exactamente lo que ocurrió, con represión violenta y la muerte y encarcelamiento de muchos de los tibetanos que participaron en las protestas. Los días siguientes, durante mi meditación, llegué a visualizar a algunas de las autoridades chinas de la zona e hice una de nuestras prácticas llamada *tonglen*, que literalmente significa «dar y recibir». Intenté recibir su miedo, su ira, sus sospechas, y darles a cambio mi amor y mi perdón. Obviamente, sabía que no tendría ningún efecto sobre el terreno. No cambiaría la situación. Pero me ayudó muchísimo a conservar la calma. Fue una buena oportunidad para practicar el perdón y la compasión. Por eso creo que cada persona tiene el mismo tipo de oportunidades, la misma capacidad.

—Yo, a veces, me enfado muchísimo con Dios —añadió el arzobispo riéndose.

—Algunos de mis amigos —repuso el Dalai Lama—, cuando se enfrentan a un problema serio, a veces se quejan a Buda. Es algo parecido.

—Sí —continuó el arzobispo Tutu—, yo iría a mi capilla si algo me molestara de verdad. Arremetería contra Dios. El profeta Jeremías le diría: «Me has engañado. Me has llamado para que sea tu profeta y yo no quiero serlo. Y me has dicho que no, que estarías conmigo. Todo lo que me has obligado a decirles a estas gentes, personas a las que quiero mucho, ha sido para condenarlos». Sí, así es como lo hago yo. Jeremías es mi profeta preferido de la Biblia, precisamente por su sinceridad. Puedes buscar a Dios y decirle todo lo que te parezca, soltárselo como lo hizo él. —Me pregunté cuántas veces le habría dicho a Dios que, al igual que Jeremías, él tampoco quería ser su profeta—. Siempre lloro cuando pasa algo porque sé que no podré hacer nada para ayudar. Reconozco que me ocurre a menudo.

»Recuerdo que una vez estaba especialmente desanimado. Chris Hani era uno de los líderes jóvenes más prometedores que he conocido. Todo el mundo sabía que sería el sucesor de Nelson Mandela. Pero lo asesinaron justo antes de Pascua, cuando apenas faltaban unos meses para las primeras elecciones democráticas.

»Yo me enteré estando en la catedral de Ciudad del Cabo. Me quedé petrificado, como muchos sudafricanos. Volví a mi casa, en Bishopcourt. Leah me dijo que habían llamado preguntando por Chris Hani. Me derrumbé y Leah me abrazó como a un niño. Y creo que eso me ayudó, porque luego tenía que ir a hablar en su funeral. Y había muchísima gente, todos muy muy enfadados. Sabía cómo se sentían porque yo también había pasado por lo mismo. Y podía dirigirme a ellos no desde una situación superior, sino desde la posición de alguien que estaba con ellos y que había sentido la misma angustia y el mismo dolor.

»También está bien que reconozcamos, hablando de la lucha contra el apartheid, lo increíblemente noble que es la gente. Sabemos que el ser humano es en esencia bueno. Sabemos que debemos empezar desde ahí, que todo lo demás es una aberración. Todo aquello que se distancie de esa naturaleza bondadosa es la excepción, aunque eso no impide que, a veces, sientas una enorme frustración. La gente es muy buena, extraordinariamente buena, e increíble en su generosidad. Tuvimos la oportunidad de presenciarlo, sobre todo durante la Truth and Reconciliation Commission en Sudáfrica. Era increíble escuchar el testimonio de personas que habían sufrido, no solo negros, también blancos. Sudafricanos en su mayoría, pero también estadounidenses.

»Recuerdo una familia cuya hija había sido brutalmente asesinada. Dijeron que apoyaban la amnistía para los asesinos de su hija. Los padres habían empezado una recolecta para ayudar a la gente de la localidad en la que su hija había sido asesinada e incluso habían contratado al hombre que la mató y cuya amnistía habían apoyado.

»No nos queda más remedio que reconocer que, a pesar de las aberraciones, la naturaleza intrínseca del ser humano, de la especie humana en su conjunto, es buena, así es como fueron hechos y así es como quieren ser.

»Cierto, hay muchas, muchísimas cosas que pueden provocarnos un gran dolor. Pero también hay muchas otras que nos resultan fascinantes. Por desgracia, la prensa no repara tanto en ellas porque no se consideran noticias.

—Tienes razón —dijo el Dalai Lama—. Cuando pasa algo malo, enseguida es noticia, y por eso es fácil llegar a la conclusión de que nuestra naturaleza más básica como humanos consiste en matar, en violar o en ser un corrupto. Entonces sentimos que no hay esperanza.

»Todas esas cosas ocurren, es cierto, pero son menos frecuentes de lo que creemos y por eso aparecen en las noticias. Hay millones y millones de niños que reciben todos los días el amor de sus padres. En el colegio, los profesores se preocupan por ellos. Bueno, quizá hay algún que otro profesor malo, pero la mayoría son amables y están comprometidos con su labor. En los hospitales, millones de personas reciben cuidados a diario. Todo esto es tan habitual que no es noticia. Lo damos por sentado.

»Cuando vemos el telediario, debemos hacerlo desde un punto de vista más holístico. Sí, ha pasado esto o lo otro y es horrible. No podemos negar que ocurren cosas muy negativas, pero al mismo tiempo son muchas más las cosas positivas que pasan en el mundo. Tenemos que conservar el sentido de la proporción y una perspectiva más amplia. Así no perderemos la esperanza cada vez que presenciemos acontecimientos que nos producen tristeza.

No nos pedían que observáramos el mundo a través de unas gafas de color de rosa ni que lo hiciésemos desde una perspectiva inquisitiva y sincera. El arzobispo incluso animaba a la gente a no ser optimista.

—Ha hablado usted con mucha convicción, arzobispo Tutu, sobre el hecho de que la esperanza no es lo mismo que el optimismo. ¿Podría decirnos algo más al respecto?

—La esperanza —señaló el arzobispo— se parece poco al optimismo, que es más superficial y tiende a transformarse en pesimismo cuando las circunstancias cambian. La esperanza es algo más profundo.

»Antes he hablado de Chris Hani, cuyo asesinato tuvo lugar en un momento muy crítico de las negociaciones para crear la nueva Sudáfrica democrática. Estábamos al borde del precipicio. La situación era tan seria que el entonces presidente blanco de Sudáfrica, F. W. de Klerk, le pidió a Nelson Mandela que se dirigiera a la nación.

»Aquel incidente podría haber acabado con las negociaciones, pero finalmente no ocurrió. Tuvimos suerte de tener a alguien como Nelson Mandela.

»Si hubieras sido un optimista nato en un momento como aquel, habrías dicho: "El asesinato de Chris Hani pone el punto final a todo esto". Lo que hizo que la gente quisiera seguir adelante, aunque resultó difícil, no fue el optimismo, sino la esperanza, terca e inextinguible.

»Siempre digo que no soy optimista porque, en cierto sentido, depende más de los sentimientos que de la realidad. Nos sentimos pesimistas u optimistas. La esperanza, en cambio, es diferente: no se fundamenta en la naturaleza efímera de los sentimientos, sino sobre una base firme que es la convicción. Creo con todo mi corazón que no existe una situación en la que no se atisbe algo de esperanza, por pequeña que esta sea. La esperanza es más profunda y muy muy sólida. Se encuentra en la boca del estómago, no en la cabeza. Está todo aquí —dijo señalándose el abdomen.

»La desesperación aparece como consecuencia de un profundo dolor, pero también puede ser un mecanismo de defensa frente a la decepción y al sufrimiento. La resignación y el cinismo son posturas más fáciles y reconfortantes que no requieren de la vulnerabilidad ni del riesgo asociados a la esperanza. Escoger esta última es plantarle cara al viento huracanado y exponer el pecho desnudo a los elementos sabiendo que, con el tiempo, la tormenta acabará pasando.

Tal y como había explicado el arzobispo, la esperanza es el antídoto a la desesperación. Sin embargo, requiere fe, aunque solo sea en la naturaleza humana o en la perseverancia de la vida para encontrar siempre el camino. La esperanza también se alimenta de las relaciones, de la comunidad, ya sea una comunidad literal o una creada a partir de una larga sucesión de esfuerzos colectivos a cargo de algunos de sus miembros, como Ghandi, King, Mandela y muchos otros. La desesperación nos encierra en nosotros mismos. La esperanza nos lanza a los brazos del prójimo.

Y, de pronto, el arzobispo Tutu se volvió hacia mí y le dio un giro muy personal a la conversación y, al mismo tiempo, muy universal.

—En muchos sentidos, es lo mismo que el amor. ¿Por qué le pediste a Rachel que se casara contigo? ¿Qué te hizo pensar que duraríais como pareja? No tenías pruebas de que fuera a ser así. Mucha gente se enamora tan perdidamente como lo estabas tú al principio de vuestra relación. Y, sin embargo, unos años más tarde se divorcian. Pero tú sabías en lo más profundo de tu ser que Rachel era tu media naranja y tú, la suya. Y, bueno —concluyó entre risas—, resultó que teníais razón.

La soledad:
Sobran las presentaciones

—Hoy en día la gente siente una gran soledad en cualquier estamento de la sociedad —dijo el Dalai Lama en cuanto retomamos el debate tras una reparadora taza de té.

Estábamos hablando de la soledad, de la alienación y de algunas estadísticas recientes un tanto preocupantes. Un nuevo estudio, a cargo de la socióloga Lynn Smith-Lovin, ha descubierto que la media de amigos íntimos que reconocemos tener ha bajado de tres a dos. Sumamos cientos de amigos en Facebook, pero los amigos de verdad, los de toda la vida, van en descenso. Quizá lo más preocupante de todo es que una de cada diez personas afirmaba no tener ningún amigo íntimo.

—De hecho, en Estados Unidos y también en la India —prosiguió el Dalai Lama—, la gente de las grandes ciudades está siempre muy ocupada y, aunque se relacionen entre ellos o incluso se conozcan desde hace años, apenas establecen vínculos duraderos. Por eso, cuando pasa algo, la gente se siente sola porque no tiene a nadie a quien acudir en busca de consuelo o apoyo.

Yo mismo había crecido en Manhattan rodeado por siete millones de neoyorquinos, así que entendía a la perfección las palabras del Dalai Lama. Cuando era niño, nunca conocí a ningún vecino de rellano. De vez en cuando, oía el sonido de sus puertas al cerrarse con un ruido metálico, seguido del cerrojo. Si los veíamos mientras esperábamos el ascensor, apenas intercambiábamos palabras y apartábamos la vista. Siempre me sorprendió esa insistencia en no establecer contacto visual y, al final, llegué a la conclusión de que se debía probablemente a una forma de defensa ante el choque que suponía ver a tanta gente junta.

—En las zonas rurales, los agricultores siempre han tenido un sentido de la comunidad más desarrollado —explicó el Dalai Lama—. Cuando una familia tiene problemas, pueden pedirle ayuda al vecino. Incluso en ciudades como Nueva York, con tantos millones de personas viviendo en ellas, aún tenemos la responsabilidad de cuidar del prójimo, los conozcamos o no.

Pensé en las puertas cerradas del rellano de nuestro edificio. ¿Cómo podía responsabilizarnos de toda aquella gente a la que ni siquiera conocíamos? Las puertas cerradas, y la gente que se ocultaba tras ellas, eran un recordatorio constante de que no estábamos conectados. Mientras el Dalai Lama hablaba, me pregunté si las miradas huidizas de mi infancia, esperando el ascensor o el metro, eran quizá la vergüenza de estar físicamente tan cerca y emocionalmente tan lejos.

—Todos somos seres humanos —dijo el Dalai Lama retomando uno de sus razonamientos más profundos—. Sobran las presentaciones; nos basta con el rostro humano; cuando nos vemos, enseguida sabemos que se trata de un hermano o de una hermana. Lo conozcas o no, puedes sonreír y decir «hola».

Pensé en las veces en que le había sonreído a alguien en el metro o mientras esperaba el ascensor. Sí, a veces mi intento por establecer una conexión humana era recibido con confusión, y es que no era lo habitual en un intercambio social. Sin embargo, muy a menudo mi gesto era recibido con una sonrisa relajada, como si hubiéramos salido de un trance y reconociésemos nuevamente el vínculo humano que nos unía.

—La sociedad al completo tiene una cultura materialista —continuó el Dalai Lama—. Según esa forma de vida, no existen los conceptos de amistad o de amor, solo el del trabajo, veinticuatro horas al día, como un robot. La sociedad moderna nos convierte en parte del engranaje que mueve esa gran máquina.

El Dalai Lama estaba poniéndole nombre al intenso dolor en el pecho que nos produce la vida moderna; un dolor tan habitual que ya hemos olvidado que no es normal. Pensé en lo que había dicho el arzobispo acerca del *ubuntu*: somos quienes somos a través de nuestros vínculos con los demás, y en cómo la humanidad se basa en la relación que se establece entre los individuos.

El Dalai Lama había explicado que en el budismo existe el reconocimiento de nuestra interdependencia en todos los niveles —social, personal, subatómico—, y también había insistido en la idea de que nacemos y morimos dependiendo los unos de los otros, de modo que la autonomía que creemos tener no es más que un mito.

—Si enfatizamos el nivel secundario de lo que nos diferencia (mi nación, mi religión, mi color), nos damos realmente cuenta de su existencia. Ahora mismo, en África, se hace demasiado hincapié en esta nación o en esta otra, cuando lo que deberían pensar es que somos todos africanos. Diré más: somos todos seres humanos. Ocurre lo mismo con la religión: chiitas y suníes, cristianos y musulmanes. Todos somos seres humanos. Estas diferencias entre religiones son cuestiones personales. Cuando nos relacionamos con el prójimo desde la compasión, vamos directos al primer nivel, que es el humano, no al segundo, que es el de las diferencias. Es entonces cuando puedes sentir compasión por tu enemigo.

»Así pues, todos tenemos el mismo potencial para experimentar afecto. Y últimamente los científicos están descubriendo que nuestra naturaleza más primaria es compasiva. El problema es que ahora los niños van a colegios donde no se les enseña a trabajar esos valores más profundos, de modo que su potencial humano permanece latente.

»Quizá las sinagogas, los templos, las iglesias —añadió el arzobispo— no son tan acogedoras como deberían. Creo firmemente que todas las confesiones deberían hacer mucho más para que los que se sienten solos vengan a compartir su experiencia con nosotros. No de una forma agresiva ni para aumentar su número de fieles, por así decirlo, sino por un interés sincero en la persona que se acerca a nosotros y encuentra aquello que hasta ahora no tenía: calidez y compañía. Existen programas específicos, cuyo objetivo es precisamente acabar con ese tipo de soledad.

A veces estamos solos sin sentirnos aislados o nos sentimos solos estando rodeados de gente, como entre un montón de desconocidos o en una fiesta llena de gente de la que no sabemos nada. Es evidente que la experiencia psicológica de la soledad difiere en mucho de la experiencia física que supone estar solo. Podemos estar alegres cuando estamos solos pero no si nos sentimos aislados. Tras la pausa para el té, la conversación se centró en este tema.

—Santidad, acabamos la última sesión hablando de la soledad y quería retomar el tema para una última pregunta. Los monjes pasan mucho tiempo a solas. ¿Cuál es la diferencia entre estar solo y sentirse solo?

El Dalai Lama miró al arzobispo por si este quería responder.

—No, amigo mío, yo no he sido monje. Empieza tú.

—Los monjes se aíslan del mundo material, no solo en el plano físico, sino también en el mental. Según su religión —dijo señalando al arzobispo—, los monjes cristianos creen que están siempre iluminados por su Dios, dedicados en cuerpo y alma a su servicio. No podemos tocar a Dios directamente, así que la forma de acercarse a él es sirviendo a sus hijos, la humanidad. Por eso, nunca estamos solos del todo.

»La actitud es importante. Si estás lleno de juicios negativos y de ira, te sientes aislado de los que te rodean. Te sientes solo. Pero si tu corazón está abierto y repleto de confianza y de amistad, aunque estés físicamente solo, viviendo como un ermitaño, nunca te sentirás aislado.

—Es curioso, ¿verdad? —pregunté, y me acordé del lama Tenzin, quien nos había dicho, mientras comprábamos rosquillas de camino a Dharamsala, que tenía intención de vivir en una cueva durante tres años, según dicta la tradición—. Puedes pasarte tres años, tres meses y tres días encerrado en una cueva y no sentirte solo, y sin embargo sentirte aislado en medio de una multitud.

—Tienes razón —respondió el Dalai Lama—. Hay al menos siete mil millones de personas en el mundo y el número de seres vivos es ilimitado. Si piensas continuamente en esos siete mil millones de seres humanos, nunca te sentirás solo.

»Lo único que genera felicidad es el afecto y la bondad.

Aumentan la fuerza interior y la confianza en uno mismo, reducen el miedo y trabajan la confianza, que a su vez trae consigo la amistad. Somos animales sociales y necesitamos cooperar para sobrevivir, pero dicha cooperación se basa en la confianza. Cuando esta existe, la gente se siente más unida. Con una mente más compasiva y una bondad más cultivada, la atmósfera que te rodea se vuelve más positiva, más amigable. Allá donde mires, solo verás a amigos. Si tienes miedo o no confías en nadie, la gente se distanciará de ti. Te volverás más receloso, desconfiado. Y acabarás sintiéndote solo.

»La gente de corazón bondadoso siempre mantiene una actitud relajada. Si vives con miedo y te consideras alguien especial, automáticamente te distancias del entorno desde el punto de vista emocional. Se crea entonces una base de la que se alimentan los sentimientos de soledad y alienación. Por eso nunca me considero especial, ni siquiera cuando doy una charla ante un público numeroso. Soy "Su Santidad el Dalai Lama" —dijo burlándose de su título—. Cuando me reúno con más gente, siempre subrayo que todos somos seres humanos. Mil personas: todos seres humanos. Diez mil personas, cien mil personas: todos seres humanos, mental, emocional y físicamente hablando. ¿Lo ves? No hay barreras. Mi mente permanece completamente relajada. Si me centro demasiado en mí mismo y empiezo a creerme alguien especial, me asaltan el nerviosismo y la ansiedad.

—Lo paradójico es que el objetivo de centrar el foco de atención en uno mismo es buscar una mayor felicidad individual, pero lo que se consigue es exactamente lo contrario. Si te prestas demasiada atención, pierdes la conexión con el prójimo; te alienas. Al final, acabas distanciándote de ti mismo, y es que la necesidad de estar conectado a los demás es una parte vital de nuestra identidad como seres humanos.

»Este exceso de atención a uno mismo también es malo para la salud. El miedo, la desconfianza y el egocentrismo provocan estrés y un aumento de la presión arterial. Hace muchos años, asistí a un encuentro de investigadores del campo de la medicina en la Universidad de Columbia, en Nueva York. Un médico explicó en su presentación que las personas que utilizan el pronombre de primera persona en exceso, "yo, mi, me, conmigo", sufren un riesgo mucho más elevado de sufrir un ataque al corazón. No entró en detalles del porqué, pero me pareció que debía de ser cierto. Al centrarnos en nosotros mismos, el campo de visión se estrecha y cualquier problema, por pequeño que sea, nos resulta insoportable.

»Además, el miedo y la desconfianza tienen su origen en una atención desmesurada a nosotros mismos, lo cual nos mantiene siempre separados de nuestros hermanos y hermanas de especie. El resultado es soledad y problemas para comunicarse con los demás. Al fin y al cabo, somos parte de la comunidad, de modo que tenemos que tratar con ellos. Nuestros intereses y nuestro futuro dependen de los demás. Si nos aislamos de ellos, ¿cómo podemos ser felices? Nos preocupamos y nos estresamos mucho más. A veces, digo que demasiado egocentrismo nos cierra la puerta interior y nos impide comunicarnos con otra gente. Cuando nos preocupamos por el bienestar ajeno, esa puerta interior se abre y somos capaces de comunicarnos con mayor facilidad.

Lo que el Dalai Lama estaba diciendo era que, cuando pensamos en los demás con bondad y compasión, no nos sentimos solos. La honestidad y el cariño son antídotos que curan la soledad. Siempre me ha parecido sorprendente que un día vayamos por la calle juzgando y criticando a diestro y siniestro, y sintiéndonos aislados y solos, y al siguiente recorramos esa misma calle rebosando bondad y compasión por el prójimo y, de repente, todo el mundo nos parezca cariñoso y amigable. Es como si nuestro estado de ánimo cambiara por completo el mundo físico y social que nos rodea.

Este enfoque en la importancia de la bondad está relacionado con la investigación de los psicólogos sociales Chen-bo Zhong y Shira Gabriel, quienes han descubierto que, cuando las personas nos sentimos solas o socialmente rechazadas, buscamos calor, literalmente, como el de una sopa caliente. Lo que el Dalai Lama y el arzobispo Tutu trataban de explicar era que podemos generar amabilidad simplemente abriendo el corazón y redirigiendo nuestra atención hacia los demás.

—Arzobispo, ¿quiere añadir algo? Ya sé que nunca ha sido monje, pero pasa mucho tiempo rezando y meditando a solas.

—En nuestro concepto de la plegaria —respondió el arzobispo—, no se trata de hablar a la soledad desde la soledad. Dios es uno, pero, al mismo tiempo, es una comunidad, un grupo, la Santísima Trinidad. Estamos hechos a imagen y semejanza de Dios. Cuando te conviertes al cristianismo, entras a formar parte de esa comunidad, así que, aunque te retires de la multitud, nunca estarás solo.

—Sus palabras son muy parecidas a las del Dalai Lama —dije—. Si conectas con la comunidad, aunque esté formada por siete mil millones de personas, no te sientes solo.

—Sí, sí —asintió el arzobispo—. Estar solo es, en cierto sentido, un oxímoron. Aunque también puedo entender que la gente se sienta alienada, que no estén en la misma onda, por decirlo de alguna manera. Lo normal es que quieran formar parte de ese estado de solidaridad con el prójimo, y si hacemos que se sientan culpables no les ayudamos lo más mínimo. Debemos intentar recibirlos con los brazos abiertos y hacerles saber que lo que sienten también lo experimenta otra mucha gente. No nos sentimos solos a propósito. No nos levantamos un día y decimos: «Quiero sentirme solo». Es algo que pasa y por muchas razones distintas.

»Queremos que esa persona se sienta como es en realidad: especial. Queremos ayudarle a que se abra y a que se sienta aceptada. Entiendo perfectamente la angustia y el dolor que experimenta la persona que se encierra en su habitación porque tiene miedo a salir y sentirse rechazado. Solo podemos rezar y confiar en que encontrará una comunidad de seres humanos que lo recibirán con los brazos abiertos. Es maravilloso ver cómo alguien que ha vivido encerrado en sí mismo de pronto se abre como una flor al calor de la aceptación de aquellos que lo rodean.

De este diálogo en concreto aprendí que no hay que esperar a que los demás nos abran sus corazones. Cuando les abrimos el nuestro, nos sentimos conectados con ellos, estemos en lo alto de una montaña o en pleno Manhattan.

La envidia:
Ahí va otra vez el del Mercedes

—No te levantas una mañana y dices: «Vale, a partir de hoy voy a ser un envidioso». Es algo que surge de forma espontánea —dijo el arzobispo abogando nuevamente por la naturalidad de nuestras emociones y por la autocompasión—. Te levantas e intentas ser una buena persona, y luego te cruzas otra vez con el mismo hombre de siempre, la tercera vez en una sola semana, con su Mercedes o cualquier otro coche caro. Tú intentas no sentir envidia cada vez que lo ves pasar, pero no puedes evitarlo.

Las comparativas son inherentes al ser humano, y, no solo eso, también son comunes a buena parte del reino animal. Como el Dalai Lama apuntaría más tarde, incluso los perros que comen juntos tranquilamente de pronto comparan el tamaño de sus respectivas porciones y es posible que acaben peleándose, entre ladridos y bocados al aire. Pero para los humanos la envidia puede convertirse en una fuente de gran insatisfacción. Según una enseñanza del budismo tibetano, lo que causa sufrimiento en general es el patrón según el cual nos relacionamos con el prójimo: «Envidia a los que están por encima de nosotros, competitividad con nuestros iguales y menosprecio para los que están por debajo».

Llevamos la ecuanimidad grabada a fuego en los genes y

por eso nos sentimos muy incómodos ante la desigualdad, sea del tipo que sea. El primatólogo Frans de Waal grabó en vídeo un experimento con monos capuchinos, parientes lejanos del ser humano que suelen ser utilizados en experimentos psicológicos por su parecido con nosotros. En el vídeo, que se ha hecho viral, uno de los monos, de color gris y con la cabeza pequeña y las extremidades largas, le da al investigador una piedra y a cambio recibe una rodaja de pepino. El mono parece contento y lo repite una y otra vez, hasta que ve que su vecino hace lo mismo que él pero recibe una uva como pago. En el mundo de los monos capuchinos, una uva es más dulce que un pepino y, por lo tanto, mejor. Quizá también sea así para los humanos. Después de ver a su compañero conseguir una uva, el primer mono repite la acción, esta vez con más energía y levantando la cabeza a la espera de la tan ansiada uva. Sin embargo, siguiendo la premisa del experimento, el investigador le da un trozo de pepino en lugar de una uva.

»El capuchino mira la rodaja de pepino que tiene en la mano, inclina la cabeza hacia atrás, incrédulo, y le tira el pepino al investigador. Luego, poseído por una ira incontrolable, se coge a los barrotes de la jaula y los sacude. El vídeo se hizo famoso coincidiendo con las manifestaciones de Wall Street porque explicaba claramente y sin necesidad de palabras cómo funciona el instinto de la justicia en el ser humano y por qué la desigualdad produce estrés y es dañina para la sociedad.

El arzobispo y el Dalai Lama hablarían varias veces a lo largo de la semana sobre la necesidad de abordar la desigualdad desde un nivel social. Sin embargo, por mucho que nos pronunciemos sobre las grandes brechas globales, tal y como había señalado el arzobispo Tutu, siempre habrá gente que tendrá más que nosotros, más éxito, más talento, más inteligencia o más belleza.

Por norma general, no solemos compararnos con el multimillonario de la bolsa, los genios de la ciencia o las supermodelos. Tendemos a compararnos con aquellos que forman parte de nuestro círculo social. Dice un viejo refrán: «Si quieres ser pobre, búscate amigos ricos. Si quieres ser rico, búscate amigo pobres».

Jinpa me contó que en la década de los noventa el gobierno de Estados Unidos concedió el permiso de residencia a unos mil tibetanos exiliados en la India, como parte de un programa especial para los refugiados. Cuando estos mil tibetanos empezaron a enviar dólares a sus respectivas familias, los vecinos reaccionaron con envidia porque, de pronto, esas familias tenían más ingresos y podían mejorar sus casas o comprar motos a los niños. No era que los vecinos fueran más pobres; eran las familias con miembros en Estados Unidos las que, de repente, eran más ricas.

Según los estudios sobre la felicidad, las «comparaciones ascendentes» son especialmente corrosivas para nuestro bienestar. La envidia no deja espacio a la alegría. En tibetano se dice *trakdok*, que significa literalmente «hombros pesados u oprimidos», y es verdad que la envidia nos deja una sensación de insatisfacción y de resentimiento, mezclada con culpabilidad. Para el budismo, la envidia es tan corrosiva que suele compararse con el veneno de una serpiente. Según la tradición judeocristiana, uno de los Diez Mandamientos prohíbe «codiciar» los bienes ajenos.

El arzobispo Tutu y el Dalai Lama no estaban de acuerdo en cómo responder a la envidia; el arzobispo se decantaba por la aceptación y el perdón a uno mismo.

—Uno no tiene mucho control sobre sus reacciones. Cada vez estoy más convencido de que somos demasiado duros con nosotros mismos. Olvidamos que muchas de esas reacciones son universales. Ojalá pudiéramos hacer algo para que la gente superase el sentimiento de culpabilidad, porque casi todo el mundo, cuando siente envidia, además se siente culpable. Me gustaría poder decir a todas las criaturas del Señor: «Por el amor de Dios, hay aspectos de nuestra naturaleza humana que no podemos controlar».

El arzobispo propuso entonces la que, según él, era una poderosa cura contra la envidia: la gratitud.

—Creo que la mejor manera de combatirla es con el método que hemos utilizado toda la vida, es decir, agradeciendo lo que se tiene. Seguramente suena muy muy antiguo, pero sí, ayuda. Puede que no tengas una casa tan grande como tu vecino, pero deberías recordar que tampoco vives en una chabola. Así que probablemente te será útil dar las gracias por lo que tienes.

Y a continuación propuso una segunda cura: la motivación.

—Lo bueno de la envidia es que también puede ser un estímulo, ¿sabes? Te ayuda a pensar: «No tengo un coche o una casa como la de ese, así que ¿por qué no me pongo como objetivo trabajar más duro y conseguir algo parecido a lo que él tiene?».

El arzobispo Tutu y el Dalai Lama ya lo habían dicho: los objetivos externos no traen consigo la auténtica alegría ni la felicidad duradera, pero siempre es preferible tener una motivación que nos anime a mejorar nuestra situación que envidiar la de los demás.

Y, por último, el arzobispo propuso la cura definitiva, la más efectiva: la reestructuración.

—Lo mejor de todo es ser capaz de preguntarse a uno mismo: «¿Por qué quiero una casa con siete habitaciones si solo somos dos o tres? ¿Para qué la quiero?». Y puedes darle la vuelta al asunto y darte cuenta del lío en el que nos hemos metido con el cambio climático por culpa del consumismo desbocado, que para el medioambiente es poco menos que desastroso. Así que, en vez del Mercedes, te compras un coche eléctrico más pequeño y te dices que no, que no necesitas un coche de lujo. Y, en lugar de ser tu propio enemigo, te conviertes en tu mejor aliado.

Jinpa le tradujo al Dalai Lama las palabras del arzobispo Tutu.

—Eso es exactamente lo que acabo de decir —dijo el arzobispo, y se echó a reír.

—Por suerte, no entiendes el tibetano —le espetó el Dalai Lama con una sonrisa.

Y entonces hizo lo mismo que les había visto hacer a ambos cada vez que no estaban de acuerdo en algo: reafirmaban la solidez de su amistad y se elogiaban mutuamente. Me hizo pensar en la observación de los expertos en relaciones humanas John Gottman y Julie Schwartz Gottman, según la cual todo conflicto satisfactorio tiene un «inicio suavizado», una entrada delicada en el terreno del desacuerdo.

—Desde mi humilde punto de vista, yo creo que la explicación de mi hermano del alma es maravillosa, sencillamente maravillosa. En cuanto la envidia o los celos hacen acto de presencia, es imposible conservar la tranquilidad mental. La destruyen por completo. Además, esa misma envidia puede resultar corrosiva para cualquier relación, aunque sea con tu mejor amigo. Incluso dentro del matrimonio. Lo vemos con los perros que comen tranquilamente, pero si uno envidia lo que tiene el otro… enseguida aparece la pelea, el conflicto.

»Es importante cultivar cualquier emoción que produzca alegría y tranquilidad mental. Si afecta negativamente a nuestra paz interior, debemos aprender a evitarla desde el primer momento.

»Opino que es un error creer que las emociones negativas, como la ira o la envidia, son parte de nuestra naturaleza y, por tanto, no podemos hacer nada al respecto. Un exceso de emociones negativas destruye la mente y la salud, y genera problemas con la familia, los amigos y la comunidad en general.

»La envidia suele aparecer porque estamos demasiado concentrados en lo material, en lugar de cuidar nuestros auténticos valores. Si nos centramos en la experiencia o en el conocimiento, el riesgo de que aparezca la envidia es mucho menor. Pero lo más importante es desarrollar un sentido de la preocupación por el bienestar de los demás. Si la bondad o la compasión que sientes son verdaderas, cuando alguien consiga algo o tenga más éxito que tú, te alegrarás por él. Y es que una persona que está realmente comprometida con la práctica de la compasión, a la que le preocupa el bien del prójimo, disfrutará con la buena fortuna ajena porque se alegrará de que esa persona haya alcanzado su objetivo.

El Dalai Lama acababa de describir el concepto budista de *mudita*, que suele traducirse como «alegría solidaria» y que es el antídoto natural de la envidia. El *mudita* es tan importante para el budismo que es considerado uno de los Cuatro Inconmensurables o cualidades que podemos cultivar indefinidamente. Las otras tres son la amorosa bondad, la compasión y la ecuanimidad.

Jinpa me había explicado cómo funciona el *mudita*: si alguien tiene algo que queremos, como una casa más grande, podemos alegrarnos conscientemente de su buena fortuna diciéndonos: «Me alegro por él. También aspira a ser feliz, como yo. También quiere tener éxito en la vida, como yo. También quiere mantener a su familia, como yo. Le deseo que sea feliz. Le felicito y espero que cada vez le vaya mejor». El *mudita* reconoce que la vida no es un juego de suma cero, que no hay un único trozo de pastel y que, si alguien coge más, nosotros no nos quedamos con menos. Según el *mudita*, la alegría es ilimitada.

Como ya dije antes, el *mudita* es el sentimiento opuesto al *schadenfreude*, el término alemán que se refiere a la satisfacción o al placer derivado de la desgracia ajena. El *schadenfreude* nos presupone en una constante lucha los unos contra los otros y, si alguien vence o alcanza alguna meta, los demás nos sentimos empequeñecidos, menos aceptables, menos dignos de ser amados. El *schadenfreude* es la evolución natural de la envidia. El *mudita* es la evolución natural de la compasión.

El *mudita* se basa en el reconocimiento de nuestra interdependencia o *ubuntu*. El arzobispo nos explicó que en las aldeas africanas la forma de saludar es con un «¿Cómo estamos?». Este entendimiento parte de la creencia de que los logros o la felicidad de los demás son, de un modo muy real, también nuestros. El arzobispo suele maravillarse a menudo con la cantidad de talento y belleza que tenemos los seres humanos. «Mirad qué hermosos sois», le gusta decir siempre que está delante de una audiencia. Por desgracia, la mayoría de nosotros preferimos empequeñecer a los demás hasta reducirlos a nuestro tamaño, que, desde una visión subjetiva, suele ser minúsculo y débil. Ya que, cuando recordamos nuestra interdependencia, descubrimos lo enormes y fuertes que somos.

—Hay una vieja historia que data de la época de Buda —explicó el Dalai Lama—. Un día, un rey lo invitó, a sus monjes y a él, a comer. De camino a palacio, Buda pasó junto a un mendigo que entonaba alabanzas de su rey y sonreía mientras hablaba de la belleza del palacio. Después de que los criados del monarca sirvieran la comida, llegó el momento de la bendición. Buda dedicó una al éxito y al buen karma del festín, pero en lugar de ofrecérsela al rey que, como anfitrión, había invitado a Buda y a todo su séquito, tal y como dictaba la tradición, prefirió dedicársela al mendigo que esperaba en la calle. Sorprendido, uno de los monjes le preguntó a Buda por qué había escogido al mendigo. Buda respondió que el rey estaba lleno de orgullo y que le gustaba alardear de su reino, mientras que el mendigo, que no tenía nada, era capaz de alegrarse de la buena suerte de su rey. Por eso el mendigo se lo merecía más que el monarca. En Tailandia se ha mantenido la tradición de bendecir los alimentos en honor a alguien. Durante una visita que hice a principios de los setenta, tuve el placer de participar en una de esas comidas, en la que el monje más longevo entona oraciones y bendice las ofrendas. En resumen, alegrarse de la buena suerte ajena reporta siempre muchos beneficios.

—¿Y cómo se cultiva el *mudita*? —le pregunté al Dalai Lama.

—Primero, reconociendo que formamos parte de una misma humanidad. Somos todos hermanos y hermanas y tenemos el mismo derecho y la misma voluntad de ser felices en la vida. No se trata de algo espiritual. Es una cuestión de sentido común. Formamos parte de la misma sociedad. Cuando la humanidad es feliz, nosotros también lo somos. Cuando la humanidad esté en paz, nuestra vida también lo estará. Si tu familia es feliz, tú también lo eres.

»Si tenemos un fuerte sentido del "ellos" versus el "yo", nos costará practicar el *mudita*. Necesitamos trabajar el concepto de "nosotros". En cuanto seas capaz de desarrollar ese sentido de humanidad colectiva, unida, desearás que no sufra nadie más, que seamos todos felices. Desear la felicidad es un instinto natural que todos compartimos. No es más que el interés por el bienestar ajeno.

—Obviamente, la envidia no es una virtud —dijo el arzobispo tratando de que sus palabras no sonaran a reproche—. Simplemente me gustaría que nadie se sintiese culpable, al menos de entrada, por algo que surge de forma espontánea. No hay mucho que hacer contra la envidia, pero sí podemos enfrentarnos a ella.

—Al igual que con la enfermedad —insistió el Dalai Lama—. Las medidas preventivas son lo más efectivo. Sí, cuando la enfermedad ya está presente en el cuerpo del paciente, no queda más remedio que tomarse la medicación. Del mismo modo, cuando alguien desarrolla una emoción muy negativa, como ira o envidia, es muy difícil enfrentarse a ella. Lo mejor es cultivar la mente a través de la práctica para aprender así a prevenirla antes incluso de que aparezca el primer brote. Por ejemplo, las fuentes principales de la ira son la frustración y la insatisfacción. En un primer momento, cuando una emoción como la ira está en su punto más álgido, por mucho que echemos mano de la experiencia y del conocimiento para tratar de detenerla, descubriremos lo difícil que es controlarla. Es como una riada. Cuando llega la temporada de monzones, ya es demasiado tarde para detener la inundación. Hay que empezar a principios de la primavera e investigar cuál es la causa de la crecida, además de construir un dique para evitar futuros desastres.

»En ese mismo sentido, pensando en nuestra salud mental, cuanto antes llevemos a cabo medidas preventivas, más fácil y más efectivas serán estas. Cuando estamos enfermos, nos cuesta recordar los consejos del médico. No creo que ningún médico diga a sus pacientes que, cuanta más ira sientan, más sanos estarán. ¿A ti te dice eso tu médico?

—No —respondió el arzobispo.

—Los médicos siempre nos aconsejan que vivamos más tranquilos, que nos relajemos. Relajarse significa calmar la mente, contener la agitación que acaba destruyendo la paz del espíritu. Del mismo modo, un exceso de apego también aniquila la tranquilidad —explicó el Dalai Lama retomando de nuevo el tema de la envidia y los celos—. Puedes tener una casa preciosa, con un dormitorio y un baño preciosos, y escuchar música relajante, pero si estás lleno de ira, de celos, de apego, nunca serás capaz de estar relajado. Por el contrario, puedes estar sentado sobre una roca, sin nada más, y que tu mente, y tú con ella, disfrutéis de esa paz.

Jinpa me habló de los versos de un texto tibetano escrito por el primer panchen lama. Es una hermosa plegaria que Jinpa suele utilizar para trabajar el *mudita*:

Del sufrimiento no deseo ni el más leve;
de la felicidad nunca estoy satisfecho.
En esto, no hay diferencia entre los demás y yo.
Bendíceme para que pueda alegrarme de la felicidad ajena.

El sufrimiento y la adversidad:
Superando las dificultades

—Según un dicho tibetano, las adversidades pueden transformarse en oportunidades —explicó el Dalai Lama respondiendo a mi pregunta sobre si es posible sentir alegría incluso cuando se está sufriendo—. Una situación trágica puede convertirse en una oportunidad. Hay otro dicho tibetano que afirma que son en realidad las experiencias dolorosas las que dan sentido a la felicidad. Esto se consigue haciendo que los momentos felices sean más evidentes.

»Esto puede verse fácilmente en toda una generación, como la del arzobispo Tutu, que ha sufrido amargamente —continuó el Dalai Lama—. Cuando consiguieron la tan ansiada libertad, la sensación de felicidad fue indescriptible. Las nuevas generaciones, las que vinieron después, no conocen esa alegría de saberse libre y por eso se quejan más.

Recuerdo haber visto las colas de gente esperando durante horas y horas para votar en las primeras elecciones democráticas de Sudáfrica en 1994, filas interminables que serpenteaban a lo largo de kilómetros. En Estados Unidos, la participación en las últimas elecciones había bajado hasta el 40 por ciento, y en aquel momento me pregunté cuánto les duraría aquella ilusión por poder votar, y si había alguna forma de que los estadounidenses, a los que nunca se les había negado el derecho al voto, recuperáramos aquella sensación.

—Creo que en Europa —continuó el Dalai Lama— la generación de mayor edad también pasó por muchas penurias. Aquello los endureció, los hizo más fuertes, lo que demuestra que el dicho tibetano es cierto. El sufrimiento te enseña a apreciar la alegría.

Mientras el Dalai Lama hablaba, no pude evitar pensar en cuánto nos esforzamos, movidos por el instinto de protección paternofilial, en intentar evitar que nuestros hijos sufran, pero, al hacerlo, les arrebatamos la capacidad de crecer y de aprender de la adversidad. La psicóloga y superviviente de Auschwitz Edith Eva Eger explica que los niños más mimados y consentidos fueron los primeros en morir en el campo de concentración. Siempre esperaban que alguien fuera a salvarlos y, cuando no aparecía nadie, se rendían. No habían aprendido a sobrevivir por sus propios medios.

—Mucha gente considera que el sufrimiento es un problema —continuó el Dalai Lama—, cuando en realidad es una oportunidad que nos regala el destino. A pesar de las dificultades y del sufrimiento, puedes permanecer entero y sereno.

Entendía lo que el Dalai Lama estaba explicando, pero ¿cómo aceptar el sufrimiento y verlo como una oportunidad cuando estamos sumidos en él? Es muy fácil decirlo, pero tan difícil hacerlo… Jinpa nos había explicado antes que, según la enseñanza espiritual tibetana conocida como los Siete Puntos del Entrenamiento Mental, hay tres categorías de personas a las que se considera objeto especial de atención porque son las que suponen un mayor desafío: los miembros de la propia familia, los maestros y los enemigos. «Tres objetos, tres venenos y tres raíces de la virtud.» Jinpa me explicó el significado de aquella frase tan críptica e intrigante: «A menudo es la interacción diaria con estos tres objetos la que genera los tres venenos del apego, la ira e ignorancia, que son el origen de gran parte de nuestro sufrimiento. Gracias al entrenamiento espiritual, podemos transformar nuestra relación con la familia, con los profesores y con los adversarios hasta convertirla en las tres raíces de la virtud: desapego, compasión y sabiduría».

—Muchos tibetanos —dijo el Dalai Lama— han pasado años encerrados en gulags chinos, campos de trabajo donde fueron sometidos a torturas. Algunos dicen que aquello les sirvió para saber quiénes eran en realidad y cuál era su fuerza interior. Muchos perdieron la esperanza; algunos siguieron adelante. La educación poco tuvo que ver con quién sobrevivió y con quién no. Al final, fue su espíritu interior, o su corazón bondadoso, los que marcaron realmente la diferencia.

Esperaba que el Dalai Lama dijera que lo que de verdad marcó la diferencia fue su feroz voluntad y su determinación. Por eso, me sorprendió oírle decir que había sido su espíritu interior, o su corazón bondadoso, lo que les había permitido soportar la dureza del gulag.

El arzobispo contestó a su amigo con una pregunta, la misma que yo había hecho al principio de la conversación. Habíamos acordado desde el primer momento que este libro hablaría de la alegría en relación al sufrimiento inevitable de la vida, que no sería una teoría abstracta. Queríamos que el lector aprendiera a conservar la alegría en los momentos más difíciles de su vida y no solo cuando todo fuera, en palabras del arzobispo, «sobre ruedas».

—Nos está preguntando: ¿cómo podemos ayudar a la gente que quiere ser feliz de verdad, que quiere hacer del mundo un lugar mejor? La gente mira a su alrededor y ve la cantidad de terribles problemas que hay. Y en sus vidas también se enfrentan a diario a la adversidad. ¿Qué motivo hay para estar alegres cuando existen tantísimos problemas, algunos de los cuales nos afectan directamente? Hay mucha, muchísima gente en el mundo que quiere ser feliz, ser como tú. ¿Qué tienen que hacer para lograr ese estado de calma constante en medio de tanto caos? Y sí, yo creo que hablas alto y claro, pero quieren que les traduzcamos tus palabras a un lenguaje que puedan entender. —Y, como inspirado por su propia pregunta, el arzobispo prosiguió—: Eso es lo que queremos que sepan: que en cuanto dejen de mirarse el ombligo, se sorprenderán de la cantidad de alegría que hay a su alrededor. Claro que también hay que ser algo egocéntrico. El dios en el que creo dijo, tal y como aparece en las Sagradas Escrituras: «Amarás al prójimo como...».

—Como a ti mismo —intervino el Dalai Lama completando el famoso mandamiento.

—Sí —asintió el arzobispo—. A ti mismo. Amarás al prójimo como a ti mismo.

—Sí, sí —repitió el Dalai Lama asintiendo con la cabeza.

El arzobispo tradujo el mandamiento a un lenguaje más moderno.

—Desea lo mejor para los demás como lo desearías para ti mismo.

—Cierto —asintió de nuevo el Dalai Lama.

—La gente te mira y ve en ti a un gurú, a un maestro al que seguir. Quieren sentir la misma calma, la misma alegría que tú, a pesar de que sus vidas están repletas de frustraciones, las mismas que tú te has encontrado en el camino.

—Creo que esto merece un aparte —dijo el Dalai Lama—. Al igual que ocurre con nuestro cuerpo físico, que necesita tiempo para crecer, nuestro desarrollo mental también necesita de un tiempo. Minuto a minuto, día a día, mes a mes, año a año, década a década. Permitidme que os explique una historia.

»Cuando tenía dieciséis años, perdí la libertad en dos sentidos. El Dalai Lama que me había precedido no tuvo responsabilidades políticas hasta los dieciocho años, pero a mí me pidieron que me hiciera cargo de mis obligaciones como jefe de Estado antes de tiempo porque la situación era muy seria. El ejército chino ya había invadido la zona este del Tíbet y, cuando llegaron a Lhasa, la situación se volvió aún más delicada. Fue entonces cuando perdí la libertad por segunda vez porque el ejército restringía todos mis movimientos y mis acciones.

»Las responsabilidades políticas también afectaron considerablemente a mis estudios. Los soldados del ejército tibetano tenían que apostarse en las montañas de alrededor cada vez que tenía que examinarme para el título de *geshe* en alguna de las universidades monásticas de la zona central del Tíbet. El examen final iba a ser en el patio del templo central de Lhasa. Había preocupación por lo que pudiera hacer el ejército chino y algunos funcionarios tibetanos querían cambiar el lugar del examen porque pensaban que era demasiado peligroso, a lo que yo respondí que no creía que fuera necesario. Pero, durante el tiempo que duró el debate, sentí una gran ansiedad, no solo por mi propia seguridad, sino también por la de mi pueblo.

»Luego, a los veinticuatro años, cuando en marzo de 1959 huí a la India, perdí mi propio país. Por un lado, me entristeció mucho, sobre todo cuando me pregunto si la nación tibetana, con una herencia cultural tan única, será capaz de sobrevivir. La nuestra es una civilización que existe desde hace diez mil años y, en algunas zonas de la meseta, desde hace treinta mil. La situación actual del Tíbet es la peor crisis que hemos tenido en toda nuestra historia como nación. Durante la Revolución Cultural china, algunos altos cargos prometieron que en quince años acabarían con nuestro idioma. Quemaron libros, como el canon de trescientos volúmenes de escrituras traducidas desde la India, además de muchos otros libros escritos de autores del país. Por lo visto, ardieron durante una semana. Algunas estatuas y monasterios también fueron destruidos. La situación era muy seria.

»Cuando, en 1959, llegamos como refugiados a la India, éramos forasteros en un país nuevo. Hay un refrán tibetano que dice: «Lo único que nos resultaba familiar eran el cielo y la tierra». Pero recibimos muchísima ayuda por parte del gobierno indio y de varias organizaciones internacionales, algunas cristianas, que nos ayudaron a reconstruir la comunidad tibetana para poder conservar nuestra cultura, nuestro idioma y nuestros conocimientos. En resumen, muchas dificultades, muchos problemas, pero cuando, a pesar de todo, haces tu trabajo y empiezas a ver los resultados, la alegría es inmensa, ¿no crees?

El Dalai Lama miró al arzobispo Tutu en busca de confirmación.

—Sí —respondió este, visiblemente emocionado tras escuchar de boca de su amigo todo el dolor al que este había tenido que enfrentarse.

—Cuando no tienes problemas y llevas una vida relajada, tiendes a quejarte más —dijo el Dalai Lama riéndose de la ironía que suponía el hecho de que experimentemos una alegría mayor cuando sufrimos adversidades que cuando la vida nos resulta más fácil, más anodina.

El arzobispo también rió. La alegría, al parecer, es una

extraña alquimia de la mente sobre la materia. El camino que nos guía hacia ella, el mismo que nos lleva también a la tristeza, no nos aleja del sufrimiento y de la adversidad, sino que nos obliga a atravesarlos. Como había dicho el arzobispo, lo bello siempre implica sufrimiento. Jinpa dijo que el Dalai Lama a menudo veía el exilio como una oportunidad.

—Su Santidad suele decir que cuando te conviertes en refugiado, te acercas más a la vida —explicó hablando también de su propia experiencia—, porque no hay posibilidad de fingir. De esta forma, también te acercas más a la verdad.

—Arzobispo —dije—, quizá podríamos volver a usted por un instante. El Dalai Lama acaba de decir que se siente más alegría cuando se vence a la adversidad…

Al ver la mirada del arzobispo, el asombro con el que contemplaba a su amigo, decidí dejar la frase a medias.

—Me siento muy afortunado por poder escuchar a Su Santidad —dijo el arzobispo Tutu—, y es que son muchas las veces que he hablado con otras personas de la calma y de la alegría que desprende. Yo habría dicho «a pesar de» la adversidad, pero de sus palabras se desprende que es precisamente «a causa de» esa misma adversidad que se ha convertido en la persona que es ahora.

»Esto no hace más que aumentar la admiración personal que siento hacia él —continuó, mientras sujetaba la mano de su amigo y la acariciaba afectuosamente—. Sé que es perverso, pero me entran ganas de decir "gracias a Dios que los chinos invadieron el Tíbet". Sí, porque no creo que hubiésemos tenido el mismo contacto; no seríamos tan amigos, eso seguro. —De pronto, consciente de lo irónico de la situación, se echó a reír—. Seguramente no te habrían dado el Premio Nobel de la Paz.

El Dalai Lama también se echó a reír mientras se burlaban de los premios, como si con ello quisieran decir que nunca sabemos qué traerán consigo el sufrimiento o la adversidad, o qué es bueno y qué es malo.

Obviamente, el arzobispo no pretendía decir que el Nobel de la Paz o su amistad con el Dalai Lama justificaran el sufrimiento de millones de personas que la invasión china había provocado, pero, por extraño y perverso que parezca, su amigo tampoco habría llegado a ser un líder espiritual si no hubiera tenido que abandonar su vida de ermitaño.

Me hizo pensar en la famosa historia china del granjero al que se le escapa el caballo. Sus vecinos no tardan en comentar su mala suerte. El granjero responde que ninguno de nosotros sabemos qué es bueno y qué es malo. Cuando el caballo vuelve acompañado de un semental salvaje, los vecinos comentan de nuevo lo ocurrido, pero esta vez hablan de la buena suerte del granjero. Este responde, una vez más, que ninguno de nosotros sabemos qué es bueno y qué es malo. Cuando el hijo del granjero se rompe una pierna intentando domar al semental, los vecinos se convencen de su mala suerte. El granjero insiste de nuevo: no lo sabemos. Cuando estalla la guerra, todos los jóvenes son enviados al frente menos el hijo del granjero, quien se libra porque tiene una pierna rota.

—Pero volviendo a tu pregunta —dijo el arzobispo—, mientras el Dalai Lama hablaba, estaba pensando en algo personal, pero que quizá es extrapolable a un nivel más general. Me refiero a Nelson Mandela. Ya he dicho antes que, cuando lo metieron en la cárcel, Mandela era un hombre más o menos joven y estaba lleno de ira. Era comandante en jefe del ala militar del CNA. Creía firmemente que hay que diezmar al enemigo, y él y sus compañeros fueron declarados culpables en un juicio que acabó siendo una farsa. Ese era el hombre que entra en prisión, agresivo y lleno de ira. Ingresa en Robben Island y allí es víctima de todo tipo de abusos, como muchos de los internos. Ahora, cuando la gente va a visitar su celda, ve una cama. Entonces no la había. Dormían en el suelo, sin colchón, con solo una especie de sábana fina que no servía para nada.

El arzobispo estaba apretando el índice y el pulgar de su mano izquierda para enfatizar lo inhóspito del lugar, el dolor y el sufrimiento que Mandela tuvo que soportar, incluso mientras dormía.

—Estamos hablando de gente culta, con estudios. ¿Y qué hacen? ¿Qué les obligan a hacer? Cavar a pico y pala en una cantera. Les dan ropa inapropiada. Van en pantalones cortos, incluso en invierno. Les obligan a realizar trabajos absurdos, a romper rocas y a coser bolsas para los oficiales. Estamos hablando de un abogado altamente cualificado. Y lo tenían ahí, sentado y cosiendo.

Durante la visita que hicimos a Robben Island acompañados por Ahmed Kathrada, uno de los colegas de Mandela y compañero suyo en prisión, nos enseñó las distintas raciones que se servían a los prisioneros según su raza, un recordatorio diario del fascismo racista contra el que ellos luchaban. «Unos 170 g. de carne para los mestizos y los asiáticos, y 140 para los bantús (negros); unos 30 g. de mermelada o de sirope para los mestizos y los asiáticos, y ninguna para los bantús.»

—Tuvo que ser increíblemente frustrante, la fuente de muchísima ira. Dios fue bueno y dijo: «Estarás aquí durante veintisiete años». Pasados esos veintisiete años, sale de la cárcel convertido en un hombre nuevo, alguien de una inmensa magnanimidad porque, aunque parezca increíble, tanto sufrimiento le ha ayudado a crecer de una forma extraordinaria. Creían que iban a hundirlo y en realidad le ayudaron. Aprendió a ver el punto de vista del otro. Veintisiete años más tarde, sale de la cárcel lleno de amor y de bondad, dispuesto a confiar en el enemigo de antaño.

—¿Y cómo lo hizo? —pregunté—. Es decir, ¿por qué cree que fue capaz de ver su propio sufrimiento como algo ennoblecedor y no como una terrible experiencia?

—Él no vio nada. Simplemente ocurrió.

—¿Y por qué cree que le ocurrió precisamente a él? Porque no es algo que le suceda a todo el mundo.

—Sí, claro, mucha gente en su lugar se habría convertido en un ser amargado.

Una vez, el arzobispo me contó que el sufrimiento puede ennoblecernos o amargarnos, y que la diferencia radica en si somos capaces de encontrar sentido o no a este sufrimiento. Si no lo encontramos, es fácil caer en la amargura, pero si somos capaces de encontrar un ápice de significado o de redención, nos volvemos más nobles, como le ocurrió a Nelson Mandela.

—A lo largo de los años —prosiguió—, he aprendido que para poder crecer en generosidad de espíritu antes tenemos que sufrir algún tipo de revés, alguna frustración. A veces, puede parecernos que no siempre es así. Son muy pocas las vidas que discurren de principio a fin sin sobresaltos. Necesitamos evolucionar en ese sentido.

—¿Con qué objetivo?

—Nuestra respuesta más natural es: si me golpean, devuelvo el golpe. Cuando evolucionamos, queremos saber qué ha llevado al otro a actuar como lo ha hecho y, para ello, nos ponemos en su lugar. Así pues, es casi un axioma que la generosidad de espíritu requiera de un revés previo para poder eliminar todo lo superfluo.

»Eliminar lo superfluo —continuó el arzobispo— y aprender, sí, a ponerte en el lugar del otro. Y resulta indispensable que, para conseguir esa generosidad de espíritu, antes hayamos experimentado si no sufrimiento, sí al menos algún tipo de frustración, algo que nos anime a movernos en una dirección distinta a la que habíamos escogido hasta ahora. No nos movemos siempre así, en línea recta. Encontramos cosas por el camino que nos obligan a cambiar de rumbo o a dar media vuelta.

El arzobispo gesticulaba con la mano derecha, frágil y delicada, paralizada por la polio cuando era un niño, un ejemplo esclarecedor del sufrimiento que había padecido a muy temprana edad.

—Seguramente funciona como un músculo —concluyó—. Es decir, si quieres fortalecer un músculo, trabajas en su contra, le opones resistencia, y así consigues que crezca. Si no lo ejercitas, no crece. No puedes conseguir volumen en el pecho sin levantarte del sofá. Tienes que escalar montañas, ir contra tu propia naturaleza. La tendencia natural de tu cuerpo es estar quieto, sentado, pero, si cedes y te apoltronas, al final acabarás notándolo. En definitiva, lo que es válido para el cuerpo, también lo es para el alma. Nos volvemos más generosos precisamente cuando ponen a prueba nuestra generosidad.

—Absolutamente. —El Dalai Lama asentía meciéndose adelante y atrás, de lado a lado, bajando la mirada pensativo, tocándose las puntas de los dedos—. Esto me recuerda lo que me contó un amigo que, en la misma época en la que yo huí a la India, fue enviado a un gulag chino. La noche que escapé del palacio de Norbulingka, fui a la capilla para presentar mis respetos porque sabía que seguramente sería la última vez que la vería. Este amigo, que ya era monje superior en el monasterio de Namgyal, estaba en la capilla. Lopon-la, que es como lo llaman cariñosamente sus compañeros, no sabía que era yo porque mi visita era un secreto de Estado y yo tampoco podía decirle nada. En cuanto salí de palacio, empezó el bombardeo chino. Detuvieron a mucha gente y a unos ciento treinta los enviaron a una zona muy lejana, como en tiempos de Stalin, cuando mandaban a la gente a Siberia. Después de dieciocho años de trabajos forzados, Lopon-la pudo venir a la India y me contó lo que ocurría en el campo de trabajo.

»No tenían zapatos, ni siquiera en pleno invierno. A veces hacía tanto frío que, cuando escupías, la saliva se congelaba antes de llegar al suelo. Siempre estaban hambrientos. Una vez, tenía tanta hambre que intentó comerse el cuerpo de otro prisionero que había muerto, pero la carne se había congelado y estaba demasiado dura para morderla.

»Torturaban constantemente a los prisioneros. Hay un tipo de tortura soviética, otra japonesa y otra china, y allí las combinaban para conseguir un método especialmente cruel.

»Cuando salió del campo, solo habían sobrevivido veinte personas. Me contó que durante esos dieciocho años se había enfrentado a auténticos peligros. Obviamente, pensé que se refería al peligro de muerte.

—¿Y qué clase de peligros eran? —le pregunté al Dalai Lama.

—Me dijo que estuvo a punto de perder… la compasión que sentía por los guardias chinos.

La sala al completo se estremeció al escuchar semejante declaración: para aquel hombre, lo peor a lo que se había enfrentado era al riesgo de perder la compasión, el corazón, la humanidad.

—Aún vive. Tiene noventa y siete años y una mente muy lúcida. Como has dicho antes, la espiritualidad y la experiencia vital por la que pasó reafirmaron su capacidad para la compasión, para sus cualidades humanas. Conozco unos cuantos casos de tibetanos que pasaron muchos años trabajando en los gulags chinos y que creen que fue la mejor época de su vida para la práctica espiritual, para mejorar la paciencia y la compasión. Uno de mis médicos personales, el doctor Tenzin Choedrak, que años más tarde consiguió huir a la India, fue muy inteligente. Cuando estaba en el gulag, no le dejaban tener su rosario y le obligaban a leer el Libro Rojo del presidente Mao, así que lo aprovechó para usar las sílabas a modo de rosario y poder recitar las plegarias budistas, mientras que, para los guardias chinos, ¡estaba entregado al estudio del libro de Mao!

»Como en el caso de Nelson Mandela, cuando te encierran en la cárcel, es normal que sufras grandes dificultades. Sin embargo, con la forma de pensar adecuada, podemos cultivar una fuerza interior aún mayor. Por eso creo que es muy útil, sobre todo cuando atravesamos dificultades.

Me sorprendió la elección de las palabras del Dalai Lama: «atravesar dificultades». Solemos creer que el sufrimiento nos sepultará o que no acabará nunca, pero si somos capaces de darnos cuenta de que es algo temporal o, como dicen los budistas, que no es permanente, sobreviviremos más fácilmente y quizá lleguemos a apreciar lo que hemos aprendido de la experiencia, el significado que le hemos encontrado, y salir del túnel no tan llenos de amargura, sino ennoblecidos. La profundidad de nuestro sufrimiento también puede tener como resultado la elevación de la alegría.

Shantideva, el monje budista, describió las virtudes del sufrimiento. La conmoción inicial disipa la arrogancia. También aumenta la compasión que sentimos hacia los demás y, como ya hemos pasado por ello, evitamos acciones que puedan hacer daño a los demás. Lopon-la y el doctor Choedrak conocían las enseñanzas de Shantideva e hicieron uso de ellas durante los interminables años de adversidades y sufrimiento en el gulag, sacando algo en positivo de lo que debió de ser, sin duda, una agonía sin sentido.

El Dalai Lama y el arzobispo Tutu insistían en que es esencial cierto grado de tolerancia y de aceptación, al igual que es vital darse cuenta de que todo el mundo sufre, no solo nosotros, y que no es debido necesariamente a que hayamos hecho algo malo. Un año antes de aquel encuentro, mi padre se cayó por las escaleras y sufrió una lesión traumática en el cerebro. Los médicos nos explicaron que, cuando se trata de un hueso roto, sabemos exactamente cuánto tiempo tardará en soldarse, pero que con el cerebro no puede saberse hasta qué punto se recuperará ni si la recuperación será completa. Estuvo más de un mes ingresado en cuidados intensivos y en rehabilitación neurológica sufriendo varios estados de delirio. Nos preocupaba que nunca volviera a ser el mismo, con su inteligencia y su enorme corazón. Nunca olvidaré la primera vez que me llamó desde el hospital, básicamente porque no sabíamos si sería capaz de volver a comunicarse de forma consciente. Una vez mi hermano fue a verlo y le dijo: «Siento que hayas tenido que pasar por esto». Mi padre respondió: «Ah, no, no pasa nada. Es parte de mi currículo».

La enfermedad y el miedo a la muerte: Prefiero ir al infierno

El viaje estuvo marcado por los funerales. Tuvimos que alterar dos veces el itinerario de ida y de vuelta de la India por la muerte de dos amigos muy queridos del arzobispo. Ambos eran entierros de personas que habían vivido vidas largas y prósperas, pero aun así supusieron un recordatorio muy oportuno de la existencia de la muerte y del tiempo limitado de nuestra vida.

—Ten cuidado. Últimamente se están muriendo muchos amigos míos —dijo el arzobispo cuando acabábamos de llegar al aeropuerto señalando al Dalai Lama con el dedo. Luego nos habló del gran hombre que había sido Philip Potter, uno de los fallecidos—. Fue el primer secretario general negro del Consejo Mundial de Iglesias —nos explicó.

Pero con el arzobispo, la santidad y la frivolidad, la muerte y la vida, siempre van de la mano, así que a la vez que honraba la memoria de su amigo, no podía evitar bromear sobre ella.

—Era un hombre muy corpulento, mucho más alto que tú y yo. Ayer estuve mirando su ataúd. Era enorme. Cabíamos tú y yo perfectamente. Yo habría subido al cielo, pero ¿y tú? ¿Adónde habrías ido?

—Seguramente al infierno —respondió el Dalai Lama.

La conversación sobre la muerte y quién iría al cielo o al infierno fue una de las bromas que se repitieron durante toda la semana. Les pedí que hablaran de la enfermedad y de la muerte de una forma más personal.

—¿Qué piensan sobre su propia muerte? Ambos son octogenarios y es una realidad, o al menos una posibilidad, esperemos que en un futuro muy lejano.

—Muy atento por tu parte —dijo el Dalai Lama, y se echó a reír.

—Bueno, a él no es que le preocupe demasiado —intervino el arzobispo señalando a su amigo— porque le espera la reencarnación.

—Con la reencarnación —respondió el Dalai Lama—, nunca sabes en qué te reencarnarás. Demasiada incertidumbre. Tú, en cambio, puedes estar seguro de que irás al cielo.

—Los chinos dicen que serán ellos quienes decidan en qué te reencarnas —replicó el arzobispo—, así que será mejor que te portes bien con ellos. —De pronto, bajó la mirada como si se concentrara en la seriedad de la cuestión: su propia mortalidad—. Debo decir que, durante mucho tiempo, la idea de la muerte era algo que me provocaba mucha ansiedad.

»Soy consciente de que he sufrido varias enfermedades que casi acaban conmigo. De pequeño, tuve polio y dicen que mi padre fue a comprar la madera para el ataúd, y mi madre, la ropa negra para el luto porque creían que no sobreviviría. En la adolescencia, enfermé de tuberculosis y me llevaron a un hospital especializado. Allí, vi que casi todos los pacientes que sufrían hemorragias y tosían sangre acababan en la morgue. Debía de tener unos quince años cuando empecé a toser, y tosía sangre. Estaba sentado con una palangana delante y, cada vez que tosía, escupía sangre. Me dije: "Dios, si es lo que quieres, si esto es el final, adelante". He de admitir que me sorprendió la calma y la paz que sentí en aquel momento. Bueno, claro, vosotros ya sabéis que no me sacaron de allí con los pies por delante. Muchos años después, me reuní con el arzobispo Trevor Huddleston, quien solía venir al hospital todas las semanas a visitarme, y me contó que el médico le había dicho: "Su joven amigo —refiriéndose a mí— no saldrá de esta". Pues parece que de momento me las sigo arreglando bastante bien.

He pensado muchas veces en la fuerza que el arzobispo Tutu obtuvo al enfrentarse a la enfermedad y a la muerte, y además siendo tan joven. La enfermedad es una de las fuentes más habituales de sufrimiento, y sin embargo, al igual que en el caso de mi padre, hay gente capaz de encontrarle un significado y crecer espiritualmente. En muchos sentidos, es el motivo principal por el que decidimos reevaluar nuestra vida y transformarla. Parece casi un cliché, pero aquellos que sufren enfermedades mortales aprenden a saborear cada momento y a sentirse más vivos. Hace muchos años, trabajé en un libro con un médico que trataba a pacientes con enfermedades graves o terminales. Él establecía una distinción muy clara entre sanar y curar: sanar implica la resolución de la enfermedad, aunque no siempre sea posible. Curar, según él, lo engloba todo y es posible tanto si la enfermedad puede curarse o no.

El arzobispo nos explicó que quería que lo incineraran, para ahorrar espacio, y que deseaba un funeral sencillo para animar a su pueblo a no comprar costosos ataúdes y evitar las ceremonias tradicionales. Los líderes morales enseñan a los demás también a través de sus propias elecciones, incluso cuando se trata de la muerte. Luego me miró y dijo, con una rotundidad cargada de lógica:

—La muerte es parte de la vida. Todos moriremos algún día. Algo que me parece maravilloso es eso que llaman un testamento vital, en el que das instrucciones para cuando te llegue la hora. No se trata de ser morboso. Tú antes has dicho que es parte de la vida. Yo mismo he oficiado unos cuantos funerales y suelo aprovechar para dirigirme a los presentes. «Por cierto —les digo—, ahí es donde acabaremos todos. Ese de ahí podría ser cualquiera de vosotros.» Sí, claro, hay una especie de nostalgia por aquello que has tenido y que echarás de menos. Yo echaré de menos a mi familia, a la persona que ha sido mi compañera desde hace sesenta años. Añoraré muchas cosas, pero, según la tradición cristiana a la que pertenezco, me espera una vida más plena.

»Es maravilloso. Es decir, imaginad qué pasaría si no nos muriéramos. El pobre planeta no podría soportar semejante carga. Ya le cuesta lo suyo con los siete mil millones que somos ahora. Mi vida ha tenido un principio, una parte intermedia y tendrá un final. Hay una simetría preciosa en eso. Una simetría.

Saboreó la palabra entre risas y luego la repitió.

—Si no nos muriéramos, imaginad cuántos seríamos ahora mismo en el planeta. Espero que mis creencias sobre el cielo sean verdad: que me reuniré con mis seres queridos, con mis padres, con mi hermano mayor, al que no conocí porque murió siendo un niño. Conoceré a gente a la que admiro. A san Agustín, por ejemplo. También me gustaría conocer a santo Tomás de Aquino y a otras grandes personalidades que tanto nos han enseñado sobre la oración.

»Porque Dios es Dios, porque Dios es infinito, porque

ninguno de nosotros, simples criaturas, seremos jamás capaces de comprender la infinitud de su persona; por todo eso, el cielo siempre será un lugar lleno de descubrimientos. —Los ojos del arzobispo estaban ausentes, la mirada, distante—. Le diré: "Oh, Dios, qué hermoso eres". Y gritaré, gritaré: "Venid, venid y ved". Y alguien exclamará: "¿Habéis visto lo hermoso que es Dios?".

De pronto, el arzobispo se quedó callado.

Quizá la muerte en sí y el temor que nos inspira son los grandes obstáculos a los que se enfrenta la alegría. Cuando nos morimos, ya no importa, pero el miedo a su llegada, al sufrimiento que a menudo la precede y, en última instancia, el miedo al olvido y a la pérdida de la identidad es lo que más nos asusta. Muchos psicólogos mantienen que, detrás de todos nuestros miedos, se esconde el temor a la muerte, y los historiadores especializados en las religiones sostienen que estas aparecieron para tratar de resolver el misterio que encierra la muerte. La vida moderna mantiene ese miedo a raya. Raramente interactuamos con los más mayores o con los enfermos terminales, y la enfermedad, la fragilidad y la muerte desaparecen tras los muros de hospitales y residencias, lejos de la vida diaria.

Tras unos segundos, el Dalai Lama tomó la palabra.

—Creo que durante miles de años el ser humano ha sentido curiosidad por la muerte, y muchas religiones han desarrollado ideas y conceptos sobre lo que ocurre después. El cielo, como tú has dicho, es una creencia preciosa. El sintoísmo de Japón también mantiene que después de la muerte vamos directamente al cielo, donde viven nuestros ancestros.

»Cuando la gente piensa en la muerte, siente mucho, muchísimo miedo. Normalmente les digo que lo mejor es aceptar que es parte de la vida. Lo has comentado tú antes: todo tiene un principio y un final. En cuanto aceptemos que es algo normal y que antes o después a todos nos llegará la hora, nuestra actitud cambiará. Hay gente a la que le da vergüenza que le pregunten la edad o que fingen ser más jóvenes de lo que realmente son. Resulta absurdo, ya que es una forma de engañarnos a nosotros mismos. Deberíamos ser más realistas.

—Eso es, eso es —asintió el arzobispo.

—Cuando caemos enfermos —continuó el Dalai Lama—, es mucho mejor aceptar que tenemos una enfermedad y empezar a tratarla que decir que no pasa nada y engañarnos a nosotros mismos.

Aprovechando la visita del arzobispo Tutu a Dharamsala, le habíamos concertado una cita con Yeshi Dhonden, uno de los médicos del Dalai Lama. Rachel es doctora en medicina integrativa y quería saber si su prestigioso colega podía aconsejarle sobre la enfermedad del arzobispo, cuyo cáncer de próstata se había reproducido hacía poco tiempo.

En una coincidencia increíble, el doctor Dhonden había ayudado a curar el cáncer de sangre de mi madre hacía ya muchos años, durante una visita a Nueva York, cuando yo aún iba al instituto. En enero, mientras estaba en Dharamsala preparando la visita, alguien me dijo que el doctor Dhonden había muerto, pero hacía apenas unos días me había enterado de que seguía vivo, a sus casi noventa años. Tenía ganas de verlo, de darle las gracias por haber salvado la vida de mi madre y de saber si podía hacer algo por el arzobispo.

Visitó al arzobispo en la habitación del hotel. Completamente calvo y con las orejas muy grandes, parecía una versión un poco más alta del maestro Yoda de *La guerra de las galaxias*. Su rostro era impasible y sus manos transmitían una

poderosa delicadeza mientras le tomaba el pulso al arzobispo, que estaba tumbado en su enorme cama. A través de la
ventana, los valles de Dharamsala se precipitaban por laderas
empinadas, cubiertas de robles y encinas, con las enormes
planicies verdes al fondo.

A través del traductor, el doctor Dhonden empezó a enu-
merar una serie de problemas de salud que el arzobispo había
sufrido hacía décadas y que habían derivado en el cáncer de
próstata actual. El arzobispo se mostró sorprendido mientras
Rachel, que conocía los métodos tradicionales, le explicaba lo
que el doctor Dhonden acababa de decir pero con palabras
más acordes al conocimiento actual del cuerpo humano.

Tras un examen de quince minutos, el doctor Dhonden
señaló la lata de Coca-Cola Zero que había encima de la me-
sita. El arzobispo había renunciado a los cubalibres que tanto
le gustaban, pero seguía bebiendo Coca-Cola Zero, para disminuir el consumo de azúcar. Según el doctor Dhonden,
aquella bebida estaba perjudicando su salud y debía dejar de
tomarla.

Cuando se lo tradujeron, el arzobispo se levantó de la
cama de un salto y, medio en broma, agitó las manos mientras
decía: «Creo que es tarde y que debería irse».

Rachel le aseguró que, a pesar de que ella misma llevaba
años intentando que el arzobispo dejara la Coca-Cola Zero, a
sus ochenta y cuatro años podía comer y beber lo que quisiera. El doctor Dhonden hizo algunas recomendaciones más y
se hicieron una fotografía juntos, el prestigioso médico y el
famoso paciente, tras lo cual el buen doctor se marchó.

—Como budista practicante —dijo el Dalai Lama—, me
tomo muy en serio la contemplación de la primera enseñanza
de Buda, que habla de la inevitabilidad del sufrimiento y de la

naturaleza temporal de nuestra existencia. Además, la última enseñanza de Buda, poco antes de su muerte, acaba con la verdad de la no permanencia y nos recuerda que está en la naturaleza de todas las cosas tener un final. Según Buda, nada perdura.

»Por eso es importante que en la práctica diaria de la meditación sigamos pensando en nuestra propia mortalidad. Existen dos niveles de no permanencia. En el más general, la vida cambia sin cesar y las cosas dejan de existir, incluidos nosotros; en el más sutil, todo cambia constantemente, algo que la ciencia nos ha demostrado a nivel atómico y subatómico. Nuestro cuerpo está en continua evolución, al igual que nuestra mente. Todo se encuentra en un estado de cambio constante, nada permanece estático y nada es permanente. De hecho, tal como nos lo recuerda Buda, las mismas causas que han desembocado en algo, como nuestra vida, también han creado el mecanismo, o la semilla, que desencadenará el final. Admitir esta verdad es una parte importante en la contemplación de la no permanencia.

»Preguntémonos por qué ocurre esta no permanencia. La respuesta es la interdependencia que se establece entre todos los elementos, o dicho de otra manera: nada existe de forma independiente. Este tipo de contemplación forma parte de mis ejercicios diarios de meditación. La práctica ayuda a prepararse para la muerte, el estado intermedio y el posterior renacimiento; así que, para realizar la práctica correctamente, hay que reflexionar sobre estas cuestiones y visualizar el proceso de la muerte.

»Por último, creo que antes has dicho que los ancianos deberíamos prepararnos para la muerte y que es importante dejar espacio para el futuro, para las generaciones más jóvenes. También es importante recordar que la muerte llega tarde o temprano y que debemos dar sentido a nuestra vida mientras estemos vivos. Creo que la esperanza de vida máxima son unos cien años. Si la comparamos con la historia del ser humano, es muy poco tiempo. Y, si además invertimos ese tiempo en generar más problemas, nuestra vida habrá carecido de sentido. Si pudiéramos vivir un millón de años, entonces quizá sí valdría la pena crear algún que otro problema de vez en cuando, pero la vida es corta. Somos huéspedes en este planeta, visitantes que han venido a pasar un corto espacio de tiempo, así que tenemos que usar nuestros días sabiamente para que el mundo sea un sitio mejor para todos.

Jinpa nos habló de una enseñanza muy profunda de un viejo maestro tibetano: para poder valorar el desarrollo espiritual del individuo, es esencial saber cómo este se enfrenta a su propia mortalidad. La mejor opción es hacerlo con alegría; la segunda, sin miedo; la tercera, que sea al menos sin remordimientos.

—Antes os he hablado de la noche que me marché de Norbulingka —dijo el Dalai Lama retornando a su experiencia más cercana con la muerte—. Para mí, aquella noche, la del 17 de marzo de 1959, fue la más terrible de mi vida. Por aquel entonces, era evidente que corría peligro. Aún recuerdo la lucidez mental que sentí cuando salí del palacio de Norbulingka, disfrazado con las ropas de un seglar tibetano. Todos mis esfuerzos para calmar los ánimos en Lhasa habían fracasado. Una multitud de tibetanos se había reunido frente al palacio de Norbulingka con la intención de bloquear cualquier intento de detenerme por parte del ejército chino. Hice todo lo que pude, pero ambas partes, chinos y tibetanos, se habían atrincherado en sus respectivas posiciones. Obviamente, en el lado tibetano eran profundamente devotos y solo pretendían protegerme.

Hizo una pausa y se quedó pensativo mientras recordaba la devoción de su pueblo y el sacrificio que habían hecho a cambio de su seguridad.

La aparición espontánea de una multitud frente al palacio de Norbulingka fue la culminación a varios días de levantamientos contra la ocupación de la China comunista que habían empezado el 10 de marzo de 1959. Esta vez, la gente había acudido para evitar que las autoridades chinas sacaran al Dalai Lama del palacio de Norbulingka, supuestamente por su propia seguridad. Algo tenía que pasar. La situación era muy tensa y el Dalai Lama sabía que aquello solo podía acabar en una masacre.

—Esa noche, la del 17 de marzo de 1959, se llevó a cabo el plan que acabaría en mi huida. Bajamos hasta un camino que bordeaba el río, disfrazados y en plena noche. Justo al otro lado estaban los barracones del ejército chino; de hecho, veíamos a los guardias desde nuestro lado. No podíamos usar linternas e intentamos minimizar el ruido de los cascos de los caballos. Pero seguía siendo peligroso. Si nos veían y abrían fuego, estaríamos acabados.

»Sin embargo, como budista practicante, pensé en el consejo de Shantideva: si existe la forma de superar una situación, en lugar de sentir demasiada tristeza, demasiado miedo o demasiada ira, esfuérzate por cambiar esa situación. Si no puedes hacer nada, entonces no tiene sentido que sientas miedo, tristeza o ira. Así pues, me dije que, aunque pasara algo, todo saldría bien.

»Hay que afrontar los hechos, la realidad. E intentar escapar era la mejor opción posible teniendo en cuenta lo que estaba pasando. Y el miedo es parte de la naturaleza humana; es la respuesta que se activa ante el peligro. Pero con valor, cuando existe un peligro real, te vuelves más realista, más intrépido. Por otro lado, si dejas volar la imaginación, puedes acabar exagerándola y experimentar aún más miedo.

»A mucha gente le preocupa ir al infierno, pero no conduce a nada. No hay que tener miedo. Mientras sigamos preocupándonos por el infierno, por la muerte y por todo aquello que podría ir mal, nos dominará la ansiedad y nunca encontraremos la alegría y la felicidad. Si de verdad te da miedo el infierno, vive tu vida con un propósito como, por ejemplo, ayudar a los demás.

»En definitiva —concluyó dando una palmada en la muñeca del arzobispo—, prefiero ir al infierno que al cielo. Allí puedo solucionar más problemas, ayudar a más gente.

La meditación:
Deja que te cuente un secreto

Llegamos al complejo del Dalai Lama a primera hora de la mañana, mientras aún estaba saliendo el sol. Pasamos por el puesto de seguridad, lo cual nos recordó que no todo el mundo le tiene la misma estima al Dalai Lama que la que él siente por toda la humanidad. Había decidido tomarme el cacheo, no muy distinto del de los aeropuertos, como un breve masaje y no como una intrusión en mi espacio personal o como una acusación velada. Empezaba a entender que la perspectiva desde la que observamos el mundo moldea nuestra realidad.

Cruzamos la escasa distancia que nos separaba de la residencia personal del Dalai Lama. Más adelante supimos que muchos de los que llevaban treinta años trabajando con él nunca habían estado dentro. Aquel era su retiro, uno de los pocos sitios en el que una figura pública como él podía disfrutar de la soledad, y era un gran privilegio ser bienvenido en este santuario.

Desde fuera, la residencia del Dalai Lama es una estructura de cemento pintado de amarillo y con un tejado verde, como tantas otras casas de Dharamsala. Las puertas dobles y las paredes son en gran parte de cristal para que entre la luz. En el tejado, hay una terraza por la que puede pasearse y contemplar su querido invernadero, lleno de delfinios y caléndulas lilas, rosas y blancas a punto de abrirse como pequeños soles. Más allá, puede ver una vista panorámica de las verdes llanuras de la India y, del otro lado, las impresionantes montañas Dhauladhar, cubiertas de nieve todo el año. La residencia es mucho menos impresionante que el palacio de Potala de su infancia, pero tiene una elegancia humilde y una calidez que el palacio de las mil estancias, con sus salas siempre vacías, jamás podrá tener.

Seguimos al Dalai Lama y al arzobispo al interior de la casa, bañada por la luz cada vez más intensa que entraba por las ventanas. Las cortinas estaban abiertas y sujetas con tiras, y el techo era de color negro y rojo. La entrada estaba decorada con *thangkas* de colores brillantes, y las estanterías del pasillo, repletas de textos sagrados con el lomo dorado, ocupaban buena parte del espacio.

—Bueno, pues esto es, ¿cómo lo llamáis vosotros?, la sala de estar y también es el lugar donde rezo —explicó el Dalai Lama.

Parecía lógico que la sala de estar también fuera su sala de oraciones, puesto que buena parte de su vida la dedica a la oración y a la meditación. Al entrar en la estancia, vimos un altar grande y protegido por un cristal en cuyo interior descansaba un Buda un tanto demacrado. A ambos lados de la estructura, había textos sagrados del Tíbet en forma de bloques rectangulares. El conjunto se parecía al típico mueble occidental que se usa para guardar la plata y la porcelana. Sobre un estante, había una pequeña tabla con un reloj en la pantalla que iba marcando las horas.

En otro punto de la estancia se veía un segundo altar, mucho más grande que el otro e igualmente protegido por un cristal.

—Esa estatua —dijo el Dalai Lama mostrándole al arzobispo el Buda erguido que descansaba en el centro— es del siglo VII. ¿Verdad? —preguntó volviéndose hacia Jinpa.

—Exacto, del siglo VII —le confirmó este.

—Jinpa era miembro del monasterio en el que antes estaba la estatua —continuó el Dalai Lama señalando a su asistente.

Conocida como «Kyirong Jowo», que significa «hermano de Kyirong», esta estatua de Buda es venerada como una de las reliquias más importantes para el pueblo tibetano. Iba vestido con la túnica tradicional y tocado con una pequeña corona de oro y piedras preciosas. A su alrededor, había docenas de estatuas de Buda más pequeñas y otras figuras sagradas, todo ello rodeado por un marco hecho de orquídeas blancas y lilas. La estatua estaba tallada en madera de sándalo y tenía el rostro pintado de oro, con los ojos abiertos, las cejas finas, los labios curvados y el gesto sereno. La mano derecha estaba extendida, con la palma hacia arriba en un gesto de bienvenida, aceptación y generosidad.

—Maravilloso —exclamó el arzobispo Tutu.

—Al principio, había dos estatuas parecidas, ambas talladas a partir de un mismo trozo de sándalo. Y desde la época del quinto Dalai Lama, una de ellas estaba en el palacio de Potala —explicó el Dalai Lama. El Gran Quinto, como se le suele llamar, vivió en el siglo XVII y unió la región central del Tíbet, poniendo fin a una larga sucesión de guerras civiles. Es el Carlomagno del Tíbet o, mejor dicho, aúna la figura de Carlomagno a la vez que la del Papa de Roma—. La otra estaba en la zona oeste del Tíbet. Eran como dos hermanos, dos gemelos, así que cuando el ejército chino destruyó Potala, fue como si hubieran asesinado a uno de ellos. Después de aquello, los monjes del Oeste sacaron del país esta que veis en la sala y la trajeron a la India. Se discutió mucho sobre dónde debía estar: si con los monjes del monasterio que hay al sur de la India, donde fueron reubicados, o quedarse aquí. Hice algunas indagaciones siguiendo el método misterioso, es decir, la adivinación, que creo que es algo que también tenéis en la cultura africana. Y la estatua, ¿cómo se dice?

Habló en tibetano con Jinpa, que tradujo sus palabras:

—La adivinación reveló que la estatua prefería quedarse con el más famoso.

Todos nos echamos a reír.

—Deja que te cuente un secreto, algo bastante especial. Todas las mañanas le rezo a esta estatua. Y, cuando termino, la expresión de su rostro cambia.

Tenía una mirada pícara en los ojos, así que era difícil saber si le estaba tomando el pelo al arzobispo o no.

—¿De verdad? —preguntó este intentando no mostrar su incredulidad. El Dalai Lama inclinó la cabeza a un lado y al otro, como queriendo decir «quizá sí, quizá no», a lo que el arzobispo preguntó—: ¿Y sonríe?

—Sí, sonríe como tú, de hecho —respondió el Dalai Lama, y se inclinó hacia el arzobispo hasta que sus frentes se tocaron. Luego, levantando un dedo en alto, añadió rápidamente—: Ah, pero no tiene los ojos como tú, tan grandes y tan redondos. —Abrió los suyos como platos, con una expresión que bien podía significar sorpresa, miedo o ira—. Y ahora la sesión.

Pero, de camino a su silla, se detuvo junto a otro altar que ocupaba el centro de la sala. Sobre la mesa redonda descansaba un crucifijo elaborado de manera muy realista, tallado en mármol blanco, con los tornillos negros saliendo de las manos de Jesucristo. También había una escultura de la Virgen.

—Esta es una Virgen negra de México. —La Virgen María llevaba una túnica dorada y una corona, y en la mano sostenía un orbe también dorado. Sobre su regazo, se sentaba un pequeño Niño Jesús—. María es el símbolo del amor —continuó señalando la escultura con el mismo gesto que la estatua de Buda—. Es preciosa.

Había asimismo un globo terráqueo de color azul intenso montado sobre un pedestal dorado, un símbolo sagrado de otro tipo, quizá, y un recordatorio evidente del concepto budista de la interdependencia. Las plegarias del Dalai Lama, como las del arzobispo, abarcaban a todo el mundo.

Tras enseñarle el tercer altar, invitó a su amigo a ocupar una silla de color beis con el respaldo muy alto. El arzobispo llevaba una camisa tibetana azul oscuro con los botones a un lado, cerca del hombro, que la convertía en una especie de faltriquera en la que habían metido al religioso. La había hecho un sastre muy bueno, el padre del lama Tenzin, como regalo para el arzobispo.

Cuando por fin se sentó, su cuerpo prácticamente desapareció en la inmensidad de la silla. Los demás nos repartimos por el suelo; el Dalai Lama nos preguntó si queríamos sillas y respondimos que estábamos muy bien así.

—Yo antes también me sentaba en el suelo —dijo—, pero empecé a tener problemas con las rodillas, así que ahora prefiero la silla.

Señaló con la mano una silla ancha tapizada en terciopelo rojo, se recogió un poco la túnica y se sentó. A sus espaldas, un *thangka* amarillo, rojo y verde colgaba de la pared. Delante de él, había una mesa baja de madera con una pila de textos budistas con forma de bloques horizontales y dos lámparas altas y finas, una a cada lado de la mesa, seguramente para iluminar las mañanas del Dalai Lama cuando empezaba sus prácticas antes del amanecer. Un jarrón con tulipanes rosas y un cuenco dorado para el arroz ceremonial añadían un poco de color al conjunto. Por último, dos tabletas descansaban sobre la mesa, una con el tiempo y la otra para escuchar las noticias de la BBC.

—Para adaptarme a nuestros horarios, hoy he empezado la meditación a las dos y media de la madrugada.

—Mmm —murmuró el arzobispo, maravillado por las costumbres de su amigo.

—Luego, como siempre, una ducha y más meditación. ¿Tú estás bien? ¿La temperatura está bien? —preguntó el Dalai Lama extendiendo las manos con preocupación.

El arzobispo sonrió y levantó el pulgar.

—Gracias —le dijo mientras se sentaban el uno al lado del otro.

—Esta parte versa sobre la meditación y la muerte —dijo el Dalai Lama, como si se dispusiera a guiarnos en un ejercicio centrado en la respiración y no en la desaparición de nuestra forma corpórea—. Preparamos la mente repasando el proceso detallado de lo que nos ocurrirá en el momento de nuestra muerte.

—Mmm —asintió el arzobispo con los ojos como platos, como si acabaran de invitarle a las Olimpiadas del espíritu y tuviera que prepararse para una media maratón.

—Según la psicología budista Vajrayana, hay diferentes niveles de conciencia —explicó el Dalai Lama refiriéndose a la tradición esotérica del budismo, cuyo objetivo es que el practicante descubra la verdad definitiva—. Hay un tipo de disolución que se da cuando los niveles más superficiales de nuestros estados físico y mental llegan a su fin, y, cuando se manifiestan cada vez más niveles, estos se vuelven más sutiles. Es entonces cuando en el nivel más interno, en el más sutil de todos, se genera un estado luminoso que marca el momento de la muerte; no de la muerte en sí, sino durante el proceso. Las sensaciones físicas desaparecen por completo. Dejamos de respirar. El corazón se detiene, ya no late. El cerebro también deja de funcionar. Aún quedan algunos niveles de conciencia, muy sutiles, que se preparan para el siguiente destino de nuestra vida.

La conciencia del momento de la muerte, tal y como el Dalai Lama la estaba describiendo, está libre de dualidades y de contenido, y aparece en forma de pura luminosidad. (En la famosa comedia *El club de los chalados*, hay una escena en la que el personaje de Bill Murray, Carl, explica un relato absurdo sobre el día que le llevó unos palos de golf al duodécimo Dalai Lama que vivía encima de un glaciar. Cuando terminó el partido, Carl pidió una gratificación y el Dalai Lama le contestó: «Ah, no te voy a dar ni un centavo, pero, cuando mueras, en tu lecho de muerte, recibirás el don de la conciencia total». Quizá los guionistas sabían de qué hablaban y conocían la luz brillante que ilumina la meditación sobre la muerte.)

—Según el pensamiento budista —prosiguió el Dalai Lama—, hablamos de muerte, estado intermedio y renacimiento. En mi caso, repito este tipo de meditación cinco veces al día, así que experimento la muerte y la reencarnación a diario. Me voy cinco veces y vuelvo otras cinco más. ¡Espero

que el día que me muera esté preparado! —Tras estas palabras, la sonrisa pícara y los ojos siempre brillantes dieron
paso a una expresión mucho más pensativa y tierna—. Pero
no lo sé. Cuando me llegue la muerte, espero tener la habilidad suficiente para aplicar la práctica de una forma efectiva.
No lo sé. Por eso necesito tus plegarias.

—Los chinos dicen que la próxima reencarnación no la
elegirás tú —dijo el arzobispo retomando lo que había sido
motivo de risas durante toda la semana.

Para el arzobispo, era una lástima perder la oportunidad
de conectar la plegaria y la meditación al activismo político, o
incluso a un buen chiste. Lo cierto era que la posibilidad de
que el gobierno chino (que ni acepta ni prohíbe la práctica de
la religión) fuera el encargado de escoger la siguiente reencarnación del Dalai Lama era la excusa para seguir con la broma.

—Cuando me muera —replicó el Dalai Lama entre risas—, prefiero que seas tú el encargado de buscar mi próxima
reencarnación, y que no lo dejes en manos de un gobierno
ateo, comunista y contrario a la religión.

—Sí —afirmó el arzobispo tras una pausa, quizá preguntándose cómo llevaría a cabo esa investigación.

—Siempre digo —continuó el Dalai Lama—, medio en
broma, que cuando el Partido Comunista chino acepte la
teoría de la reencarnación y busque al presidente Mao Tse-
Tung y luego a Deng Xiaoping, solo entonces tendrán derecho a pronunciarse sobre las reencarnaciones del Dalai Lama.

—Sí —murmuró el arzobispo—. Me pareció muy interesante porque afirman ser ateos y todo eso, pero al mismo
tiempo pretenden decidir en quién te vas a reencarnar. Es
bastante increíble.

El arzobispo movió la cabeza y se rió de la absurda intención del gobierno chino de restringir los movimientos del Dalai Lama incluso en su próxima vida.

Las palabras se disiparon, el diálogo y las bromas dieron paso a la contemplación.

El Dalai Lama se quitó las gafas. Su cara, tan hermosa, seguía siendo la de siempre y, al mismo tiempo, había algo diferente en ella. Era larga y ovalada, con el cráneo calvo y brillante, las cejas triangulares y los ojos ligeramente abiertos; la nariz ancha y recta; los pómulos prominentes, cincelados como el perfil del Himalaya; los labios rectos y fruncidos; y la barbilla suave y redonda. Bajó la mirada, como si alguien hubiera echado las cortinas de su mente, y de pronto lo único que le importaba era el viaje interior.

Se rascó la sien y me alivió saber que no era uno de esos ascetas tan austeros que se niegan a mostrar una picazón o un dolor. Se ajustó la túnica alrededor de los hombros y guardó silencio, con las manos sobre el regazo.

Al principio, sentí que la cabeza me iba a mil por hora y supe que me costaría mucho mantener la concentración. No podía dejar de pensar en las preguntas que tenía pendientes, en las cámaras que grababan el encuentro, en la gente que había en la sala y en si todo funcionaba correctamente y aquellas personas tenían cuanto necesitaban. Miré la cara del Dalai Lama y, mientras lo hacía, mi sistema de neuronas espejo pareció resonar en ese estado mental que estaba presenciando. Las neuronas espejo nos permiten imitar a los que nos rodean y experimentar sus estados interiores y, por tanto, juegan un papel muy importante en la empatía. Empecé a sentir un cosquilleo en la frente seguido de una intensa sensación de concentración, a medida que las distintas partes de mi cerebro iban calmándose y guardando silencio, como si la actividad empezara a centrarse en lo que los adeptos denominan el tercer ojo, y los neurocientíficos, corteza prefrontal.

Daniel Siegel me explicó que la integración neuronal creada por esta zona esencial del cerebro une muchas áreas, todas ellas dispares, y es el centro neurálgico, y, nunca mejor dicho, de todo, desde la regulación emocional hasta la moralidad. Según Siegel y otros científicos, la meditación ayuda a regular estos procesos. Me explicó que las fibras que integran la corteza prefrontal medial aumentan su radio de acción y calman las estructuras del cerebro más reactivas a las emociones. Heredamos esta parte del cerebro, y en particular la amígdala sensitiva, de nuestros antepasados, más acostumbrados a luchar o a correr. Sin embargo, buena parte de nuestro viaje interior implica liberarnos de la respuesta evolutiva para evitar perder los estribos y, en situaciones estresantes, conservar la capacidad de razonar.

El verdadero secreto de la libertad puede que consista simplemente en extender el breve espacio que separa el estímulo de la respuesta. La meditación alarga esa pausa y ayuda a desarrollar la capacidad para escoger la respuesta que más nos conviene en cada momento. Por ejemplo, ¿puedo expandir la breve pausa que separa las palabras airadas de mi mujer de mi reacción demasiado dura? ¿Podemos cambiar de canal en el sistema de emisión mental de la indignación autojustificada («¿cómo se atreve a hablarme así?») a la comprensión compasiva («él o ella debe de estar cansado»)? Nunca olvidaré al arzobispo haciendo exactamente eso, guardar silencio y escoger su respuesta, durante una polémica en la que me vi envuelto hace ya algunos años.

Llevábamos dos días enteros de entrevistas con la esperanza de poder crear un proyecto sobre su trabajo en la Comisión para la Paz y la Reconciliación de Sudáfrica. Teníamos varias horas de conversación ya grabadas y el arzobispo estaba visiblemente cansado y, la verdad, un poco malhumorado. No era fácil intentar describir de forma sistemática el proceso de verdad, perdón y reconciliación que había usado para curar a su país con tanta efectividad pero, al mismo tiempo, muchas veces de forma instintiva.

En un momento determinado, le pregunté sobre su intención de dejar Inglaterra y volver a Sudáfrica, una decisión que tenía fuertes implicaciones para el movimiento antiapartheid y la liberación de su país, pero también para su esposa Leah y los hijos de ambos. No solo suponía abandonar un país en el que eran ciudadanos libres para regresar a una sociedad racista y opresora, sino que también suponía romper la familia. El gobierno del apartheid había creado un sistema educativo específico bantú para los negros y otros grupos de no blancos. Este sistema tenía como principal objetivo preparar a los estudiantes para realizar trabajos menores. El arzobispo y Leah no estaban dispuestos a aceptar aquellas condiciones, así que tendrían que enviar a sus hijos a estudiar a Suazilandia, en un internado.

Aquel había sido uno de los momentos más difíciles de su matrimonio, y habían estado a punto de no superarlo. Leah había sufrido muchísimo. Después de afirmar que no son muchas las discusiones de pareja reivindicadas por la historia, le pregunté si le había pedido perdón a Leah por el dolor que le había causado. Él defendió su decisión, con la rectitud de la causa y quizá con la autoridad de un hombre de su generación. Yo insistí en preguntar por qué no se había disculpado por la angustia que le había provocado a Leah, aunque la decisión fuera la correcta.

A medida que mi asalto verbal se iba volviendo más incisivo y provocador, vi que adoptaba una postura defensiva, con la cabeza inclinada hacia atrás. La mayoría de nosotros habríamos respondido con más rotundidad o devuelto directamente el ataque, pero fue como si pudiera ver al arzobispo, en apenas una décima de segundo, revisando su conciencia, barajando las distintas opciones y escogiendo una respuesta razonada y comprometida, no reactiva ni basada en el rechazo. Fue uno de los ejemplos más evidentes que he presenciado de lo que puede conseguirse gracias a una vida de oración y meditación: esa pausa, la libertad para responder en lugar de reaccionar. Unas semanas más tarde, el arzobispo me escribió para decirme que había hablado del tema con Leah y que se había disculpado. Ella le respondió que hacía tiempo que le había perdonado. Los matrimonios, también los mejores —o precisamente esos más que los otros— conllevan un proceso en continuo desarrollo de perdones entonados en voz alta o tácitos.

El arzobispo se cogió la mano derecha con la izquierda y agachó la cabeza en señal de concentración. El objetivo era meditar, pero nunca había estado muy seguro de dónde acababa la meditación y dónde empezaba la oración, o viceversa. Por lo que había oído, la oración consiste en hablarle a Dios, y la meditación, en escuchar sus respuestas. Creo que tampoco me importaba demasiado si el que respondía era Dios o una parte más desarrollada de nuestra propia inteligencia. Yo solo intentaba silenciar el ruido interno y escuchar a través de aquel silencio tan espeso y envolvente.

El Dalai Lama dio por terminada la meditación y el arzobispo Tutu se dispuso a enseñarnos en qué consistía su práctica espiritual. Empieza todos los días rezando y meditando en una capilla del tamaño de un armario que hay en la planta superior de su casa de Ciudad del Cabo. Antes de ser arzobispo de la ciudad, vivía con su familia en Soweto, la zona segregada para negros a las afueras de Johannesburgo que tan importante fue para la lucha contra el apartheid, entre otras cosas porque allí es donde empezó la Revuelta de Soweto. La capilla era independiente de la casa y algo más grande que esta, con vidrieras en las ventanas y bancos de verdad en el interior. El sitio era encantador, a pesar de las dimensiones. Allí compartimos momentos muy bonitos de silencio y meditación. Era como estar en la zona espiritual del cuartel general antiapartheid, el lugar en el que el arzobispo había buscado a Dios tantas veces en momentos de angustia e incerteza.

Mientras el arzobispo y Mpho preparaban el vino y el pan, el Dalai Lama dijo:

—Los monjes budistas no bebemos vino ni ningún tipo de alcohol, al menos en principio. Pero hoy haré una excepción por ti. —Luego añadió—: No te preocupes; no pienso emborracharme.

—Tampoco tengo intención de dejarte conducir —replicó el arzobispo.

—Esta es la primera vez que rezamos juntos —dijo el Dalai Lama—. Un budista y un cristiano rezando como hermanos. Alguna vez te he contado que desde 1975 cumplo peregrinajes de distintas tradiciones del mundo. A veces, hace falta una desgracia para que los fieles de todas las religiones se unan y vean que en realidad somos iguales, hermanos y hermanas. Lo que estamos haciendo ahora forma parte del mismo tipo de peregrinaje. Cuando miro esta figura de Jesu-

cristo, siento que me emociono. Este es un maestro que ha
traído la inspiración a millones de personas. Ahora nos toca a
nosotros meditar.

El arzobispo y Mpho repartieron los libros de oraciones y
dirigieron la eucaristía, también conocida como Santa Comunión. Este rito es una representación de la Última Cena que,
a su vez, es la celebración de la Pascua judía. Según la tradición, Jesús les dijo a sus seguidores que comieran pan y bebie-
sen vino para recordarlo, y para muchos cristianos el pan se
convierte en el cuerpo de Cristo, y el vino, en su sangre. La
Eucaristía celebra el sacrificio de Jesús. No era la primera vez
que la celebraba con el arzobispo, normalmente como el único judío presente, un dato que a él le gustaba destacar, junto
con el comentario de que yo estaba allí para asegurarme de
que la Eucaristía fuera *kosher*. Al no ser cristiano, no recibía
la comunión, así que me sorprendió ver al arzobispo y al Dalai Lama rompiendo las convenciones de sus respectivas fes.

Muchas ramas del cristianismo prohíben a aquellos que
no lo son, o incluso a los que no son de su misma rama (y con
los que, por tanto, no están en total comunión) compartir la
Eucaristía con ellos. Dicho de otra manera, al igual que muchas otras religiones, el cristianismo establece quién es parte
del grupo y quién no lo es. Este es uno de los mayores retos a
los que se enfrenta la humanidad: eliminar las barreras entre
«nosotros» y «ellos». Estudios recientes basados en la imagen
del cerebro sugieren que nuestra comprensión del «yo» y del
«ellos» es bastante binaria y que los circuitos que controlan la
empatía no se activan a menos que la otra persona sea parte
de nuestro grupo. Esta tendencia a eliminar al prójimo de
nuestro grupo y, por tanto, de nuestro círculo de interés ha
provocado muchas guerras e injusticias a lo largo de la histo-

ria. Recuerdo al arzobispo denunciando precisamente esta cuestión durante la guerra de Irak, cuando los medios de comunicación de Estados Unidos presentaban y valoraban de forma distinta las bajas del lado estadounidense y las del lado iraquí. Para el arzobispo, todos eran hijos de Dios, indivisibles e igualmente valiosos.

El arzobispo y el Dalai Lama son dos de las figuras religiosas más inclusivas del mundo, y durante toda la semana el mensaje subyacente a sus enseñanzas era la trascendencia de las propias definiciones y la búsqueda del amor y la compasión para toda la humanidad. Lo que hicimos aquella mañana, compartir nuestras distintas religiones, era una forma de dejar a un lado las creencias sobre el individuo frente a los otros, los nuestros y los suyos, cristianos y budistas, hindús y judíos, creyentes y ateos. En la tierra de Ghandi, pensé en la importancia de su respuesta cuando le preguntaban si era hindú: «Sí, lo soy. También soy cristiano, musulmán, budista y judío». Buscábamos la verdad del ser humano y estábamos dispuestos a beber de la copa de la sabiduría, viniera de donde viniese.

—¿Está en inglés? —preguntó el Dalai Lama, con el libro de plegarias en la mano.

—Sí, está en inglés. ¿Quieres leerlo en xhosa? —dijo el arzobispo refiriéndose a su lengua materna y chasqueando la lengua al pronunciar la palabra.

—Esa no la conozco.

—Por tu bien, será mejor que usemos el inglés.

—Gracias, gracias —bromeó el Dalai Lama.

—Pero el idioma del cielo es el xhosa. Cuando estés allí arriba, tendrán que buscarte un traductor.

—Sí, existe una conexión —dijo el Dalai Lama—. Según

los historiadores, los primeros seres humanos vinieron de África, nuestros verdaderos ancestros. Así que la creación de Dios empezó en África.

—No muy lejos de mi casa —señaló el arzobispo—, el lugar al que llaman la Cuna de la Humanidad. A pesar de tu aspecto, ¡eres africano!

—Y los europeos, los asiáticos, los americanos… Todo el mundo.

—Todos son africanos. Todos somos africanos. Algunos nos alejamos del calor y nuestra complexión cambió. Y ahora será mejor que guardemos silencio.

—Eso. Empieza por callarte tú y los demás te seguiremos —dijo el Dalai Lama, una última broma antes de que la santidad descendiera sobre nosotros, aunque yo a veces sentía que en aquella pareja de amigos la santidad y la alegría eran conceptos indivisibles.

El Dalai Lama se sentó con los labios apretados en un gesto de respeto. Cuando empezó el servicio, asintió lentamente con la cabeza. Se levantó y se pasó el manto carmesí alrededor de los hombros. Tenía las manos juntas, los dedos entrelazados. Sabía que todos los líderes espirituales están acostumbrados a actuar como representantes de toda su fe, y el Dalai Lama estaba ofreciendo sus respetos en nombre de la comunidad budista del Tíbet, o quizá de toda la comunidad budista esparcida por el mundo.

Mpho Tutu llevaba un vestido de un rojo intenso y un pañuelo a juego en la cabeza, además de un manto negro. Empezó con una plegaria por todos los lugares de la tierra en los que existe la injusticia y el conflicto, y siguió ofrecien-

do plegarias de sanación para todos aquellos que lo nece-
sitaran. Terminó bendiciendo el trabajo que estábamos
haciendo entre todos.

Finalizamos las plegarias y la afirmación de la Eucaristía
con las palabras «Que la paz sea contigo. Que la paz del Señor sea contigo», tras lo cual nos besamos y nos abrazamos
los unos a los otros. El Dalai Lama estaba sentado detrás de
su mesa de meditación. Pensé en los pocos abrazos que debía
de recibir y me acerqué a él para ofrecerle mis respetos. Mpho
hizo lo mismo, y luego el arzobispo. Se cogieron de las manos
e inclinaron la cabeza.

Había llegado el momento de la Comunión. El arzobispo
levantó un trozo pequeño de pan tibetano y lo introdujo en la
boca del Dalai Lama. Llevaba un brazalete con las letras U-B-
U-N-T-U alrededor de la muñeca, reafirmando la conexión y
la interdependencia que nos une a todos. Era el recordatorio
de que podemos estar en comunión con todo el mundo.
Mpho se acercó con un vaso de vino tinto. El Dalai Lama metió la punta del dedo anular izquierdo y se lo llevó a la boca.

Después de la Comunión, el arzobispo recogió todas las
migajas de pan con el dedo para que no se desperdiciara ni un
solo trozo del cuerpo simbólico de Cristo, las metió en el vaso
de vino reducido con agua y se lo bebió.

Por último, terminó el servicio con una bendición en xhosa chaqueando la lengua con la hermosa poesía de su lengua
nativa. Se santiguó y luego hizo la señal de la cruz para todos
los presentes.

—Id en paz, amad y servid al Señor. Aleluya. En el nombre de Cristo. Amén. Aleluya. Aleluya.

Antes de que nos marcháramos, el Dalai Lama aprovechó para tomarse unas pastillas que, según él, eran medicinas tibetanas. Se las tragó con una mueca de asco en la cara.

—Por eso estás tan guapo —dijo el arzobispo.

—Por la gracia de Dios —respondió el Dalai Lama.

Rachel añadió:

—La gracia de Dios le ha enviado al doctor tibetano.

—En términos de fuerza física, ¡Dios ama al no creyente más que al creyente! —exclamó el Dalai Lama riéndose.

El arzobispo se le unió. Luego cogió el bastón y se dirigió hacia la puerta, pero antes de llegar dio media vuelta.

—No te rías de tus propios chistes, hombre.

—Me lo enseñaste tú. —El Dalai Lama se levantó, se pasó el manto alrededor de los hombros y buscó el brazo del arzobispo—. Muchas gracias —dijo refiriéndose a la misa—. Ha sido impresionante.

—Gracias a ti por la hospitalidad —respondió el arzobispo.

Se dirigieron hacia la entrada, antes oscura, cuyas paredes estaban llenas de *thangkas*. La luz que se colaba por las ventanas entraba hasta allí. Atravesaron la puerta y bajaron las escaleras de cemento, el arzobispo avanzando lentamente, cogido al pasamanos.

Un coche esperaba frente a la puerta, pero decidieron recorrer juntos el camino hasta la sala de conferencias donde grabábamos las entrevistas.

El Dalai Lama cogió la mano del arzobispo Tutu, la misma con la que este sujetaba el bastón, y caminaron juntos a buen ritmo.

—¿Has tenido algún problema con la seguridad desde que estás aquí? —preguntó el arzobispo.

—No, no —respondió el Dalai Lama.

—Me sorprende.

—No —repitió el Dalai Lama—. Me suelo definir como el invitado más longevo del gobierno indio. Ya han transcurrido cincuenta y seis años.

—¿Cincuenta y seis años? ¿Y nunca habéis tenido un intruso? ¿Alguien que intentara entrar para atacarte?

Seguramente el arzobispo estaba pensando en las amenazas de muerte que él sí había recibido y en el plan para asesinarlo que se frustró gracias al grupo de gente que lo rodeó en el aeropuerto y evitó que el asesino se acercara.

—No, no. Tengo protección del gobierno de la India las veinticuatro horas al día.

—Vaya, impresionante, pero aun así son muy listos cuando quieren. Se infiltran en el equipo de seguridad. Crees que es alguien que ha venido a protegerte, y luego…

—Incluso en la Casa Blanca —dijo el Dalai Lama— se les coló alguien sin que se dieran cuenta.

—Me alegro de que hayas estado a salvo todo este tiempo.

—El único peligro —replicó el Dalai Lama— es que haya un terremoto.

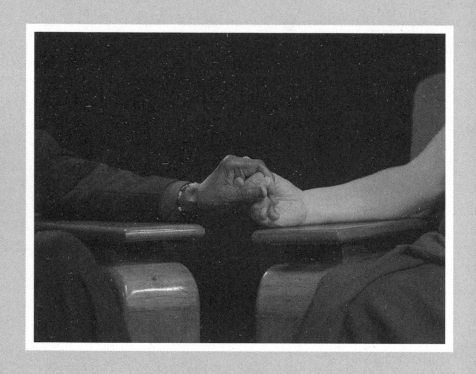

DÍAS 4 Y 5

Los ocho pilares de la alegría

1

Perspectiva:
Hay muchos puntos de vista diferentes

—Como dijimos justo al principio, la alegría es un sub-
producto —comenzó diciendo el arzobispo—. Afirmar
«quiero ser feliz» apretando los dientes con determinación es
la forma más rápida de perder el tren.

Si la alegría y la felicidad son subproductos, ¿de qué lo
son exactamente? Había llegado el momento de ahondar en
las cualidades de la mente y del corazón que teníamos que
cultivar para tomar ese tren.

—Ya hemos abarcado la naturaleza de la verdadera alegría, así como las trabas para alcanzarla —dije al comenzar
nuestro cuarto día—. Estamos listos para pasar a las cualidades positivas que nos permiten experimentar más alegría.

Habíamos hablado sobre el tema de la inmunidad mental
para reducir el miedo, la ira y otros obstáculos que nos impiden alcanzar la alegría, pero el Dalai Lama nos explicó que
la inmunidad mental también implicaba llenar nuestras mentes y corazones con pensamientos y sentimientos positivos.
A medida que avanzaba nuestra conversación, coincidimos
en ocho pilares de la alegría. Cuatro eran cualidades de la
mente: perspectiva, humildad, humor y aceptación. Cuatro
eran cualidades del corazón: perdón, gratitud, compasión y
generosidad.

El primer día, el arzobispo se había llevado los dedos de su mano derecha al corazón para destacar su función esencial. Al final, acabaríamos hablando de la compasión y de la generosidad, y así fue en efecto, porque ambos hicieron hincapié repetidas veces en el hecho de que estas dos cualidades quizá fueran las más importantes para alcanzar una felicidad duradera. Pero teníamos que empezar con algunas cualidades fundamentales de la mente que nos permitieran volver con mayor facilidad y frecuencia a una respuesta compasiva y generosa ante la vida. Como había afirmado el Dalai Lama el primer día, somos los causantes de gran parte de nuestro sufrimiento, de modo que deberíamos ser capaces de crear más alegría. La clave, explicó, era nuestra perspectiva y los pensamientos, sentimientos y acciones que se derivan de la misma.

Las investigaciones científicas han apoyado sistemáticamente gran parte de la conversación que se estaba desarrollando a lo largo de la semana. Los factores que la psicóloga Sonja Lyubomirsky ha descubierto que tienen mayor influencia sobre nuestra felicidad respaldaban a algunos de estos ocho pilares. El primero se refería a nuestra perspectiva hacia la vida, o como lo describía Lyubomirsky, nuestra habilidad para replantear nuestra situación de manera más positiva. Luego aparecían nuestra capacidad de experimentar gratitud y nuestra elección de ser amables y generosos con los demás.

Una perspectiva saludable constituye la base de la alegría y la felicidad, porque tal como vemos el mundo, así lo experimentamos. Cambiar la forma en que vemos el mundo transforma a su vez la manera en que sentimos y actuamos, al tiempo que también cambia el mundo entero. En el Dhammapada, Buda dice: «Con nuestros pensamientos creamos el mundo».

—Para cada acontecimiento de la vida —afirmó el Dalai Lama— existen muchas perspectivas diferentes. Cuando consideras el mismo evento desde un punto de vista más amplio, se reduce la sensación de preocupación y ansiedad, y disfrutas de una mayor alegría.

El Dalai Lama había hablado acerca de la importancia de tener una perspectiva más amplia cuando nos estaba contando cómo había sido capaz de considerar la pérdida de su país como una oportunidad. Te dejaba boquiabierto oírle decir «replantearse de forma más positiva» el último medio siglo de exilio. Había logrado ver no solo lo que había perdido, sino también lo que había ganado, unos contactos sociales más extensos y nuevas relaciones personales, menos formalidades y más libertad para descubrir el mundo y aprender de los demás. Llegó a la siguiente conclusión: «Si miras desde un solo ángulo, sientes "Oh, es terrible, qué triste". Pero si contemplas la misma tragedia desde otro punto de vista, verás que ese mismo acontecimiento te proporciona nuevas oportunidades».

Edith Eva Eger cuenta la historia del día en que visitó a dos soldados en el William Beaumont Army Medical Center, en Fort Bliss, Texas. Ambos eran parapléjicos y habían perdido la movilidad de sus piernas en combate. Tenían el mismo diagnóstico y la misma prognosis. El primer veterano, Tom, estaba tumbado en su cama en posición fetal despotricando contra la vida y maldiciendo su suerte. El segundo, Chuck, estaba fuera de la cama sentado en su silla de ruedas, y le explicó a la doctora Eger que sentía que la vida le había concedido una segunda oportunidad. Mientras lo paseaban en la silla por el jardín, se había dado cuenta de que ahora se encontraba más cerca de las flores y podía mirar a sus hijos directamente a los ojos.

La doctora Eger acostumbra citar a su colega superviviente de Auschwitz Viktor Frankl, quien dijo que la perspectiva desde la que consideremos la vida constituye nuestra máxima y última libertad. Nos explica que nuestra perspectiva tiene literalmente el poder de mantenernos con vida o de provocar nuestra muerte. Una de sus compañeras de Auschwitz se encontraba muy enferma y débil, y otras mujeres con las que compartía litera le preguntaron cómo se aferraba a la vida. La prisionera les contestó que había oído decir que iban a liberarlas para Navidad. La mujer vivió contra todo pronóstico, pero murió el día de Navidad al no ser liberadas. No es de extrañar que durante esa semana el Dalai Lama haya tachado de tóxicos, incluso venenosos, algunos pensamientos y sentimientos.

Jinpa nos explicó que, si bien transformar nuestras emociones no es nada fácil, cambiar nuestra perspectiva es de hecho relativamente sencillo. Se trata de una parte de nuestra mente sobre la que tenemos influencia. El modo en que uno ve el mundo, el sentido que le da a lo que presencia, cambia la forma en la que uno siente. Puede ser el primer paso de «un camino neuronal y espiritual que nos conduzca a una ecuanimidad cada vez mayor y a que nuestro estado predeterminado sea más alegre», tal como el psicólogo y escritor Daniel Goleman dijo más poéticamente durante una conversación telefónica. La perspectiva, aseguró Jinpa, es nada más y nada menos que la llave del cerebro que abre todas las cerraduras que aprisionan nuestra felicidad. ¿En qué consiste este cambio de perspectiva que detenta semejante poder? ¿Cuál es esta saludable perspectiva a la que el Dalai Lama y el arzobis-

po dan vida y que les permite acoger la existencia con tanta
alegría frente a tanto dolor?

El Dalai Lama utiliza los términos «perspectiva más amplia»
y «mayor perspectiva». Supone dar un paso atrás, adoptar
una visión más general en nuestro interior e ir más allá de
nuestra limitada conciencia e interés propio. Toda situación a
la que nos enfrentamos en la vida procede de la convergencia
de muchos factores coadyuvantes. El Dalai Lama lo explica:
«Debemos contemplar cualquier situación o problema determinado por delante y por detrás, por los lados, por arriba
y por abajo, desde seis ángulos distintos como mínimo. Esto
nos permite tener una visión más completa y holística de la
realidad; nuestra respuesta, así, será más constructiva».

Nuestra perspectiva sufre de miopía. Como consecuencia
de ello, no somos capaces de contemplar nuestra experiencia de un modo más amplio. Cuando nos enfrentamos a un
desafío, a menudo reaccionamos con miedo e ira. El estrés
puede dificultarnos dar un paso atrás y descubrir otras perspectivas y soluciones. Esto es algo natural, enfatizó el arzobispo a lo largo de la semana. Pero si lo intentamos, nos obsesio-
naremos y nos «aferraremos» menos, por usar un término
budista, en relación con un resultado y podremos utilizar
medios más hábiles para lidiar con la situación. Veremos que
en las circunstancias más difíciles tenemos alternativas y libertad, incluso si esta máxima libertad es la actitud que adop-
temos ante nuestras circunstancias. ¿Cómo puede un trauma
sufrido conducir al crecimiento y a la transformación? ¿Cómo
un acontecimiento negativo puede convertirse, de hecho, en
algo positivo? Se nos invitaba a ver la bendición en la maldi-

ción, la alegría en el dolor. Jinpa nos brindó una enseñanza de pensamiento positivo para sacarnos de nuestra limitada perspectiva: «Pensad en algo malo que os haya ocurrido en el pasado y luego considerad todo lo bueno que se derivó de ello».

Pero ¿no estamos siendo simplemente Pollyanna? ¿Acaso vemos el mundo con menos claridad cuando lo contemplamos a través de unas lentes de color rosa? Creo que nadie puede acusar al Dalai Lama o al arzobispo Tutu de no poseer una profunda e inquebrantable visión de las dificultades a las que han tenido que enfrentarse o de los horrores de nuestro mundo. Sus testimonios nos recuerdan que a menudo aquello que creemos que es la «realidad» no es más que una parte de la película. Si contemplamos alguna de las calamidades que suceden en el mundo, como sugirió el arzobispo, y luego volvemos a mirar, veremos también a todos aquellos que están ayudando a curar a los que han sido heridos. Esta es la habilidad para replantearse la vida de forma más positiva basándonos en una perspectiva más amplia, rica y sutil.

Con una perspectiva más general, podemos contemplar nuestra situación y a todos los implicados desde un contexto más amplio y una posición más neutral. Al ver las múltiples condiciones y circunstancias que han llevado a este acontecimiento, podremos reconocer que nuestra limitada perspectiva no es la correcta. Como dijo el Dalai Lama, a menudo comprobamos que hemos desempeñado un papel en un conflicto o un malentendido.

Al tomar distancia, también podremos contemplar la situación desde un contexto histórico, y tener así uns comprensión más clara de nuestras acciones y de nuestros problemas en el marco más amplio de nuestra vida. Esto nos permite percibir que, aunque nuestra realidad pueda parecernos desafiante en el momento presente, dentro de un mes o de un año o de una década, estos desafíos nos resultarán mucho más controlables. Cuando el arzobispo fue condecorado con el premio Templeton en Londres, tuve la oportunidad de conocer a sir Martin Rees, el astrónomo real del Reino Unido, quien me explicó que nuestro planeta perdurará el tiempo equivalente al que hemos tardado en pasar de ser organismos unicelulares a seres humanos; en otras palabras, solo estamos en la mitad de nuestra evolución sobre el planeta. Pensar en los problemas de este mundo ubicándolos en el decurso de la historia planetaria es realmente una perspectiva grandiosa. Supone analizar nuestros problemas cotidianos desde una perspectiva mucho más global.

Esta perspectiva más amplia también nos conduce más allá de nuestra propia autoestima. Y es que, por defecto, nuestro egocentrismo es el que marca nuestro punto de vista. Lo que es comprensible puesto que somos el centro de nuestro propio mundo. Pero, tal como el Dalai Lama y el arzobispo demuestran de forma tan convincente, también tenemos la capacidad de asumir las perspectivas de los demás.

Recuerdo al arzobispo preguntándose si la persona que le había cortado el paso en la carretera quizá se dirigía a toda prisa al hospital porque su esposa estaba a punto de dar a luz o porque se estuviera muriendo algún ser querido. «A veces le digo a la gente —explicó el arzobispo— que, cuando estamos atrapados en un atasco de tráfico, podemos afrontar dicha situación de dos formas. Podemos dejar que nos devore la frustración. O decirnos, mientras observamos a los otros conductores: "Tal vez la mujer de alguno de ellos padezca un cáncer de páncreas y yo no lo sepa". No importa que no sepas realmente qué les ocurre; porque lo que sí sabes es que todos ellos tienen problemas y preocupaciones, simplemente porque son humanos. Y tú puedes ayudarles y bendecirlos. Puedes decir: "Por favor, Dios, concédeles a cada uno de ellos lo que necesitan".

»El mero hecho de no pensar en tus propias frustraciones y dolor ya te aporta algo. No sé por qué. Pero hará que te sientas mucho mejor. Y creo que tiene consecuencias terapéuticas para tu salud, física y espiritual. Porque ¿para qué sirve la frustración? ¿Para qué sirve esa ira que se te anuda en la boca del estómago? ¿Para enfadarte aún más y, con el tiempo, desarrollar una úlcera en el estómago causada por la crispación que te produjo el atasco?»

Considerar las cosas «desde la perspectiva de Dios», como diría Desmond Tutu, nos permite trascender los límites de nuestra identidad y de nuestro egoísmo. No hay que creer en Dios para experimentar este cambio de perspectiva que afecta a los procesos mentales. El famoso «efecto perspectiva» es quizá el más claro ejemplo de ello. Muchos astronautas han contado que, después de haber visto la Tierra desde el espacio —una pequeña bola azul flotando en la vastedad del universo, sin las fronteras trazadas por el hombre—, sus intereses personales o nacionales experimentaron un gran cambio. Pudieron contemplar la unidad de la vida terrestre y la belleza de este planeta que es nuestro hogar.

Básicamente, el Dalai Lama y el arzobispo intentaban desplazar nuestra perspectiva anclada en el «yo», el «mí» y «lo mío» hacia otra centrada en el «nosotros», el «nos» y «lo nuestro». A principios de semana, el Dalai Lama había hecho referencia a un estudio clásico que demuestra que el uso frecuente del pronombre personal conlleva un mayor riesgo de padecer un ataque al corazón. En efecto, en ese estudio multicéntrico y prospectivo de cardiopatías coronarias, el investi-

gador de la salud Larry Scherwitz descubrió que las personas
que dicen con frecuencia «yo», «mí» o «mío» no solo corren
un mayor riesgo de sufrir un infarto, sino que además, entre
aquellos que lo sufrieron, la probabilidad de que el resultado
fuera mortal era asimismo más alta. Más aún, Scherwitz también descubrió que ese «ensimismamiento» era una variable
de predicción de muerte más precisa que el hábito de fumar,
el alto nivel de colesterol o una presión arterial elevada. Una
investigación más reciente llevada a cabo por el investigador
Johannes Zimmermann reveló que las personas que emplean
con mayor frecuencia la primera persona del singular —«yo»
y «mí»— sufren más depresiones que aquellas que usan más
a menudo la primera persona del plural —«nosotros» y
«nos»—. De esto se concluye que ser demasiado egoístas nos
hace más infelices.

Cuando disponemos de una perspectiva más amplia, también es menos probable que malgastemos nuestro tiempo en
pensamientos autorreferentes, dándoles vueltas inútilmente.
Jinpa nos presentó otro experimento mental diseñado para
sacarnos de nuestro ensimismamiento, uno que el arzobispo
aseguró haber usado cuando estaba en el hospital tratándose
de un cáncer de próstata y que el Dalai Lama también utilizó
cuando se doblaba de dolor a causa de una infección de vesícula: «Piensa en tu sufrimiento y, a continuación, en todos
aquellos que están pasando por un trance similar al tuyo».
Puede que esta actitud se ajuste literalmente a la etimología
del término «compasión», que significa «sufrir con». Lo increíble, señalaron el Dalai Lama y el arzobispo, fue que este
«sufrir con» nos recuerda que no estamos solos y que ello
reduce realmente nuestro propio dolor. Este reconocimiento
de nuestra interdependencia atenúa también nuestro rígido

sentido de identidad, las barreras que nos separan de los otros. El Dalai Lama había dicho a comienzos de la semana: «Sí, por otro lado, me relaciono con los demás desde la perspectiva de mí mismo como alguien diferente (un budista, un tibetano, etc.), en ese caso levantaré muros que me aislarán del resto del mundo».

Habíamos vuelto a la conversación con la que empezó la semana, cuando acabábamos de bajarnos del avión y estábamos sentados en la sala de espera del aeropuerto. El Dalai Lama había preguntado: «¿Dónde está el verdadero yo del arzobispo Tutu? No lo sabemos». El Dalai Lama, en un típico giro de razonamiento budista, dijo: «Este es su cuerpo, pero no es él. Esta es su mente, pero no es él». Los budistas siguen este tipo de razonamiento para reducir nuestro apego a nuestra identidad, reconociendo que cuanto menos apegados estemos, menos defensivos y reactivos nos mostraremos y más eficaces y hábiles podemos llegar a ser.

Como el Dalai Lama y el arzobispo explicaron, una perspectiva más amplia conduce a la serenidad y a la ecuanimidad. Esto no significa que no tengamos fuerzas para afrontar un problema, sino que podemos hacerle frente con creatividad y compasión en lugar de con rigidez y falta de empatía. Una vez adoptada la perspectiva de los otros, estaremos en disposición de empatizar con ellos. Uno empieza a percibir la interdependencia que nos envuelve a todos, una conexión que nos revela que el modo en que tratemos a los demás es, en última instancia, el modo en que nos tratamos a nosotros mismos. También poseemos la capacidad de reconocer que no controlamos todos los aspectos de una situación, lo cual nos lleva a disfrutar de un mayor sentido de humildad, humor y aceptación.

2

Humildad:
Intenté parecer humilde y modesto

—Quiero decir algo con respecto a tu asistencia al funeral —dijo el Dalai Lama haciendo referencia a la historia que había contado el arzobispo acerca de su prédica en el entierro de Chris Hani—. Cuando hablaste en el sepelio mencionaste que no te considerabas alguien superior, que solo eras uno más de los allí reunidos. Eso es algo importantísimo. Siempre me siento así cuando doy una conferencia. Me veo simplemente como una persona más, igual que cualquiera de los asistentes. Soy un ser humano hablando a otros seres humanos.

»Del mismo modo, la gente debería considerarme un hombre más, con las mismas posibilidades de experimentar emociones constructivas y destructivas. Cuando conocemos a alguien, debemos recordar, ante todo, que esa persona desea, al igual que nosotros, disfrutar de un día feliz, un mes feliz, una vida feliz. Y que todos tenemos derecho a lograrlo.

»Verás, puede que mi charla les revele algo importante, pero sí creo que soy alguien especial, o si ellos me perciben como alguien diferente y singular, entonces mi experiencia no les servirá de mucho. Es maravilloso haber encontrado en ti, arzobispo, a un compañero que comparte plenamente esta misma idea.

Al Dalai Lama y al arzobispo les interesaba muy poco el estatus y el sentirse superiores a los demás. El Dalai Lama explicó una historia que resultó ser un recordatorio conmovedor de que en el ámbito de lo religioso no todos comparten su punto de vista.

—Has dicho que soy un pícaro —comentó señalando al arzobispo—. Un día, durante un gran encuentro interreligioso en Delhi, un líder espiritual indio se sentó a mi lado así. —El Dalai Lama se puso recto y adoptó una cara seria, ceñuda—. Y comentó que su asiento debería ser más alto que el de los demás. ¿Cómo llamáis a esto? —preguntó el Dalai Lama dando unos golpecitos sobre la base de la silla.

—Las patas —contestó el arzobispo.

—Eso es. Las patas no eran lo suficientemente altas, de modo que los organizadores tuvieron que traer algunos ladrillos para elevar la silla del líder espiritual. Yo no me moví de su lado, mientras él permanecía inmóvil como una estatua. Entonces pensé que, si se movía, alguno de los ladrillos se desplazaría y se caería…

—¿Moviste el ladrillo? —preguntó el arzobispo.

—Si hubiese tenido que hacerlo…

—No te creo.

—Tal vez alguna fuerza misteriosa movió el ladrillo, yo solo le rogué a Dios: «Por favor, derrumba esa silla». Porque entonces ese líder espiritual actuaría como un verdadero ser humano.

El Dalai Lama y el arzobispo soltaron una carcajada.

—Antes, al dirigirme a un público, solía ponerme nervioso —prosiguió el Dalai Lama—. Cuando era joven y tenía que impartir clases en el colegio, como no creía que todos fuésemos iguales, experimentaba ansiedad. Olvidaba que yo no era sino una persona dirigiéndose a otras personas. Me consideraba alguien especial y esa forma de pensar hacía que me sintiese aislado. Es esta sensación de estar separados la que nos aísla de los demás. De hecho, esta forma de pensar tan arrogante te crea un sentimiento primero de soledad y luego de ansiedad.

»En 1954, justo después de llegar a Pekín en un viaje oficial, el embajador indio vino a verme. Había allí también algunos funcionarios comunistas chinos. Estos, una vez más, parecían estatuas y se comportaban de una manera en extremo seria y reservada. De pronto, no sé cómo, una fuente con frutas se cayó de la mesa. Ignoro qué pasó. Pero aquellos severos oficiales chinos se pusieron de rodillas para ir tras la fruta y recogerla. ¿Lo ves? Mientras las cosas van sobre ruedas, podemos pretender ser alguien muy especial. Pero entonces ocurre algo inesperado y nos vemos obligados a actuar como seres humanos normales y corrientes.

Empecé a formular otra cuestión cuando el Dalai Lama miró el reloj que daba la hora equivocada y sugirió si no era momento de concedernos un pequeño descanso para tomar un té. Le expliqué que todavía teníamos media hora por delante, pero no obstante le pregunté al arzobispo, cuyo estado físico observábamos con atención, si necesitaba hacer una pausa.

—No.

—¿Está bien? —insistí consciente de que el arzobispo podía exigirse más de lo que sería deseable para su salud.

—Él lo está haciendo muy bien —respondió el arzobispo refiriéndose al Dalai Lama—. Se está comportando como un ser humano.

—Así que yo soy el pícaro, ¿eh? —le devolvió la broma el Dalai Lama—. Es verdad que, cuando asisto a algún encuentro importante, ya sea oficial o sagrado, me asalta el deseo de que algo salga mal.

—La gente sabrá a partir de ahora que cuando el Dalai Lama entra en una estancia, y tal vez se siente junto a presidentes de Estado, mirará a su alrededor con la esperanza de que se rompa alguna de las sillas.

—Ese es el motivo —continuó el Dalai Lama— por el que la primera vez que vi al presidente Bush de inmediato nos hicimos amigos en el plano humano, no en el oficial, solo a nivel humano. Estábamos sentados el uno al lado del otro cuando nos sirvieron unas galletas. Le pregunté: «¿Cuál es la más buena?». Y enseguida respondió señalando una: «Esta de aquí está muy buena». De repente, se comportó como una persona normal, de modo que trabamos amistad. Otros líderes, cuando nos encontramos por primera vez en una reunión, mantienen cierta distancia. La segunda vez que coincidimos, se muestran un poco más cercanos; la tercera, un poquito más. —Y mientras hablaba, iba acercando su cabeza a la del arzobispo.

»Siendo yo muy joven, en Lhasa, solía recibir algunos ejemplares de la revista estadounidense *Life*. Un número mostraba una fotografía de la princesa Isabel, la futura reina, en no sé qué importante acto oficial. La princesa leía un mensaje con el príncipe Felipe a su lado. Y el viento hacía que la falda de Su Majestad estuviera así. —El Dalai Lama se levantaba el hábito—. Ambos fingían que no pasaba nada, pero un fotógrafo estadounidense tomó esa foto. Cuando la vi, me reí. Me pareció muy graciosa. A veces, sobre todo en eventos formales, la gente se comporta como si fueran diferentes y especiales. Sin embargo, sabemos que somos todos iguales, seres humanos normales.

—¿Puede explicar el papel que juega la humildad a la hora de cultivar la alegría? —pregunté, aunque antes de terminar el arzobispo comenzó a reírse.

—Se cuenta la historia de un obispo —empezó— que, estando a punto de ordenar a unos novicios al sacerdocio, hablaba con estos acerca de las virtudes, entre ellas la virtud de la humildad. Uno de los novicios se acercó al obispo y le dijo: «Señor, he buscado en la biblioteca algún libro sobre la humildad». El obispo respondió: «¿De verdad? Yo he escrito el mejor libro sobre el tema».

Creí que explicaría el chiste que tanto le gusta contar sobre los tres obispos. Tres líderes religiosos estaban de pie frente al altar golpeándose el pecho con gran humildad, mientras proclamaban que sus personas eran insignificantes ante Dios. De repente, uno de los más humildes feligreses de la parroquia se acercó a ellos y comenzó también a golpearse el pecho manifestando que él también era un ser insignificante. Cuando los tres obispos lo escucharon, uno le dio un codazo al otro diciendo: «Mira quién cree que no es nada».

Estas anécdotas sobre la falsa modestia son divertidas porque la humildad no es algo que uno pueda asegurar poseer. Esta es la razón por la que creo que Desmond Tutu se rió de la pregunta incluso antes de que terminara de formulársela. No era su intención mostrarse como un experto en humildad. Sin embargo, tal y como él mismo y el Dalai Lama afirman, esta virtud es imprescindible para disfrutar de una vida plena de alegría. Pues es precisamente esta humildad la que permite a estos dos hombres ser tan accesibles, estar tan conectados con los demás y ser tan eficaces en la labor que desarrollan en el mundo.

—Hay una oración tibetana —comentó el Dalai Lama— que forma parte de la enseñanza para entrenar la mente. Un maestro tibetano dice: «Nunca me siento superior ante nadie. Aprecio desde lo más profundo de mi corazón a cualquier persona que tenga frente a mí». —Y volviéndose hacia el obispo dijo—: A veces me dice que actúe...

—Como un hombre santo —completó la frase el arzobispo.

—Sí, como un hombre santo —dijo el Dalai Lama riéndose como si el hecho de que le hubieran tildado de hombre santo fuera lo más gracioso que hubiera oído en su vida.

—Sí, sí —repuso el arzobispo—. Lo que quiero decir es que la gente espera que te atengas al protocolo y te comportes como es debido. No que me quites la gorra y te la pongas tú. Me refiero a que la gente no espera algo así de un hombre santo.

—Si estás convencido de que eres una persona normal y corriente, un ser humano más entre siete mil millones, comprendes que no hay razón para sorprenderse o sentir que deberías ser alguien especial. Siempre que estoy en presencia de reinas, o reyes, o presidentes de Gobierno, o mendigos, me recuerdo a mí mismo que todos somos iguales.

—Entonces, cuando la gente se dirige a usted como Su Santidad —le pregunté—, ¿le resulta difícil mantener la humildad con semejante deferencia?

—No, no me interesan las formalidades ni el protocolo. Son artificiales, te lo aseguro. Arzobispo, tú naciste del mismo modo que todos los seres humanos. Los arzobispos no nacen de una manera especial. Y creo que, cuando llegue el final, también morirás como cualquier otro ser humano.

—Así es —respondió el arzobispo—. No obstante, cuando la gente se presenta ante ti no lo hacen como cuando se presentan ante mí.

—Creo que eso es debido a que procedo de una tierra misteriosa, el Tíbet. Algunas personas lo llaman Shangri-La, de modo que quizá alguien que como yo haya pasado muchos años en Potala transmita cierto aire de misterio. Otra razón es que, como sabes, hoy en día recibo duras críticas de muchos ciudadanos chinos intransigentes, y eso también te proporciona mucha más publicidad. Así que... —El Dalai Lama se estaba riendo de su aureola de misterio y de su fama mundial.

—Verás —lo interrumpió el arzobispo—, a eso nos referimos exactamente. Te ríes de aquello que por lo general sería para otros una fuente de angustia. Y la gente dice: «Ojalá que cuando se me presente algún problema en la vida pueda comportarme igual que el Dalai Lama ante los ataques de los dirigentes chinos». ¿Cómo eres capaz de cultivar la risa? ¿Cómo te ejercitaste en ella? No naciste así.

—Eso es cierto. Fue a través de la práctica, pero también influyó la buena suerte que supuso haber recibido el amor de mi madre. De joven, nunca vi a mi madre enfadada. Era muy buena y amable. Todo lo contrario que mi padre, que tenía un carácter irascible. Algunas veces incluso recibí sus bendiciones. —El Dalai Lama hace el gesto de ser abofeteado—. De joven —continuó—, me comportaba como mi padre y siempre estaba de mal humor. Pero, a medida que fui creciendo, empecé a parecerme cada vez más a mi madre. ¡De ese modo conseguí estar a la altura de las expectativas de mis dos padres!

El Dalai Lama y el arzobispo insistían en que la humildad era fundamental para experimentar alegría. Cuando disfrutamos de una perspectiva más amplia, tenemos una comprensión natural de nuestro lugar en el gran devenir de todo lo que ha sido, es y será. Esto nos conduce de forma natural a la humildad y al reconocimiento de que, como seres humanos, no podemos resolverlo todo ni controlar todos los aspectos de la vida. Necesitamos a los demás. Desmond Tutu ha dicho en alguna ocasión, con palabras conmovedoras, que nuestras vulnerabilidades, flaquezas y limitaciones son un recordatorio de que nos necesitamos los unos a los otros. No hemos sido creados para la independencia o la autosuficiencia, sino para la interdependencia y la ayuda mutua. El Dalai Lama insistía en que todos nacemos y morimos del mismo modo, y que en estos dos momentos de nuestra vida dependemos totalmente de los demás, seamos el Dalai Lama o un mendigo, un arzobispo o un refugiado.

Con la aguda perspicacia que da el haber sido durante tantos años un gran amigo y colaborador del Dalai Lama, Daniel Goleman describe la actitud de Su Santidad ante la vida: «El Dalai Lama parece divertirse con todo lo que sucede a su alrededor, disfruta en cualquier circunstancia, pero sin tomarse nada de forma demasiado personal y sin preocuparse ni sentirse ofendido por lo que ocurre». A lo largo de la semana, el Dalai Lama no dejó de recordarnos que debíamos evitar a toda costa quedarnos atrapados en nuestros roles, y que la arrogancia, en verdad, proviene de la confusión entre nuestros papeles sociales, que son temporales, y nuestra identidad fundamental. Cuando Juan, nuestro técnico de sonido, estaba prendiéndole un micrófono inalámbrico, el Dalai Lama comenzó a jugar estirando la perilla a lo don Quijote de Juan, lo que hizo reír a todo el mundo, sobre todo al Dalai Lama. Decía: «Hoy eres el técnico de sonido y yo, el Dalai Lama, pero podría ser que la próxima vez que nos veamos se hayan intercambiado nuestros papeles». La próxima vez puede ser otro año o en otra vida, ya que la idea de la reencarnación subraya que todos nuestros roles son temporales.

La palabra «humildad» procede del término latino *humus* (tierra), que no debe confundirse con ese sencillo pero delicioso plato de Oriente Próximo, el hummus. Humildad significa literalmente «devuélvenos a la tierra», aunque en ocasiones sea dándonos un batacazo. El arzobispo nos contó que, en la época de la lucha contra el apartheid, en un vuelo de Durban a Johannesburgo, una azafata le comentó que uno de los pasajeros quería saber si tendría la amabilidad de dedicarle un libro suyo. «Intenté parecer humilde y modesto, aunque en el fondo estuviera pensando que hay gente que sabe reconocer algo bueno cuando lo ve.» Sin embargo, cuando la azafata le tendió el libro y él sacó su bolígrafo, ella dijo: «Usted es el obispo Muzorewa, ¿verdad?».

Ninguno de nosotros es inmune a los excesos, tan humanos, del orgullo y del ego. Sin embargo, la verdadera arrogancia proviene en realidad de la inseguridad. La necesidad de sentir que somos más grandes que los otros procede del persistente temor de que somos más pequeños. Siempre que el Dalai Lama presiente ese peligro, observa a algún insecto o a cualquier otra criatura y se recuerda que, en cierto modo, esos seres son mejores que nosotros, porque son inocentes y carecen de malicia.

—Cuando nos damos cuenta de que todos somos hijos de Dios —explicó el arzobispo—, y por tanto con el mismo valor intrínseco, ya no tenemos necesidad de considerarnos mejores o peores que los otros. —Y añadió mostrándose categórico a ese respecto—: Nadie es un accidente divino.

Aunque no seamos especiales, sí somos fundamentales. Salvo nosotros mismos, nadie más puede cumplir con nuestra función, ya sea en el plan divino o kármico.

—En ocasiones confundimos la humildad con la timidez —afirmó el arzobispo—. Esto procura poca gloria a aquel que nos ha concedido todos nuestros dones. La humildad es el reconocimiento de que tus dones proceden de Dios, lo cual te obliga a aceptarlos humildemente. Si bien la humildad nos remite a celebrar los dones de los demás, eso no significa negar los propios o avergonzarse de hacer uso de ellos. Dios se sirve de cada uno de nosotros tal como somos, e incluso si no eres el mejor, quizá seas el que se necesita o el que está ahí.

Recordé que, la noche anterior a que comenzaran las entrevistas, no dejé de dar vueltas en la cama porque me sentía inseguro y nervioso respecto a mi capacidad para llevarlas a cabo. Tenía que entrevistar a estos dos grandes maestros espirituales y necesitaba estar seguro de que plantearía las preguntas adecuadas. Solo teníamos una oportunidad para hacerlo bien, una única oportunidad para dejar constancia de este encuentro histórico y de estas conversaciones y revelarlas al mundo. Yo no era ningún periodista o presentador de noticias famoso. Sin duda, debía de haber muchas otras personas más cualificadas para realizar las entrevistas. Sé que el miedo y la duda son inevitables siempre que nos enfrentamos a un desafío, pero no creo que podamos vencer estos sentimientos. Cuando nos encontramos en los límites de nuestras habilidades y experiencia, las voces del miedo y de la duda siempre nos susurran al oído su preocupación. He llegado a entender que en realidad estas voces solo buscan mantenernos a salvo de lo que nos es extraño y desconocido, pero esto no hace que sus punzantes recelos sean menos dolorosos. Conseguí dormirme cuando me di cuenta de que no iba a ser más que una suerte de embajador que formularía unas preguntas en representación de todos aquellos que querían beneficiarse de la sabiduría de Desmond Tutu y del Dalai Lama, y que, además, no estaría solo ni durante las entrevistas ni durante la escritura de este libro. Como había dicho el arzobispo, tanto si yo era el mejor como si no, era yo quien estaba allí.

—Tenemos una pregunta de un chico llamado Emory dirigida a usted, santidad. Dice así: «Tus citas siempre me animan y me estimulan cuando estoy deprimido. ¿Cuál es la mejor manera de mantener una actitud positiva cuando las cosas no van como uno quiere?». Aquí tenemos a un joven que a veces se siente deprimido, como nos pasa a todos. ¿Cómo debemos reaccionar ante esas voces autocríticas que todos oímos?

—Hay mucha gente a la que le resulta muy difícil ser amables consigo mismos —respondió el Dalai Lama—. Es muy triste. Verás, si no sentimos auténtico amor y generosidad hacia nosotros mismos, ¿cómo puedes sentirlo por los demás? Debemos recordar a la gente, como ha comentado el arzobispo, que la naturaleza humana es básicamente buena, positiva, lo cual puede proporcionarnos valor y confianza en nosotros mismos. Como ya hemos dicho, estar demasiado pendientes de nosotros mismos nos conduce al miedo, a la inseguridad y a la ansiedad. Recuerda que no estás solo. Eres parte de toda una generación que representa el futuro de la humanidad. Esta idea te proveerá del valor necesario para plantearte un objetivo en la vida y alcanzarlo.

»También debemos darnos cuenta de que reconocer nuestras propias limitaciones y debilidades puede ser algo muy positivo. Ahí radica gran parte de la sabiduría. Si eres consciente de deficiencias, de alguna manera, deberás esforzarte por superarlas. Si crees que todo está bien y que eres perfecto tal como eres, entonces no te molestarás en ir más allá. Hay un dicho tibetano que afirma que la sabiduría, al igual que el agua de la lluvia, se recoge en lugares bajos. Y hay otro que se pregunta dónde empieza antes la floración primaveral, ¿en las cumbres o abajo, en los valles? El crecimiento siempre comienza en los sitios más bajos. Lo mismo sucede si eres humilde, pues existe la posibilidad de seguir aprendiendo. Por eso suelo decir a la gente que, a pesar de mis ochenta años, sigo considerándome un aprendiz.

—¿En serio? —se extrañó el arzobispo con una sonrisa en los labios.

—En serio. No hay día que no aprenda algo.

—Eres fantástico.

—Oh —exclamó riendo el Dalai Lama—, ya me esperaba un comentario así de ti.

También el arzobispo se rió tratando de conservar la humildad. Cuando somos humildes, podemos reírnos de nosotros mismos. Fue sorprendente escuchar a Desmond Tutu y al Dalai Lama describir la importancia del sentido del humor, y sobre todo de la habilidad de reírnos de nuestras propias debilidades, tan fundamental para cultivar la alegría.

3

Sentido del humor:
La risa y la broma, los mejores recursos

Uno de los aspectos más asombrosos de lo acontecido durante la semana fue la cantidad de tiempo que pasamos riendo. A veces el Dalai Lama y Desmond Tutu parecían más un dúo cómico que dos venerables maestros espirituales. Es su capacidad para bromear, reírse y burlarse de las devociones comunes lo que, con razón, desbarata las expectativas. Cuando un Dalai Lama y un arzobispo entran en un bar, no esperas que sean ellos los que cuenten los chistes. Después de haber trabajado con muchos líderes espirituales, estoy tentado de considerar la risa y el sentido del humor como un índice universal del desarrollo espiritual. No hay duda de que ambos ocuparían los primeros puestos, y prueba de ello es que no dejaron títere con cabeza y hablaron de todo con sentido del humor: de lo absurdo, del estatus social, de la injusticia y del mal. Ellos, y todos a su alrededor, no paramos de reírnos a carcajadas, alegremente, de soltar pequeñas risitas y de doblarnos de la risa durante buena parte de aquella semana, ya que a los momentos de gran divertimento les seguían otros de profunda santidad. Muy a menudo su primera respuesta a cualquier tema, por muy doloroso que pudiera parecer, era una risa.

Resultaba evidente que el humor era un elemento esencial

en sus alegres caracteres, pero ¿por qué la risa era tan importante?

—Una vez traté con un chamán mexicano —comenté para introducir el tema—. Me dijo que reír y llorar eran la misma cosa, solo que reír sienta mejor. Está claro que la risa es fundamental para determinar qué tipo de vida tenemos. Como acaba de afirmar el arzobispo, Su Santidad acostumbra a reírse de cosas que normalmente suelen ser fuentes de angustia.

—Así es. Cierto.

—¿Puede decirnos el papel que juega la risa y el humor en el cultivo de la alegría?

—Nos va mucho mejor cuando no impera demasiado la seriedad —respondió el Dalai Lama—. Reírse, bromear es mucho más sano. Nos permite relajarnos por completo. Me reuní con varios científicos en Japón que me explicaron que reírse sin reservas, no una risa falsa, es muy bueno para el corazón y para la salud en general.

Al mencionar la «risa falsa», hizo como que se reía y soltó una risilla forzada. Estaba vinculando una risa sincera con un corazón cálido, clave de la felicidad, como ya había dicho antes.

Una vez oí decir que la risa era la línea más directa para conectar a dos personas, y sin duda el Dalai Lama y el arzobispo Desmond Tutu usaban el humor para eliminar las barreras sociales que nos separan. «Humor», al igual que «humildad», procede de la misma raíz que la palabra «humanidad»: *humus*. La humilde y sustentadora tierra es la fuente de las tres palabras. ¿Acaso no es sorprendente que debamos tener cierto sentimiento de humildad para ser capaces de reírnos de nosotros mismos y que ese saber reírnos de nosotros nos recuerde nuestra común condición humana?

—Creo que los científicos tienen razón —concluyó el Dalai Lama—. Las personas que siempre ríen experimentan una sensación de despreocupación y de relajación. Tienen menos probabilidades de sufrir un ataque al corazón que aquellas que son muy serias y tienen dificultades para entablar relaciones con los demás. La gente seria corre verdadero peligro.

—En casa descubrimos... —añadió el arzobispo manteniendo la mirada fija en el suelo, reflexionando, recordando aquella dolorosa época—, cuando celebrábamos funerales de gente asesinada por la policía, cientos y cientos de personas acudían a ellos. Estábamos en estado de excepción (no estaba permitido asistir a ninguna reunión), de modo que los funerales se convirtieron en concentraciones políticas. Descubrimos que una de las mejores maneras de ayudar a que nuestra gente dirigiera sus energías en direcciones positivas era la risa. Contar chistes, incluso a nuestra costa, era un subidón maravilloso para nuestra moral. Por supuesto, algunas de las cosas que ocurrieron fueron horribles. Ayer, al hablar de Chris Hani, el humor ayudó a suavizar una situación muy, muy tensa, gracias a las historias que cuentas y que hacen que la gente se ría y, sobre todo, que se rían de sí mismos.

»La gente estaba muy enfadada y la policía nos vigilaba a pocos metros de allí..., aquello era un polvorín. Cualquier cosa podía salir mal. Mi armamento, si es que se puede llamar así, era casi siempre el humor, especialmente el humor autodenigrante, en el que te ríes de ti mismo.

»Llegamos a un pueblo a las afueras de Johannesburgo, donde las fuerzas del apartheid habían suministrado armas a un grupo que había matado a un gran número de personas. Estábamos celebrando una reunión de obispos muy cerca de allí, y formé parte de aquellos que encabezaron el funeral de las víctimas de la masacre. La gente estaba, evidentemente, muy enfadada, y recordé una historia que alguien me había contado acerca de cómo, al principio de la Creación, Dios nos moldeó a partir del barro, y luego nos metió en un horno, como cuando se hacen ladrillos. Dios introdujo una parte y luego se puso a trabajar en otra cosa, y se olvidó de lo que había metido en el horno. Al cabo de un rato se acordó y se precipitó hacia el horno, donde todo eran cenizas. Dicen que así fue como surgimos los negros. Todo el mundo soltó una pequeña risa. Y entonces, continué: Dios colocó un segundo lote, y esta vez estaba tan ansioso que abrió el horno demasiado pronto y el barro quedó poco hecho. Y así fue como surgieron los blancos. —El arzobispo soltó una risita y luego una de esas carcajadas que hacen que todo resuene.

»Tendemos a exagerar cuando hablamos de nosotros mismos, a inflarnos, porque la mayoría de nuestra gente siempre ha tenido una imagen muy pobre de sí misma. Cuando te encuentras en una situación como la de Sudáfrica, en donde se te discriminaba, es muy fácil perder tu sentido de la identidad, y el humor ayuda en algo en estos casos. No cabe duda de que el humor hizo algo bueno: desinfló y suavizó una situación muy tensa.

Desmond Tutu visitó Ruanda poco después del genocidio, donde le pidieron que ofreciera una charla a hutus y a tutsis. ¿Cómo hablar sobre una herida aún sangrante en el corazón de un pueblo? La solución del arzobispo, como tantas veces, fue plantarle cara al poder a través del humor. Comenzó a contar una historia sobre la gente con la nariz grande y la gente con la nariz pequeña, y cómo los primeros terminaron por excluir a estos últimos. El público rompió a reír, pero de repente se dieron cuenta de a qué se refería el arzobispo: lo ridículo que resultan los prejuicios y el odio, ya fuese en su país o en el de ellos. El humor fue, como él dijo, un arma muy poderosa.

El Dalai Lama visitó Belfast, en Irlanda del Norte, poco después de unos disturbios. Lo habían invitado a un encuentro privado en el que víctimas y violentos iban a estar presentes. La atmósfera era muy tensa, el sufrimiento casi podía palparse en el aire. Al iniciarse la reunión, un antiguo militante protestante habló sobre cómo, siendo un niño, otros unionistas le dijeron que su enfrentamiento con los católicos estaba justificado porque Jesús era protestante y no católico. El Dalai Lama sabía que Jesús era judío, así que rió tan alto que cambió el tono de la reunión por completo. Capaces de reírse de lo absurdo de nuestros prejuicios y odios, todos pudieron comunicarse con mayor sinceridad y compasión con los demás.

—Aprender a tomarnos un poco menos en serio —siguió diciendo el arzobispo— resulta de gran ayuda. Contribuye a que seamos conscientes de lo ridículos que somos. A mí me ayudó el hecho de proceder de una familia a la que le gustaba burlarse de los demás, y que era muy dada a señalar aquello que resultaba ridículo, sobre todo a las personas algo engreídas. Nos encantaba desinflar esos aires de superioridad.

»Por supuesto, no es cosa de risa no saber de dónde vas a sacar la próxima comida. Ni tampoco lo es levantarse por la mañana y no tener trabajo. A pesar de ello, esa era la gente que con bastante frecuencia formaba parte de la multitud que solía asistir a esos actos políticos en que se habían convertido los funerales. Puesto que esas personas eran capaces de reírse de sí mismas, hacer chanzas de los otros resultaba menos malicioso. No eran los favoritos de Dios, pero sabían reírse de la crueldad y de la incertidumbre de la vida. El humor es realmente lo que nos salva.

»Me ha ayudado mi esposa, Leah, a quien se le daba (se le da) muy bien conseguir que siga siendo humilde. Una vez, yendo en coche, me di cuenta de que estaba siendo un poco más engreída de lo que acostumbra a ser. Y entonces, cuando volví a mirar el coche que iba delante del nuestro, me fijé en que llevaba una pegatina en la que se leía: "Una mujer que quiere ser igual que un hombre no tiene ambición".

—Arzobispo —dije—, el humor también puede ser muy cruel. Pero su sentido del humor, tal como llevo años apreciando, tiene que ver con unirnos, no con separarnos ni menospreciar a nadie, salvo tal vez al Dalai Lama. Pero casi siempre se trata de unir a la gente. ¿Puede explicarnos algo sobre cómo el humor puede hermanarnos y mostrarnos lo ridículos que somos todos?

—Claro. Si deseas unir a la gente, no lo conseguirás siendo cruel. Ser conscientes de nuestra propia ridiculez nos permite apreciar la condición humana, común a todos, que nos hermana.

»Básicamente, consiste en ser capaz de reírse de uno mismo y de no tomarse demasiado en serio. No tiene nada que ver con el humor denigrante que ridiculiza y menosprecia a los otros, al tiempo que te ensalzas a ti mismo. Se trata de llevar a la gente a un terreno común.

»Pero para ello debes bajarte de tu pedestal, ser capaz de reírte de ti mismo y hacer que los demás se rían de ti sin sentirte ofendido por ello. El humor que no menosprecia es una invitación a que todos participen de las risas. Aunque se estén riendo de ti, se unen a ti en una risa que resulta saludable.

—Cuando el Dalai Lama y usted se ríen el uno del otro —añadí—, no resulta en absoluto degradante.

—Sí, el Dalai Lama y yo nos mofamos el uno del otro, pero se trata de una declaración expresa de confianza en nuestra relación. Es una señal de que existe una gran dosis de buena voluntad y que en realidad estás diciendo: «Confío en ti. Y tú confías en que yo sé que no me desautorizarás ni te sentirás ofendido por mí».

»Creo que la causa de que seamos tan propensos a menospreciar procede de nuestra inseguridad en nosotros mismos, así como de nuestra creencia en que el mejor modo de reivindicar quiénes somos es rebajando a los demás. Sin embargo, el tipo de humor al que nos referimos nos dice: "Ven, acércate, nos vamos a reír de mí, y luego de ti". Es un humor que no menosprecia a ninguno de los dos, sino que nos hace mejores, pues nos permite reconocer y reírnos de nuestra humanidad compartida, de nuestras debilidades compartidas, de nuestras fragilidades compartidas. La vida es dura, y la risa es el modo de aceptar todas las ironías, crueldades e incertidumbres a las que nos enfrentamos.

Las investigaciones científicas sobre el humor no abundan, pero parece ser que la risa y el humor han desempeñado un papel decisivo en nuestro proceso evolutivo en lo que respecta a la gestión de la ansiedad y del estrés ante lo desconocido. Los chistes son divertidos precisamente porque rompen nuestras expectativas; nos ayudan a aceptar lo inesperado. Las personas son una de las mayores fuentes de incertidumbre de nuestra vida, por lo que no es de extrañar que gran parte de nuestro sentido del humor sea utilizado para gestionar y manipular estos encuentros. Desmond Tutu y el Dalai Lama son unos maestros a la hora de hacer uso del humor para conectar y unirse a otras personas a las que acaban de conocer.

Puede que ese sea uno de los motivos por los que el tiempo que pasaron juntos estuviera tan lleno de risas. Por toda la alegría que sentían por estar cerca el uno del otro, fue una experiencia sin precedentes, y en un principio incierta, compartir una semana en Dharamsala. Solo habían coincidido media docena de veces antes, en su mayoría breves encuentros en ocasiones formales. Los líderes mundiales tienen la agenda muy ocupada y el tiempo que pasan juntos está muy acotado, de modo que las ocasiones para gastarse bromas y burlarse el uno del otro era raro que se dieran.

—¿Qué tiene que decirles a las personas que afirman no ser graciosas o que no tienen un gran sentido del humor? —pregunté al arzobispo Tutu.

—Supongo que existe mucha gente que piensa que deben ser serias porque eso les proporciona dignidad, y sienten que es más probable que las respeten si se muestran severos. Pero yo creo fervientemente que una de las maneras de llegar al corazón de la gente es la capacidad de hacerlas reír. Si eres capaz de reírte de ti mismo, todo el mundo sabrá que no eres pretencioso. Además, resulta muy difícil derribar a alguien que ya se ha derribado a sí mismo. No es muy probable que golpees a alguien si esa persona, por así decirlo, ya se ha golpeado a sí misma.

»No creo que de repente me levantase un día y de pronto, por arte de magia, fuese una persona divertida. Creo que se trata de algo que puede cultivarse. Es una habilidad como cualquier otra. Sin duda, ayuda tener cierta inclinación para ello, sobre todo si sabes reírte de ti mismo, así que conviene aprenderlo. Es el mejor sitio por el que puedes empezar. Se trata de ser humilde. Ríete de ti mismo y no seas tan pretencioso y serio. Si comienzas a buscar el humor en el día a día, lo encontrarás. Dejarás de preguntarte "¿Por qué yo?", y comenzarás a darte cuenta de que la vida es algo que nos sucede a todos. Hace que todo sea más fácil, incluyendo tu habilidad para aceptar a los demás y todo lo que la vida te traiga.

4

Aceptación:
El único lugar donde puede iniciarse
el cambio

Cuando visitamos en enero el Pueblo de los Niños Tibetanos, descubrimos un muro en el que podía leerse una cita que el Dalai Lama había referido en una de nuestras conversaciones. Era una traducción ligeramente diferente de unas famosas preguntas de Shantideva que Su Santidad había sacado a colación: «¿Por qué ser infeliz por algo si se puede remediar? ¿De qué sirve ser infeliz si no tiene remedio?». En esta breve enseñanza se encuentra la profunda esencia de la actitud ante la vida del Dalai Lama. La raíz de su impresionante capacidad para aceptar la realidad de su exilio sin, como dijo el arzobispo, convertirse en un ser taciturno.

Una vez que conseguimos contemplar la vida desde una perspectiva más amplia, una vez que somos capaces de entender nuestro papel en el drama cósmico con cierto grado de humildad y una vez que aprendemos a reírnos de nosotros mismos, entonces viene la cuarta y última cualidad mental, que es la habilidad de aceptar nuestra existencia en toda su dureza, imperfección y belleza.

Es importante recordar que la aceptación es lo opuesto a la resignación y a la derrota. El arzobispo Desmond Tutu y el Dalai Lama son dos de los más incansables activistas por la creación de un mundo mejor para todos sus habitantes, pero su activismo procede de una profunda aceptación de aquello que es. El arzobispo no aceptó la inevitabilidad del apartheid, pero sí aceptó su realidad.

—Estamos destinados a vivir en alegría —explicó el arzobispo—. Eso no quiere decir que la vida será fácil o indolora. Significa que debemos volver nuestras caras al viento y aceptar que esta es una tormenta que tenemos que atravesar. No se puede alcanzar el éxito negando su existencia. La aceptación de la realidad es el único lugar desde el que puede iniciarse el cambio.

El arzobispo había señalado que, cuando uno crece espiritualmente, «está en disposición de aceptar cualquier cosa que le suceda». Aceptas las inevitables frustraciones y adversidades como parte de la totalidad de la vida. La pregunta, había recalcado, no es cómo escapar de ello, sino cómo podemos utilizar esto como algo positivo.

La práctica de oración del arzobispo incluye la lectura de fragmentos de la Biblia, así como citas de santos y maestros espirituales de otros tiempos. Uno de sus favoritos es la mística cristiana Juliana de Norwich, cuyo libro *Revelaciones del amor divino* se cree que es el primero escrito por una mujer en lengua inglesa, poco después de haberse recuperado de una enfermedad que había puesto su vida en peligro en 1373. En sus páginas puede leerse:

[...] hay muchas acciones que están mal hechas a nuestros ojos y llevan a males tan grandes que nos parece imposible que alguna vez pueda salir algo bueno de ellas. Y las contemplamos y nos entristecemos y lamentamos, de manera que no podemos descansar en la santa contemplación de Dios, como debemos hacer. Y la causa es esta:

que la razón que ahora utilizamos es tan ciega, tan abyecta y estúpida que no puede reconocer la elevada y maravillosa sabiduría de Dios, ni el poder y la bondad de la Santísima Trinidad. Y esta es su intención cuando dice: «Y tú misma verás que toda cosa acabará bien», como diciendo: «Préstale atención de nuevo, con fe y confianza, y al final lo verás realmente en la plenitud de la alegría».

La aceptación —tanto si creemos en Dios como si no— nos permite alcanzar la plenitud de la alegría. Nos permite comprometernos con la vida en sus propios términos, en vez de lamentarnos por el hecho de que no es como nosotros quisiéramos que fuese. Nos permite no luchar contra la corriente del día a día. El Dalai Lama nos había dicho que el estrés y la ansiedad proceden de las expectativas que tenemos sobre cómo debería ser la vida. Cuando seamos capaces de aceptar la vida tal como es, no como creemos que deba ser, el camino será más fácil y cómodo. Pasaremos de ese eje disparejo que no rota (*dukkha*), con todo su sufrimiento, estrés, ansiedad e insatisfacción, al eje uniforme (*sukha*), más fácil, cómodo y susceptible de felicidad.

Son infinitas las causas del sufrimiento, que proceden de nuestra forma de reaccionar contra los demás, contra cosas, lugares y circunstancias de nuestra vida, en lugar de aceptarlas. Cuando reaccionamos así, nos enclaustramos en juicios y críticas, en ansiedades y desesperos, incluso en la negación y la adicción. Es imposible experimentar alegría cuando estamos estancados de este modo. La aceptación es el arma que rinde toda esta resistencia, permitiendo que nos relajemos, que veamos con claridad y respondamos de forma apropiada.

Gran parte de la práctica budista tradicional va dirigida hacia la habilidad de ver la vida con claridad, más allá de toda expectativa, proyecciones y distorsiones que habitualmente depositamos en ella. La práctica de la meditación nos ayuda a calmar los pensamientos y sentimientos que nos distraen, para que podamos percibir con nitidez qué es aquello que nos perturba y responder a ello con mayor efectividad. Saber estar presente en cada momento implica aceptar la vulnerabilidad, el malestar, la ansiedad de la vida diaria.

—Con una comprensión más profunda de la realidad —explicó el Dalai Lama—, puedes ir más allá de las apariencias y relacionarte con el mundo de un modo mucho más apropiado, efectivo y realista. Suelo poner el ejemplo de cómo debemos relacionarnos con nuestros vecinos. Imagina que tenemos unos vecinos difíciles. Puedes juzgarlos y criticarlos. Puedes vivir con ansiedad y desesperación porque crees que nunca llegaréis a tener una buena relación. O bien negar el problema, o engañarte a ti mismo creyendo que no tienes una relación difícil con ellos. Nada de todo esto resulta de mucha ayuda.

»En cambio, puedes aceptar que tienes una relación difícil con tus vecinos y decidir mejorarla. Tal vez lo consigas o tal vez no, pero lo único que puedes hacer es intentarlo. Es imposible controlar a tus vecinos, pero sí posees cierto control sobre tus propios pensamientos y sentimientos. En lugar de ira, odio y miedo, puedes cultivar la compasión por ellos, el cariño hacia ellos, la amabilidad. Esta es la única oportunidad de mejorar vuestra relación. Quizá con el tiempo resulte menos difícil. O quizá no. Eso es algo que escapa a tu control, pero tú te sentirás tranquilo por haberlo intentado. Estarás alegre y feliz tanto si la relación con tus vecinos acaba siendo menos difícil o no.

Volvemos al principio de nuestra conversación y a las cuestiones de Shantideva. La clase de aceptación que el Dalai Lama y el arzobispo Desmond Tutu defienden no es pasiva; es poderosa. No niega la importancia de tomarse la vida en serio y trabajar duro para llevar a cabo los cambios necesarios, para redimir lo que haya que redimir.

—No debemos odiar a quienes hacen cosas nocivas —explicó el Dalai Lama—. Lo compasivo es hacer lo posible para detenerles, ya que están haciéndose daño a sí mismos, además de a aquellos que sufren sus acciones.

Una de las paradojas fundamentales del budismo es su creencia en que necesitamos objetivos para inspirarnos, crecer y desarrollarnos, incluso transformarnos en seres iluminados, pero que, al mismo tiempo, no debemos obsesionarnos ni apegarnos a estas aspiraciones. Si la meta es noble, tu compromiso con ella no debe estar supeditado a tu capacidad de alcanzarla. Al ir en busca de nuestro objetivo, debemos renunciar a nuestras rígidas suposiciones de cómo alcanzar esa meta. La paz y la ecuanimidad provienen del hecho de renunciar a nuestra fijación en esa meta y en cómo alcanzarla. Esta es la esencia de la aceptación.

Al reflexionar sobre esta aparente paradoja de perseguir un objetivo pero sin sentir apego por el resultado, Jinpa me explicó que en ella radica una conclusión importante. Un profundo reconocimiento de que, si bien todos debemos hacer lo que podamos para darnos cuenta de cuál es nuestra meta, que la alcancemos o no depende a menudo de muchos factores que escapan a nuestro control. De modo que nuestra responsabilidad consiste en perseguir nuestro objetivo con toda la dedicación de la que seamos capaces, hacer todo lo que podamos, pero no obsesionarnos con una idea preconcebida de un resultado. A veces, de hecho con bastante frecuencia, nuestros esfuerzos nos llevan a un resultado inesperado que puede incluso ser mejor de lo que originariamente teníamos en mente.

Reflexioné sobre el comentario del arzobispo acerca de que se necesita tiempo para desarrollar nuestra capacidad espiritual. «Es como un músculo que debemos ejercitar para que se fortalezca. A veces, nos enfadamos en exceso con nosotros mismos porque creemos que deberíamos ser perfectos en cualquier situación. Sin embargo, nuestro paso por la Tierra es el tiempo del que disponemos para aprender a ser buenos, a ser más afectuosos, más compasivos. Y no aprendemos a través de la teoría. Aprendemos cuando nos sucede algo que nos pone a prueba.»

La vida es constantemente impredecible e incontrolable, y con frecuencia está repleta de desafíos. Edith Eva Eger dijo que la vida en un campo de concentración era una línea de selección infinita donde uno nunca sabía si viviría o moriría. Lo único que mantenía a una persona con vida era el hecho de que aceptara la realidad de la propia existencia e intentase responder a ella tan bien como fuera capaz de hacerlo. La curiosidad por saber qué sucedería a continuación, añadió, incluso cuando la consideraron muerta entre un montón de cadáveres, era a menudo lo único que tenía para obligarse a seguir viva. Una vez que aceptamos lo que nos sucede en el momento preciso, podremos sentir curiosidad por lo que nos ocurrirá después.

La aceptación —el último pilar de la mente— nos conducía al primer pilar del corazón: el perdón. Cuando aceptamos el presente, estamos en disposición de perdonar y liberar el deseo de un pasado diferente.

5

Perdón:
Liberarse del pasado

—He presenciado casos extraordinarios de perdón llevados a cabo por personas a las que jamás habríamos creído capaces de ello —explicó el arzobispo—. En una ocasión, durante la Truth and Reconciliation Commission, nos reunimos con las madres de unos jóvenes que habían sido atraídos por quienes trabajaban con el sistema del apartheid hacia una trampa cazabobos donde habían sido asesinados. Una de las madres dijo que había encendido el televisor y había visto cómo arrastraban el cuerpo sin vida de su hijo. Y que, aparte de la angustia ante su muerte, había sentido una profunda ira por el hecho de que trataran el cuerpo de su hijo como si fuera la carcasa de un animal.

»La actitud de estas mujeres que asistieron a esa comisión fue realmente increíble, porque nadie les pidió que perdonaran a aquella gente (los llamaban *askaris*), antiguos miembros del Consejo Nacional Sudafricano que acabaron por apoyar a las fuerzas gubernamentales. El que traicionó a aquellos jóvenes se presentó ante esas madres y les imploró su perdón.

»Cuando la madre del joven que había sido arrastrado por la calle vio al traidor, se sacó el zapato y se lo lanzó —prosiguió el arzobispo riéndose y haciendo como que tiraba el zapato con la mano izquierda—. Tuvimos que interrumpir un rato la sesión, pero durante el receso sucedió algo fantástico. La portavoz de las madres alzó la voz y dijo… —Desmond Tutu cerró los ojos mientras recordaba el increíble poder de aquellas palabras—. "Hijo mío" (llamó "hijo mío" al responsable de la muerte de sus hijos). Aquella mujer dijo: "Hijo mío, te perdonamos".

»Cuando le preguntamos por la concesión de la amnistía, esa mujer manifestó: "¿De qué nos servirá que vaya a la cárcel? ¿En qué nos ayudará eso? No nos va a devolver a nuestros hijos". He aquí un tipo increíble de nobleza y fuerza. Sí, es difícil, pero ha ocurrido. Hablamos mucho de Nelson Mandela, pero existen esas madres, y muchas otras, cuyos nombres no son conocidos y que demostraron semejante magnanimidad.

»La mujer que hablaba en nombre de este grupo de madres se levantó, atravesó la estancia en dirección a aquel hombre responsable de la muerte de los hijos de todas ellas, lo abrazó y lo llamó "Hijo mío".

»Hace poco recibí un mensaje acerca de una mujer blanca llamada Beth que había quedado gravemente mutilada a causa de una bomba de los movimientos de liberación y que todavía tenía metralla en el cuerpo. Muchos de sus amigos fueron asesinados o también mutilados. Sus hijos tenían que ayudarla a comer, a vestirse, a bañarse. Beth se mostró simplemente… Estoy emocionado… —El arzobispo tuvo que tomarse una pequeña pausa—. Beth dijo… Beth dijo… sobre el autor del ataque… "Lo perdono, y espero que él me perdone a mí".

A continuación, Desmond Tutu explicó la conocida historia sobre una de mis compañeras de universidad, Amy

Biehl, quien había ido a Sudáfrica después de graduarse para intentar ayudar. Fue brutalmente asesinada en una de las zonas reservadas a los negros cuando fue allí para acercar a una amiga en coche.

—Sus padres viajaron desde California hasta Sudáfrica para apoyar la concesión del indulto a los autores condenados a largas penas de cárcel. Dijeron: «Queremos formar parte del proceso de reconciliación en Sudáfrica. Estamos seguros de que nuestra hija estaría de acuerdo con nuestra decisión de que se les conceda el indulto a los asesinos». Y no solo eso, sino que además fundaron una institución con el nombre de su hija y emplearon en ella a esos hombres que la habían asesinado, para ayudar a la gente de aquella barriada negra.

»No digo que sea fácil de lograr, pero tenemos nobleza de espíritu. Nos referimos a Nelson Mandela como un impresionante icono del perdón —prosiguió el arzobispo—, pero tú, y tú, y tú, también tenéis las capacidades para ser instrumentos de increíble compasión y perdón. No hay nadie que sea completamente incapaz de perdonar. Creo que todos tenemos ese potencial latente, como señala Su Santidad, de sentir lástima por aquellas personas que estén destruyendo su humanidad de este modo. Ciertamente, todos somos capaces de perdonar y todos merecen el perdón.

—Quiero mencionar —dijo el Dalai Lama— a uno de mis amigos de Irlanda, Richard Moore. Su historia es muy conmovedora. Tenía nueve o diez años, durante los conflictos de Irlanda del Norte, cuando un soldado británico le disparó con una bala de goma cuando se dirigía al colegio. —El Dalai Lama apuntó directamente entre los ojos donde el niño había recibido el impacto—. Se desmayó y, al despertar, estaba en el hospital y había perdido los dos ojos. En ese momento se dio cuenta de que nunca volvería a ver la cara de su madre.

»Siguió estudiando, se casó y tuvo dos hijas. Entonces buscó al soldado británico que le había disparado a la cara para decirle que le había perdonado. Se hicieron grandes amigos y, en una ocasión, invité a ambos a que vinieran a Dharamsala. Quería que Richard compartiera su conmovedora historia de perdón con los tibetanos, sobre todo con los alumnos del Pueblo de los Niños Tibetanos. Al presentar a Richard Moore a los estudiantes y profesores les dije que era mi héroe.

»Luego Richard me invitó a visitar Irlanda del Norte, y cuando lo vi allí con su familia me burlé de él. "Tu mujer es muy guapa. Tus dos hijas también son muy bellas. Pero no puedes verlo. Yo sí, yo puedo disfrutar de su belleza." Siempre hablo de él como mi verdadero héroe. Es un auténtico ser humano.

—Santidad, esto nos lleva a la pregunta de un chico llamado Jack, que escribe: «Santidad, le deseo un feliz día en su ochenta cumpleaños desde lo más profundo de mi corazón. Y espero que el próximo año venga cargado de alegría, éxito y cosas maravillosas. Siento el máximo respeto por usted y su pueblo, así como por su eterno mensaje de amabilidad y perdón. Me pregunto si puede perdonar a China por todo el daño y dolor que les han causado a usted y a su pueblo. ¿Lo merecen? Gracias, santidad, y que disfrute de un magnífico cumpleaños».

Las manos del Dalai Lama estaban juntas, como si rezara, cuando comenzó a hablar:

—El otro día, mencioné el 10 de marzo de 2008, cuando varias protestas espontáneas se desataron en el Tíbet. Intenté, con toda la intención, mantener viva la compasión y la inquietud por los extremistas chinos. Intenté neutralizar su ira, su miedo, y ofrecerles mi amor, mi perdón. Esta es nuestra práctica de tomar y dar, de *tonglen*.

»Me fue muy útil para mantener la mente tranquila. En nuestra lucha, intentamos de forma consciente evitar sentir ira y odio. Por supuesto, los chinos son un pueblo maravilloso. Pero, incluso con los partidarios de la línea más dura, los oficiales, intentamos mantener un sentimiento de compasión, de preocupación por su bienestar.

El Dalai Lama habló entonces en tibetano y Jinpa tradujo:

—En general, cuando hablamos de cultivar la compasión por alguien, lo hacemos por aquel que está experimentando un gran sufrimiento y dolor. Pero también se puede sentir compasión por una persona que en este momento no está atravesando una situación dolorosa, pero que sí está fomentando unas condiciones que la llevarán a un futuro sufrimiento.

»Así que, ya lo ves —continuó el Dalai Lama—, esta gente está cometiendo acciones muy negativas, actos dañinos que causan muchísimo dolor en los demás. ¿No decís en la tradición cristiana que irán al infierno?

Desmond Tutu asintió con la cabeza, tras escuchar la pregunta.

—En nuestra opinión, las personas que cometen esas atrocidades, incluyendo el asesinato, están creando un karma que trae consigo consecuencias negativas muy serias. De manera que existen muchas razones para sentir auténtica preocupación por su bienestar. Cuando uno experimenta este sentimiento, no hay lugar para la ira y el odio.

»Perdonar —siguió diciendo el Dalai Lama— no significa olvidar. No hay que olvidar lo negativo. Dado que existe la posibilidad de cosechar odio, no debemos ser arrastrados en esa dirección. De ahí que elijamos el perdón.

También el arzobispo se expresó con claridad a este respecto:

—Perdonar no implica olvidar lo que ha hecho esa persona, contrariamente a lo que dice el refrán: «Perdona y olvida». No reaccionar con negatividad o sucumbir a las emociones negativas no quiere decir que no respondas a los actos o que dejes que te hagan daño de nuevo. Perdonar no significa que no busques justicia o que el autor no sea castigado.

El Dalai Lama ha elegido no reaccionar con ira y odio, pero eso no le impide seguir manifestando su oposición a la ocupación china y a lo que están haciendo en el Tíbet, hasta que el pueblo tibetano pueda vivir con dignidad y libertad.

—Me gustaría añadir —dijo el Dalai Lama— que hay una gran diferencia entre perdonar y permitir los crímenes de los demás. A veces, la gente lo malinterpreta y cree que perdonar implica aceptar o aprobar los malos condenables. No es este el caso. Debemos tomar una importante decisión. —El Dalai Lama hablaba con gran énfasis golpeando una mano contra la otra—. El actor y la acción, o la persona y lo que ha hecho. Allí donde haya una mala acción, puede ser necesario adoptar una contramedida adecuada para detenerla. No obstante, uno puede elegir no sentir ira y odio hacia el actor o la persona. Aquí es donde radica el poder del perdón, en no olvidar la humanidad de la persona, a la vez que respondemos a la maldad con claridad y firmeza.

»Mantenemos una posición firme contra los malos actos no solo para proteger a aquellos a los que se está causando daño, sino también para amparar a las personas que están cometiendo esos actos reprobables, porque a la larga también ellas sufrirán. De modo que nada tiene que ver el que nos preocupemos por su bienestar a largo plazo con el hecho de que detengamos sus malos actos. Esto es exactamente lo que hacemos. No experimentamos ira y sentimientos negativos hacia los extremistas chinos, al tiempo que nos oponemos enérgicamente a sus acciones.

—El perdón —añadió el arzobispo— es el único modo que tenemos de curarnos y liberarnos del pasado.

Como él y Mpho explicaban en *El libro del perdón*: «Sin perdón, permanecemos atados a la persona que nos ha hecho daño. Estamos atados a las cadenas del rencor, atados juntos, atrapados. Hasta que podamos perdonar a la persona que nos ha herido, esa persona tendrá la llave de nuestra felicidad, será nuestro carcelero. Al perdonar, recuperamos el control sobre nuestro destino y nuestros sentimientos. Pasamos a ser nuestro propio libertador».

—¿Qué les diría entonces a aquellas personas que afirman que el perdón parece debilidad y la venganza, fortaleza? —pregunté al Dalai Lama.

—Ciertas personas actúan dejándose llevar por la mente animal. Cuando alguien les pega, quieren devolver el golpe, tomar represalias. —El Dalai Lama apretó un puño e hizo como si se golpeara la cara—. Nuestro cerebro humano nos permite pensar de qué nos servirá devolver el golpe a corto o largo plazo.

»También deberíamos saber que, obviamente, nadie nació para ser cruel, para hacernos daño, sino que, debido a ciertas circunstancias, ahora no le gusto a esa persona, de modo que me golpea. Puede que mi comportamiento, mi actitud, o incluso mi expresión facial, contribuyeran a que esta persona se convirtiese en mi enemigo. En cierta medida, también yo tengo algo que ver en ello. ¿Quién es el culpable? Lo mejor es sentarse y pensar en las diferentes causas y condiciones. Comprobaremos que, si estamos muy enfadados, debemos estarlo con esas causas y condiciones y, en última instancia, con la ira, ignorancia, miopía y estrechez de miras. Esta actitud aporta un sentimiento de preocupación, de manera que podemos sentir lástima de esas personas.

»Es un completo error —prosiguió gesticulando enfáticamente con las manos— afirmar que la práctica de la tolerancia y la del perdón son signos de debilidad. Un gran error. Un error al cien por cien. Un error al mil por cien. Perdonar es una señal de fortaleza. ¿No te parece? —le preguntó al arzobispo volviéndose hacia él.

—Totalmente de acuerdo —respondió este riéndose—. Estaba a punto de decir que quienes afirman que el perdón es un signo de debilidad nunca han intentado perdonar.

»La respuesta natural cuando alguien te golpea es querer devolver el golpe. Pero entonces ¿por qué admiramos a las personas que no eligen la venganza? Porque sabemos que muchos creen que el ojo por ojo nos aportará satisfacción. Pero, al final, descubres que si recurrimos al ojo por ojo, nos quedaremos todos ciegos. Poseemos el instinto de la venganza, pero también el del perdón.

De hecho, según estudios realizados, el ser humano evolucionó con ambas capacidades, la de la venganza y la del perdón. Cuando los psicólogos Martin Daly y Margo Wilson investigaron sesenta culturas diferentes de todo el mundo descubrieron que el 95 por ciento llevaban a cabo algún tipo de venganza de sangre. Cuando el psicólogo Michael McCullough analizó estas mismas culturas, descubrió que el 93 por ciento de ellas también contaban con ejemplos de perdón y reconciliación. En realidad, el perdón podría ser tan común que se da por hecho en el otro 7 por ciento.

El primatólogo Frans De Waal cree que estas actividades de pacificación son muy comunes en el reino animal. Los chimpancés se besan y hacen las paces, y al parecer lo mismo hacen muchas otras especies. No solo los primates como nosotros, también ovejas, cabras, hienas y delfines. De las especies que se han estudiado, solo los gatos domésticos no han demostrado un comportamiento que reconcilie una relación después de un conflicto. (Este descubrimiento no sorprenderá a nadie que tenga un gato.)

En *El libro del perdón*, Desmond Tutu y Mpho describían dos ciclos: el ciclo de la venganza y el ciclo del perdón. Cuando se nos hiere o daña, podemos escoger entre devolver el dolor que nos han infringido o sanar. Si elegimos tomar represalias o pagar de vuelta, el ciclo de venganza y daño continuará sin fin; pero si elegimos perdonar, rompemos el ciclo y podemos sanar, pues renovamos o liberamos la relación.

No perdonar da paso a permanentes sentimientos de resentimiento, ira, hostilidad u odio que pueden llegar a ser extremadamente destructivos. Incluso breves estallidos de ira pueden producir efectos físicos significativos. En un estudio, la psicóloga Charlotte vanOyen-Witvliet pidió a varias personas que pensaran en alguien que les hubiera hecho daño, tratado mal u ofendido, y controló su frecuencia cardíaca, sus músculos faciales y sus glándulas sudoríparas.

Cuando la gente volvió a experimentar ese rencor, respondieron con estrés, la presión arterial y el ritmo cardíaco aumentaron y empezaron a sudar más. Se sintieron tristes, enfadados, exaltados y habían perdido parte del control sobre sí mismos. Cuando se les pidió que empatizaran con los culpables de aquel dolor y se imaginasen perdonándolos, su respuesta al estrés volvió a la normalidad. Como animales sociales que somos, nos resulta muy estresante, también para todo el grupo, que se produzca una ruptura en las relaciones que nos unen.

Everett L. Worthington Jr. y Michael Scherer descubrieron que no perdonar podría afectar al sistema inmunitario de varias maneras, incluso interrumpir el proceso de elaboración de importantes hormonas y el modo en que nuestras células luchan contra las infecciones.

—Me gustaría, arzobispo, plantearle una última pregunta antes de hacer una pausa para el té —dije—. Con frecuencia, aquellas personas a las que más nos cuesta perdonar son las más cercanas a nosotros.

—Sí, así es.

—Usted mismo explicó que perdonar a su padre por algunas de las cosas que le hizo a su madre le resultó muy difícil y doloroso. Y me pregunto: si él ahora estuviera aquí, con nosotros, ¿cómo le explicaría cuánto le afectó aquello? ¿Cómo le ofrecería su perdón? ¿Qué le diría?

—Bueno, sin duda le diría que me dolía profundamente cómo trataba a mi madre cuando estaba borracho. —El arzobispo cerró los ojos, bajó la voz y habló despacio como si viajara hacia atrás en el tiempo—. Yo estaba muy enfadado conmigo mismo por ser demasiado pequeño para poder pegarle. Cuando mi padre estaba sobrio, era una persona maravillosa. Pero mi madre era (yo adoraba a mi madre) un ser humano increíble, una persona muy dulce. Y eso hacía que ese maltrato aún resultara más duro. Y, además, tenía un hijo demasiado pequeño para intervenir cuando ella era maltratada.

»Os explicaré algo de lo que estoy muy arrepentido. Solíamos llevar a los niños a un internado en Suazilandia, a unos quinientos kilómetros de distancia, y acostumbrábamos a pasar la noche a mitad del camino, en casa de nuestros padres, porque no había ningún hotel en que pudieran alojarse los negros.

»Esa vez, en particular, regresábamos de Suazilandia, e íbamos a instalarnos en la casa de Leah con su madre, que no vivía en el mismo municipio que mis padres. Sin embargo, nos habíamos acercado para desearles las buenas noches y despedirnos, porque nos marchábamos muy temprano a Ciudad del Cabo, donde yo trabajaba. Estaba totalmente agotado, pero en esa ocasión mi padre me dijo que quería hablar conmigo. Tenía que decirme algo.

»Yo estaba demasiado cansado, me dolía la cabeza y le dije: "No. ¿Podemos hablar mañana?". Y nos marchamos a casa de Leah. Y, como a veces pasa en las novelas, mi sobrina nos despertó a primera hora de la mañana y nos dijo que mi padre había muerto la noche anterior. De modo que nunca llegué a saber qué quería decirme. Me arrepiento profundamente. A veces se me escapa una lágrima o dos. Me gustaría pensar que intuía su muerte y que quería decirme cuánto sentía el modo en que había tratado a mi madre.

»Me arrepiento de eso… Lo único que puedo decir es que espero que descanse en paz. Tengo que aceptar el hecho de que perdí una oportunidad… que no volverá a presentarse.

»En realidad, ninguno de nosotros sabemos cuándo se dará ese momento en el que tal vez está a punto de ocurrir algo crucial y le damos la espalda. Y sí, intento mitigar mi culpa, pero no consigo librarme de ella por completo.

»El hecho es que fue él quien tomó la iniciativa y que cualquier justificación mía no importa; él dio el paso y yo le rechacé. Y es una carga en mi corazón y en mi espíritu. Y espero que me haya perdonado… sí….

Permanecimos sentados en silencio durante largos minutos, para acompañar al arzobispo en su pesar y arrepentimiento. La mirada perdida, húmeda, recordando a su padre. Cerró los ojos, rezando quizá una oración. Sentí que estábamos orando juntos, compartiendo su pena y su pérdida.

El Dalai Lama fue el primero en romper el silencio, se volvió hacia Jinpa y habló en tibetano.

—Arzobispo, dice que usted ha comentado lo maravilloso que era su padre cuando estaba sobrio —dijo Jinpa traduciendo al Dalai Lama—. Esas cosas solo ocurrían cuando estaba borracho. De modo que, en realidad, el culpable era el alcohol.

—Así que —añadió ahora el Dalai Lama— creo incluso que se trataba de una persona muy buena y que, cuando estaba borracho, no era él en realidad.

—Gracias —respondió el arzobispo.

6

Agradecimiento:
Tengo la suerte de estar vivo

«Cada día, al despertar, pienso: "Qué suerte tengo de estar vivo. Poseo una preciosa vida humana. No voy a malgastarla"», comenta muchas veces el Dalai Lama. El tema era el agradecimiento, y resultó fascinante ver que el Dalai Lama y Desmond Tutu se detenían a menudo para expresar su gratitud el uno al otro, a todos aquellos que estaban haciendo posible que disfrutaran de un tiempo juntos y por cada cosa que estaban presenciando. Había observado cómo el arzobispo recibía siempre cada nueva experiencia con la palabra «maravilloso», y esa habilidad para asombrarse, sorprenderse, ver una posibilidad en cada experiencia y encuentro es un aspecto fundamental de la alegría.

«Se puede ayudar a una persona a mirar el mundo y verlo desde una perspectiva diferente —me comentó en una ocasión el arzobispo—. Allí donde algunos ven un vaso medio vacío, otros pueden verlo medio lleno. Quizá a la gente le conmueva ver que hay muchas muchas personas en este mundo que hoy no habrán tenido el mismo tipo de desayuno que has tomado tú. Actualmente, muchos millones de seres humanos pasan hambre. No es culpa tuya, pero tú te has levantado de una cama cálida, has podido darte una ducha, vestir ropa limpia y vives en una casa en la que se está caliente en invierno. Piensa ahora en la cantidad de refugiados que se levantan cada mañana y que no cuentan con demasiada protección contra la lluvia que cae con fuerza. Puede que no tengan manera de procurarse calor, ni comida, ni siquiera agua. En cierto modo es como dar las gracias por todo lo bueno que tienes.»

Ni el arzobispo ni el Dalai Lama dedicaron mucho tiempo a hablar sobre el disfrute, tal vez porque las tradiciones de ambos son escépticas en cuanto a la capacidad de lo sensual para lograr una felicidad duradera, pero me alegró descubrir que ninguno de los dos se oponía a los placeres permitidos en sus vidas espirituales, ya sea un arroz con leche tibetano o un helado de ron con pasas. El agradecimiento es la elevación del disfrute, la sublimación del goce. La gratitud es uno de los aspectos clave que Ekman enumera en su definición de alegría.

El agradecimiento es el reconocimiento de todo lo que nos sustenta en la red de la vida y de todo aquello que ha hecho posible que disfrutemos de la existencia en el momento presente. Dar las gracias es una respuesta natural a la vida y puede que el único modo de saborearla. Tanto el budismo como el cristianismo, y quizá todas las tradiciones espirituales, reconocen la importancia del agradecimiento. Nos da la oportunidad de cambiar nuestra perspectiva, tal como el Dalai Lama y el arzobispo aconsejaron, con respecto a todo lo que nos ha sido dado y a todo cuanto tenemos. Nos aleja de esa tendencia a centrarnos únicamente en los defectos y carencias, así como de la perspectiva más amplia del beneficio y de la abundancia.

El hermano David Steindl-Rast, un monje y erudito católico benedictino que ha dedicado gran parte de su tiempo al estudio del diálogo interreligioso cristiano-budista, ha explicado: «No es la felicidad la que nos hace ser agradecidos. Es el agradecimiento lo que nos hace ser felices. Cada momento es un regalo. No hay certeza de que tendrás otro momento, con todas las oportunidades que este contiene. El regalo dentro de este regalo es la oportunidad que nos ofrece. Muy a menudo se trata simplemente de disfrutarlo, pero a veces el regalo que se nos da es difícil, lo que puede suponer una ocasión para afrontar el reto».

La capacidad del Dalai Lama de estar agradecido por las oportunidades que se le plantearon, incluso en el exilio, supuso un profundo cambio de perspectiva que le permitió no solo aceptar la realidad de sus circunstancias, sino también ver la oportunidad que conlleva cada experiencia. La aceptación significa no luchar contra la realidad; la gratitud, abrazarla. Significa pasar de contar tu carga a contar tus bendiciones, tal como ha recomendado el arzobispo, tanto a modo de antídoto contra la envidia como receta para apreciar nuestras propias vidas.

—He tenido la oportunidad de conocer a muchos líderes espirituales al igual que tú —dijo el Dalai Lama cuando el arzobispo se asombró de su capacidad para encontrar gratitud después de cincuenta años de pérdidas para él y su pueblo—. Es mucho más enriquecedor, mucho más útil. Incluso el sufrimiento te ayuda a desarrollar empatía y compasión hacia los demás.

»El exilio me ha acercado a la realidad. Cuando atraviesas situaciones difíciles, no hay margen para la simulación. En la adversidad o en la tragedia, uno debe enfrentarse a la realidad tal como es. Cuando eres un refugiado, cuando has perdido tu tierra, no puedes pretender que no es así o esconderte detrás de tu máscara social. Cuando uno se enfrenta a la realidad del sufrimiento, tu vida se pone al descubierto. Ni siquiera un rey puede pretender ser algo especial cuando está sufriendo. No es más que otro ser humano, que también sufre, como cualquier otra persona.

En el budismo, uno puede estar agradecido incluso a sus enemigos, «nuestros más valiosos maestros espirituales», como suelen denominarlos, pues nos ayudan a desarrollar nuestra práctica espiritual y a cultivar la ecuanimidad incluso frente a la adversidad. La historia que contó el Dalai Lama sobre aquel amigo suyo que temía perder la compasión hacia sus torturadores en el gulag chino es un ejemplo conmovedor.

A principios de semana, el arzobispo había explicado cómo el tiempo en prisión había transformado a Nelson Mandela. Sus compañeros y él, todos presos políticos, habían aprovechado el tiempo transcurrido en la cárcel para desarrollar la mente y el carácter, a fin de estar preparados en caso de que algún día pudiesen gobernar su país. Se lo habían planteado como una especie de «universidad informal». Estas historias de prisiones me recuerdan a un antiguo preso a quien tuve el privilegio de conocer.

Anthony Ray Hinton pasó treinta años en el corredor de la muerte por un crimen que no había cometido. En el momento del crimen del que fue acusado, se encontraba trabajando en una fábrica. Cuando lo arrestaron en el estado de Alabama, en Estados Unidos, los agentes de policía le dijeron que iría a la cárcel por ser negro. Pasó treinta años en régimen de aislamiento en una celda de metro y medio por dos metros de la que solo le permitían salir una hora al día. Durante el tiempo que pasó en el corredor de la muerte, Hinton se convirtió en consejero y amigo no solo de otros reclusos, cincuenta y cuatro de los cuales fueron ejecutados, sino también de los guardias del corredor de la muerte, muchos de los cuales suplicaron a su abogado que lo sacara de allí.

Cuando una revisión extraordinaria del Tribunal Supremo decretó su puesta en libertad, por fin pudo ser libre. «Uno no conoce el valor de la libertad hasta que la pierde —me explicó—. La gente huye de la lluvia para no mojarse. Yo corro hacia ella. ¿Cómo no va a ser precioso algo que cae del cielo? Después de tantos años sin poder disfrutar de la lluvia, agradezco sentir cada gota en mi cara.»

En una entrevista a Hinton en el programa de televisión estadounidense *60 Minutes*, el entrevistador quiso saber si estaba enfadado con quienes le habían metido en la cárcel. Contestó que los había perdonado a todos. El periodista le preguntó con incredulidad: «Pero le robaron treinta años de su vida, ¿cómo puede no estar enfadado?». A lo que Hinton respondió: «Si estuviera enfadado y no los perdonara, me quitarían el resto de mi vida».

No perdonar nos roba la capacidad de disfrutar y de apreciar nuestra vida, porque nos vemos atrapados en un pasado lleno de ira y amargura. El perdón nos permite dejar atrás el ayer y apreciar el presente, incluso las gotas de lluvia cayendo sobre nuestra cara.

«Independientemente de lo que te dé la vida —explica el hermano Steindl-Rast—, puedes responder con alegría. La alegría es la felicidad que no depende de lo que suceda. Se trata de la respuesta agradecida a la oportunidad que la vida te ofrece en este momento.»

Hinton es un buen ejemplo de la capacidad de responder con alegría a pesar de las más terribles circunstancias. Mientras íbamos en taxi por Nueva York, me dijo:

—El mundo no te da tu alegría, pero tampoco puede quitártela. Puedes dejar que la gente entre en tu vida y la destruya, pero me niego a permitir que alguien se lleve mi alegría. Me levanto por la mañana y no necesito que nadie me haga reír. Me río yo solo, porque he tenido la suerte de ver un nuevo día, y cuando tienes la suerte de ver otro día, eso debería, automáticamente, proporcionarte alegría.

»No voy por ahí diciendo: "Tío, no tengo ni un dólar en el bolsillo". No me importa si tengo o no un dólar en el bolsillo, lo que me importa es tener la suerte de ver cómo sale el sol. ¿Sabes cuánta gente con dinero no se ha levantado esta mañana? ¿Qué es mejor, tener mil millones de dólares y no despertarse, o estar sin blanca y levantarse? Yo me quedo con no tener dinero y levantarme todos los días de la semana. El junio pasado, le dije a una periodista de la CNN que tenía tres dólares y cincuenta centavos en el bolsillo y que por alguna razón aquel día me sentía el hombre más feliz del mundo. Me preguntó: "¿Con tres dólares y cincuenta centavos?". Yo le respondí: "¿Sabe? Mi madre no nos educó para que ganásemos todo el dinero que pudiésemos. Mi madre nos hablaba de la verdadera felicidad. Nos decía que, cuando uno es feliz, contagia esa felicidad a las personas que le rodean".

»Me basta con ver a todas esas personas que tienen mucho pero que no son felices. Yo cumplí treinta años muy largos, con sus días y sus noches, en una celda de metro y medio por dos metros, y hay gente que nunca ha estado en la cárcel, que nunca ha pasado ni un día, ni una hora ni un minuto en ella, y, sin embargo, no es feliz. Y me pregunto: "¿Por qué es así?". No sé por qué no son felices, pero lo que sí puedo decirte es que yo soy feliz porque elijo serlo.

«Cuando te sientes agradecido —explicó el hermano Steindl-Rast—, no tienes miedo, y cuando no tienes miedo, no eres violento. Cuando te sientes agradecido, actúas por un sentido de suficiencia y no por una sensación de escasez, y estás dispuesto a compartir. Si te sientes agradecido, disfrutas de las diferencias entre la gente y eres respetuoso con todos. Un mundo agradecido es un mundo de gente alegre. Las personas agradecidas son personas alegres. Un mundo agradecido es un mundo feliz.»

La gratitud nos une a todos. Cuando damos las gracias por una comida, mostramos nuestro agradecimiento por lo que vamos a comer, pero también a todos aquellos que la han hecho posible: los agricultores, los comerciantes y los cocineros. Cuando el arzobispo da las gracias, a menudo somos llevados por el camino del *ubuntu*, reconociendo todos los lazos que nos unen y de los que dependemos. La eucaristía que el arzobispo le dio al Dalai Lama procede literalmente de una palabra griega que significa «acción de gracias», y bendecir la mesa o dar las gracias por lo que nos ha sido dado es una práctica importante en la tradición judeocristiana.

Regocijarse es una de las «siete ramas» que forman parte de la práctica espiritual diaria en las tradiciones budistas indias y tibetanas. Cuando nos regocijamos, celebramos nuestra buena fortuna y la buena fortuna de los demás. Celebramos nuestras buenas obras y las buenas obras de los demás. Al regocijarse, existen menos probabilidades de tomarse la vida a la ligera y puedes afirmar y apreciar todo lo que tienes y has hecho. Jinpa me habló de un famoso pasaje de Tsongkhapa, un maestro tibetano del siglo xiv, cuyo pensamiento y escritos fueron parte importante de la educación del Dalai Lama. «Nos enseña que el mejor modo de crear un buen karma con la menor cantidad de esfuerzo es regocijarte en tus buenas obras y en las de los demás.» Regocijarnos nos predispone a repetir aquellas buenas acciones en el futuro.

Hace tiempo que los científicos saben que nuestros cerebros evolucionan con un sesgo negativo. No hay duda de que era ventajoso para nuestra supervivencia centrarnos en lo que era malo o peligroso. La gratitud trasciende este defecto de la mente. Nos permite ver lo que es bueno y acertado, y no solo aquello que es dañino o incorrecto.

Tal vez a causa de este sesgo, la gente suele mostrarse escéptica con respecto a la gratitud y se preguntan si no es un punto de vista ingenuo que nos conducirá a la complacencia o incluso a la injusticia. Si nos mostramos agradecidos por lo que es, es menos probable que nos preocupemos por lo que todavía tiene que ser. Si el Dalai Lama es capaz de encontrar cosas en su exilio por las que sentirse agradecido, ¿estará menos dispuesto a alzarse contra la injusticia de la ocupación china del Tíbet?

Robert Emmons, catedrático de la Universidad de California, en Davis, lleva casi diez años estudiando la gratitud. En un estudio realizado junto con sus colegas Michael McCullough y Jo-Ann Tsang, descubrieron que la gente agradecida no ignora o niega los aspectos negativos de la vida; simplemente eligen disfrutar de aquello que es más positivo: «Las personas con una gran disposición a la gratitud tienen la capacidad de ser categóricas y, a la vez, de adoptar la perspectiva de los otros. La gente de su entorno social las consideran más generosas y útiles». También es mucho más probable que ayuden a alguien que tenga un problema personal u ofrezcan apoyo emocional a otras personas.

Emmons y McCullough han descubierto, además, que las personas que se centran en el agradecimiento y llevan una lista de aquellas cosas por las que están agradecidos hacían ejercicio más a menudo, padecían menos dolencias físicas, se sentían mejor con sus vidas y eran más positivos a la hora de abordar la semana que tenían por delante, en comparación con aquellas otras que anotaban las complicaciones o experiencias vitales anodinas. Asimismo, quienes se centraban en la gratitud eran más propensos a progresar en sus metas personales más importantes. Parece ser, por tanto, que el agradecimiento es motivador, y no desmotivador. Las personas agradecidas presentan más emociones positivas, más vitalidad y optimismo, y una mayor satisfacción vital, así como menores niveles de estrés y depresión.

Se sabe que el agradecimiento estimula el hipotálamo, que participa en la regulación del estrés en el cerebro, así como el área tegmental ventral, que representa una parte de los circuitos de la recompensa que producen placer en el cerebro. Los estudios realizados muestran que el simple acto de sonreír unos veinte segundos puede activar emociones positivas, estimular la alegría y la felicidad. Sonreír fomenta la liberación de neuropéptidos, cuya función es combatir el estrés y liberar un cóctel de neurotransmisores —serotonina, dopamina y endorfinas— que hacen que nos sintamos bien. La serotonina actúa como un antidepresivo natural, la dopamina activa los centros de recompensa del cerebro y las endorfinas son analgésicos naturales. Asimismo, parece ser que cuando sonreímos, estimulamos los cerebros de aquellos que nos ven sonreír y eso hace que se sientan mejor. También parece ser que posee un efecto contagioso y estimula la sonrisa inconsciente en los demás, lo cual expande a su vez los efectos positivos. ¿Sonreían el Dalai Lama y el arzobispo Desmond Tutu porque se sentían felices, o estaban felices porque sonreían? Parecía un *kōan* zen. Sin duda, como tantas cosas en la vida, ambas cosas son ciertas. Tanto si fruncimos el ceño de disgusto como si sonreímos agradecidos, tenemos un enorme poder sobre nuestras emociones y nuestras experiencias de vida.

La no permanencia, nos recuerda el Dalai Lama, es la naturaleza de la vida. Todas las cosas se están escapando, continuamente, y existe el gran peligro de malgastar nuestra preciosa vida humana. La gratitud nos ayuda a catalogar, a celebrar y a regocijarnos de cada día, a cada momento, antes de que se desvanezca en el reloj de arena de la experiencia.

Para la doctora Sonja Lyubomirsky, quizá no fue una sorpresa descubrir que la gratitud es el factor que parece tener mayor influencia sobre la felicidad, junto con la habilidad de reconvertir los sucesos negativos en positivos. El último factor que ella encontró fue nuestra habilidad para ser amables y generosos con los demás, que el Dalai Lama y el arzobispo veían como dos pilares independientes aunque relacionados entre sí: compasión y generosidad. Cuando reconocemos todo lo que nos ha sido dado, nuestra respuesta natural es querer cuidarlo y ofrecérselo a los demás.

7

Compasión:
Algo que debemos alcanzar

«Una mentalidad demasiado egocéntrica solo provoca sufrimiento. La compasión y el interés por el bienestar de los demás es una fuente de felicidad», había dicho el Dalai Lama a principios de semana. Ahora se frotaba las manos, pensativo, mientras volvíamos al tema de la compasión.

—A lo largo de los últimos tres mil años se han desarrollado diferentes tradiciones religiosas. Todas ellas transmiten un mismo mensaje: el mensaje del amor. De manera que la finalidad de estas diversas tradiciones es promover y fortalecer el valor del amor, de la compasión. Tenemos pues distintos medicamentos pero un mismo objetivo: curar nuestro dolor, nuestra enfermedad. Como ya hemos mencionado, incluso los científicos sostienen ahora que la naturaleza humana básicamente es compasiva.

Tanto él como el arzobispo habían hecho hincapié en el hecho de que esta preocupación compasiva por los demás es instintiva y en que estamos programados para relacionarnos unos con otros y para cuidar de los demás. No obstante, tal como había explicado el arzobispo a comienzos de la semana: «Se necesita tiempo. Estamos creciendo y aprendiendo a ser compasivos, más solidarios, más humanos». Buda supuestamente dijo: «¿Qué es aquello que, cuando lo posees, tienes todas las demás virtudes? Es la compasión».

Merece la pena detenerse un momento para pensar qué significa realmente la compasión, ya que se trata de un término a menudo malinterpretado. Jinpa, con la ayuda de algunos compañeros, fundó un grupo para el cultivo de la compasión en The Center of Compassion and Altruism Research and Education de la Escuela de Medicina de la Universidad de Stanford. En su maravilloso libro *A Fearless Heart: How the Courage to Be Compassionate Can Transform Our Lives*, explica: «La compasión es un sentimiento de preocupación que surge cuando nos enfrentamos con el sufrimiento de otra persona y nos sentimos motivados para aliviar ese sufrimiento». Y añade: «La compasión conecta el sentimiento de empatía con actos de bondad, generosidad y otras expresiones de tendencias altruistas». La palabra bíblica hebrea para «compasión», *rachamim*, procede de la misma raíz de la palabra «útero», *rechem*, y el Dalai Lama acostumbra a decir que aprendemos la compasión gracias a los cuidados de nuestras madres. También dice que fue su madre su primera maestra de compasión. Es en el hecho de haber sido alimentados y más adelante alimentar a nuestros hijos que descubrimos la naturaleza de la compasión. La compasión significa, en muchos sentidos, expandir ese instinto maternal que fue tan fundamental para la supervivencia de nuestra especie.

El Dalai Lama cuenta una historia que le ocurrió una noche en que volaba de Japón a San Francisco. Cerca de él se sentaba una pareja con dos hijos: un niño muy activo de unos tres años y un bebé. Al principio, parecía que el padre ayudaba en el cuidado de los niños, llevándose a pasear al pequeño, quien no dejaba de correr por los pasillos. A medianoche, el

Dalai Lama pudo ver que el padre dormía profundamente mientras la madre se ocupaba de cuidar de los dos niños, que estaban cansados e irritables. Al advertir los ojos hinchados y el cansancio de la madre, el Dalai Lama le ofreció al mayor de ellos un caramelo. «De verdad —diría más tarde—. Pensé en ello y no creo que hubiera sido capaz de tener ese tipo de paciencia.» El comentario del Dalai Lama reflejaba un tema sobre el que yo había hablado con bastantes historiadores especializados en la historia de las religiones y también con padres: es probable que se requieran muchos años de vida monástica para igualar el crecimiento espiritual que provoca una noche en vela con un niño enfermo.

Aunque todos llevamos lo que el Dalai Lama denomina «la semilla de la compasión» en nuestras propias experiencias por haber sido alimentados por otros, la compasión es en realidad una habilidad que puede ser cultivada. Podemos aprender a desarrollarla y a utilizarla luego para ampliar nuestro círculo de preocupación, más allá de nuestra familia directa, a los demás. Eso nos ayuda a reconocer nuestra condición humana común.

—Arzobispo, santidad, durante la semana, se ha referido tantas veces a la compasión que he pensado que tal vez debamos modificar el título de este libro y llamarlo *El libro de la compasión*. En esta sesión, espero poder estudiar más a fondo la compasión. Si bien existe un consenso generalizado con respecto a que ser compasivo es un noble objetivo, a mucha gente le resulta difícil entenderlo o ponerlo en práctica. La palabra «compasión», como hemos indicado, significa literalmente «sufrir con». ¿Qué le diría a alguien que afirma: «Bastantes problemas tengo yo para ser más compasivo y pensar en aquellos que sufren»?

—Como ya hemos dicho —empieza a decir el Dalai Lama—, somos animales sociales. Incluso la supervivencia de un rey o una reina o de un líder espiritual depende del resto de la comunidad. Por lo tanto, si deseas disfrutar de una vida feliz y tener menos problemas, debes desarrollar una profunda preocupación por el bienestar de los otros, de modo que cuando alguien esté pasando por un período difícil de su vida, o por unas circunstancias complicadas, de forma automática aparezca un sentimiento de preocupación por su bienestar. Y, si existe la posibilidad de ayudar, entonces debes hacerlo. Si no existe esa posibilidad, puedes simplemente orar por ellos o desearles lo mejor.

»Otros animales sociales también muestran esta misma preocupación hacia los de su misma especie. Creo que el otro día mencioné también que los científicos han descubierto que, cuando dos ratones están juntos, si uno se hace daño, el otro le lame la herida. El ratón magullado, cuyo compañero le lame la herida, sana mucho más rápido que el que está solo.

»Esta preocupación por el otro es algo muy valioso. Los seres humanos tenemos un cerebro especial, pero este nos causa también mucho sufrimiento porque siempre está pensando en mí, en mí y en mí. Cuanto más tiempo pases pensando en ti mismo, más sufrimiento experimentarás. Lo increíble es que, cuando pensamos en aliviar el sufrimiento de otras personas, el nuestro se atenúa. Este es el verdadero secreto de la felicidad. Se trata de algo muy práctico. De hecho, es de sentido común.

—¿Significa esto que el ratón que lame la herida también saldrá beneficiado? —pregunté.

El Dalai Lama contestó en tibetano y Jinpa tradujo:

—Se podría aducir que el ratón que lame la herida está mejor y también con un estado de ánimo más tranquilo.

El arzobispo se rió del ejemplo del ratón y de la necesidad de investigaciones científicas en torno a esta cuestión, pues para él era obvio que la compasión formaba parte de la misma esencia de nuestra humanidad, y añadió:

—Yo diría que una de las maneras de mostrar que queremos ser compasivos es el hecho de que admiremos a aquellas personas que lo son. Nadie, o muy pocas personas, admiran a alguien que es vengativo. ¿Por qué acude la gente a oír hablar al Dalai Lama? En gran medida se debe al hecho de en quién se ha convertido. Se sienten atraídos por él debido a su talla espiritual; algo que se ha ganado por la preocupación que siempre muestra por los demás, incluso en medio de su propio sufrimiento de vivir en el exilio.

—Aun así, arzobispo, para muchas personas la cuestión radica en que ellas ya tienen suficientes problemas. Seguro que admiran a ambos y piensan: «Bueno, eso es fantástico, son hombres santos. Pero yo tengo que dar de comer a mis hijos». O «Tengo que ocuparme de mis asuntos». O «No tengo dinero suficiente». O dicen: «Si soy compasivo, otros se aprovecharán de mí, porque este mundo es una jungla». ¿Por qué la compasión redundará en su propio interés? ¿Cómo acabará ayudándoles a alcanzar el resto de sus objetivos en la vida?

—Deberían probarlo, porque es muy difícil hablar sobre ello desde la teoría. Se trata de algo que uno debe trabajarse en la vida real. Prueba a ser amable mientras caminas por la calle y desea los buenos días a la gente con quien te cruces, o sonríe, aunque no tengas ganas. Me juego hasta mi último dólar a que en un breve período de tiempo esa nube del propio interés, que es un egoísmo dañino, desaparecerá. Es universal. Y ¿por qué funciona cuando lo pruebas? Porque estamos programados para cuidarnos los unos a los otros, e ir en contra de esta ley fundamental de nuestro ser, tanto si nos gusta como si no, acarreará consecuencias nocivas para nosotros.

»Si siempre tienes en la boca "yo, yo, yo,", como ha señalado Su Santidad, seguro que te convertirás en un fracasado. Pero cuando dices: "¿En qué puedo ayudar?", incluso aunque estés sufriendo una profunda angustia, esas palabras están dotadas de una alquimia que transforma tu dolor. Puede que este no desaparezca. Pero en cierto modo pasa a ser tolerable, más de lo que era cuando no dejabas de lamentarte y decir "pobre de mí", pensando solo en ti mismo.

»Cuando suena el timbre de tu casa y estás a punto de abrir la puerta, como cristiano, yo haría la señal de la cruz a quienquiera que se encontrara detrás, que es lo mismo que decir "dejadles ser dichosos". Quizá no necesiten nada de forma desesperada. Pero puede que sí. Y tú estás en ese proceso en el que te están ayudando a no ser tan egoísta, tan consciente constantemente de tu angustia. La compasión, en verdad, es esencial. Es como el oxígeno.

—Muy cierto, muy cierto —señaló el Dalai Lama—. Pensar solo en mí, en mí y en mí nos llena automáticamente de temor, y conlleva una sensación de inseguridad y desconfianza. Ese tipo de persona nunca será feliz. Y, al final de su vida, su vecino se alegrará de que esa persona se haya marchado. ¿No es así?

—Tienes toda la razón, sí —respondió el arzobispo.

—Si cuidas de los demás, especialmente de quienes lo necesitan, cuando seas tú el que atraviese dificultades, habrá mucha gente a la que podrás pedir ayuda. Y luego, al final, muchas personas sentirán que han perdido a alguien maravilloso. Es de puro sentido común —concluyó el Dalai Lama señalándose la frente—. Y quiero decir —añadió con fervor, como si quisiera convencer a los escépticos—, mirad alguna fotografía de Stalin o de Hitler y comparadlas con la cara de Mahatma Gandhi, y con la cara de esta persona —señalaba ahora al arzobispo—. Veréis que la persona que detenta todo el poder pero carece de compasión, que solo piensa en tener el control —dijo el Dalai Lama mientras colocaba una mano sobre la otra—, nunca podrá ser feliz. Creo que no deben dormir bien por las noches. Siempre tienen miedo. Muchos dictadores duermen cada día en un lugar distinto.

»Lo que inspira esa clase de miedo es su propia forma de pensar, su propia mente. La cara de Mahatma Gandhi siempre se mostraba sonriente. Y, en cierta medida, creo que también la de Nelson Mandela; dado que siguió el camino de la no violencia y no estaba obsesionado con el poder, millones de personas lo recuerdan. Si se hubiera convertido en un dictador, entonces nadie habría llorado su muerte. Este es mi punto de vista. Muy simple.

Yo quise insistir más sobre el tema al Dalai Lama y al arzobispo Desmond Tutu porque no quería dejar la compasión en el noble reino de los santos y los lamas. Sabía que, según ellos, la compasión representaba un pilar de la alegría para todos nosotros, y quería que me explicaran por qué a nuestra cultura moderna le había resultado tan difícil abrazarla.

—Un cínico diría: «Si la compasión es algo tan natural y es en muchos aspectos el origen de todas las religiones, y la gente lleva miles de años predicando y enseñando la compasión, entonces ¿por qué existe tan poca compasión en el mundo? —pregunté.

—Nuestra naturaleza humana se ha distorsionado —empezó diciendo el arzobispo—. Quiero decir, somos realmente seres excepcionales. En nuestra religión, he sido creado a imagen de Dios. Soy un portador de Dios. Es fantástico. Tengo que parecerme cada vez más a Dios en cuidar de los demás. Sé que cada vez que he obrado compasivamente he experimentado una alegría en mi interior que no he encontrado en nada más.

»E incluso el cínico tendrá que admitir que es así como estamos hechos. Estamos programados para tener en cuenta al otro. Nos marchitamos si no hay otro. Verdaderamente es algo glorioso. Cuando uno dice: "Solo me preocuparé por mí", ese «mí» se marchita de una manera extraordinaria y se vuelve cada vez más pequeño. Y uno descubre que cada vez le resulta más difícil alcanzar la satisfacción y la alegría. Entonces uno quiere probar esto y aquello, pero al final nada le satisface.

El mundo moderno recela de la compasión porque hemos aceptado que la naturaleza es «cruel y despiadada» y que básicamente competimos contra todos y contra todo. Según esta perspectiva, en nuestra vida de consumo y gasto, la compasión es en el mejor de los casos un lujo o, en el peor, una locura contraproducente de los débiles. No obstante, la ciencia de la evolución ha llegado a ver la cooperación, y sus emociones básicas de empatía, compasión y generosidad, como una cuestión fundamental para la supervivencia de la especie. Lo que el Dalai Lama describía —explicando que la compasión redunda en nuestro propio interés— los biólogos evolutivos lo han llamado «altruismo recíproco». Yo te rasco la espalda hoy, y tú me la rascas a mí mañana.

Este acuerdo fue tan crucial para nuestra supervivencia que se ha demostrado que los niños de seis meses ya muestran una clara preferencia por juguetes que estimulan a ayudar en lugar de a obstaculizar. Cuando ayudamos a los demás, solemos experimentar lo que se ha denominado «subidón del que ayuda», ya que se liberan endorfinas en el cerebro que nos conducen a un estado de euforia. El mismo sistema de recompensa cerebral parece encenderse cuando hacemos algo compasivo, al igual que cuando pensamos en el chocolate. La cálida sensación que tenemos al ayudar a los demás procede de la liberación de oxitocina, la misma hormona que liberan las madres lactantes. Esta hormona parece tener beneficios para la salud, entre los que se incluyen la reducción de las inflamaciones del sistema cardiovascular. La compasión hace que nuestro corazón se encuentre más feliz y saludable, literalmente.

Al parecer, la compasión también es contagiosa. Cuando vemos a otras personas comportarse de un modo compasivo, es más probable que también nosotros obremos así. Esto da lugar a una sensación llamada «elevación moral», que es uno de los aspectos de la alegría que Paul Ekman ha identificado. Investigaciones recientes llevadas a cabo por los sociólogos Nicholas Christakis y James Fowler sugieren que este efecto dominó puede extenderse a dos y tres grados de separación. En otras palabras, experimentos con un gran número de personas muestran que, si eres amable y compasivo, es más probable que tus amigos, los amigos de tus amigos, e incluso los amigos de los amigos de tus amigos, también lo sean.

Tememos la compasión porque tenemos miedo de experimentar el sufrimiento, la vulnerabilidad y la impotencia que pueden derivarse de tener un corazón abierto. El psicólogo

Paul Gilbert descubrió que muchas personas temen que si se muestran compasivas se aprovecharán de ellas, que otros dependerán de ellas, y que no serán capaces de lidiar con el sufrimiento de los demás.

Una de las diferencias entre la empatía y la compasión es que mientras la empatía consiste únicamente en experimentar la emoción de otra persona, la compasión es un estado más poderoso en el queremos lo mejor para nuestro prójimo. Tal como ha dicho el Dalai Lama, si vemos que una roca ha aplastado a una persona, el objetivo no es meternos bajo la roca para sentir lo que aquella está experimentando, sino ayudar para sacársela de encima.

Mucha gente también teme suscitar compasión en los demás porque tienen miedo de que estos les pidan algo a cambio, o porque como mínimo se sentirán en deuda. Por último, muchas personas sienten incluso temor de ser compasivos consigo mismos porque creen que se convertirán en seres débiles, que no trabajarán tan duro como antes, o que les superará la tristeza y el dolor. Gilbert afirma: «La compasión puede fluir de forma natural cuando la entendemos y nos ponemos manos a la obra para solventar los temores, nuestros obstáculos y nuestra resistencia a la misma. La compasión es una de nuestras motivaciones más difíciles y valientes, pero también la más sana y enriquecedora».

La autocompasión guarda un vínculo estrecho con la autoaceptación, de la que ya hablamos en un capítulo anterior, pero es algo más que la aceptación de uno mismo. En realidad, es sentir compasión por nuestras debilidades humanas y reconocer que somos vulnerables y que tenemos limitaciones igual que todas las personas. Por consiguiente, es una base fundamental para desarrollar la compasión por los demás. No es fácil amar a los demás como te amas a ti mismo, como ambos señalaron, si no te amas a ti mismo.

El Dalai Lama mencionó durante esa semana lo mucho que le sorprendió escuchar en boca de psicólogos occidentales cuántos de sus pacientes luchaban con el problema de odiarse a sí mismos. Su Santidad suponía que el instinto de conservación, el amor y el cuidado de uno mismo son esenciales para nuestra naturaleza humana. Esta suposición es fundamental para la práctica budista, de modo que le sorprendió saber que la gente tenía que aprender a expresar compasión no solo hacia los demás, sino también hacia sí mismos.

La cultura moderna no nos lo pone fácil a la hora de mostrar compasión por nosotros mismos. Pasamos gran parte de nuestra vida escalando una pirámide de logros, en la que se nos evalúa y juzga constantemente, para a menudo descubrir que no damos la talla. Interiorizamos esas otras voces, de nuestros padres, profesores y de la sociedad en general. Debido a ello, a veces las personas no son demasiado compasivas con ellas mismas. La gente no descansa cuando está cansada y descuidan sus necesidades básicas de sueño, alimentación y ejercicio mientras se obligan a ir más allá. Como dijo el Dalai Lama, se tratan a sí mismos como si formaran parte de la maquinaria. La gente tiende a sentirse ansiosa y deprimida porque esperan tener más, ser más, lograr más objetivos. Incluso cuando una persona alcanza el éxito y consigue un montón de premios, a menudo se siente un fracaso o un fraude. Jinpa lo explica: «La falta de autocompasión se manifiesta en una severa y crítica relación con ellos

mismos. Mucha gente cree que, a menos que se muestren
críticos y exigentes, serán un fracaso, indignos de reconocimiento y de amor».

La psicóloga Kristin Neff ha identificado los distintos
modos de expresar autocompasión. Cuando nos tratamos
con compasión, aceptamos que hay facetas de nuestra per-
sonalidad de las que quizá no estamos satisfechos, pero no
nos lo reprochamos e intentamos resolverlas. Cuando pasamos por una situación difícil, nos mostramos cariñosos y
amables con nosotros mismos, como lo seríamos con un amigo o un familiar. Cuando nos sentimos incapaces de abordar
algún obstáculo, nos recordamos que todos tenemos esta
sensación o limitación. Cuando las cosas son difíciles, reconocemos que todas las personas pasan por desafíos similares.
Y por último, cuando nos sentimos tristes, intentamos entender este sentimiento con curiosidad y aceptación en lugar de
rechazarlo o juzgarnos a nosotros mismos.

El arzobispo y el Dalai Lama habían revelado a lo largo de la
semana una de las principales paradojas de la felicidad: somos más dichosos cuando nos centramos en otras personas,
no en nosotros mismos. En pocas palabras, procurar alegría a
los demás es la manera más rápida de experimentarla nosotros mismos. Como había dicho el Dalai Lama, incluso diez
minutos de meditación sobre el bienestar de los demás puede
ayudarnos a sentirnos alegres durante todo el día, incluso
antes de tomar un café. No podemos experimentar alegría si
cerramos nuestro corazón. Cuando tenemos el valor de vivir
con el corazón abierto, somos capaces de percibir nuestro
dolor y el de los demás, pero también podemos experimentar

más alegría. Cuanto mayor y más cálido sea nuestro corazón, más fuerte será nuestra sensación de vitalidad y resiliencia.

Cuando Anthony Ray Hinton fue a parar al corredor de la muerte después de un juicio al que solo se puede calificar de parodia de la justicia, estaba comprensiblemente enfadado y afligido por cómo el sistema judicial estadounidense le había fallado. «Cuando nadie cree ni una palabra de lo que dices, al final dejas de hablar. No daba los buenos días ni las buenas tardes. No le decía a nadie "encantado de conocerte". Si los guardias necesitaban información, lo escribía en un papel. Estaba furioso. Pero al cuarto año de estar allí dentro, oí llorar a un hombre en la celda de al lado. El amor y la compasión que había recibido de mi madre hablaron a través de mí y le pregunté qué le pasaba. Me explicó que acababa de enterarse de la muerte de su madre. Le dije: "Míralo de esta manera. Ahora tienes a alguien en el cielo que va a defender tu caso ante Dios". Y entonces le conté un chiste, y él se rió. De repente mi voz y mi sentido del humor habían vuelto. Después de aquello, durante veintiséis larguísimos años, intenté centrarme en los problemas de los demás, y así lo hice cada día. Cuando finalizaba la jornada, me daba cuenta de que no me había centrado en mí mismo.» Hinton fue capaz de llevar amor y compasión a un sitio donde no lo había, y, al hacerlo, pudo aferrarse a su alegría en uno de los lugares menos alegres del planeta.

Mientras estaba en la cárcel, vio a cincuenta y cuatro personas —cincuenta y tres hombres y una mujer— pasar por delante de su celda de camino a la cámara de ejecución. Consiguió que sus compañeros de prisión comenzaran a golpear las barras de sus celdas cinco minutos antes de cada ejecución. «En el corredor de la muerte descubrí que muchos de los otros reclusos no habían disfrutado del amor incondicional que yo había recibido de mi madre. Nos convertimos en una familia, y como no sabíamos si algún pariente o amigo iba a estar allí para despedirle, golpeábamos los barrotes para decirles a los que iban a ser ejecutados: "Estamos contigo, todavía te queremos, hasta el final".»

8

Generosidad:
Nos llenamos de alegría

Creo que a casi todos nosotros nos sorprende cómo nos sentimos más alegres cuando hacemos feliz a alguien. Ya saben, vas al centro de la ciudad a hacer algunas compras y vuelves a casa con un ramo de flores para Rachel. Ella no se las esperaba, y el resplandor de su rostro y la alegría que experimentas al haber hecho tan feliz a alguien es algo de un valor incalculable.

—Nuestro libro afirma que para recibir hay que dar —dijo el arzobispo riéndose—. De modo que espero que la gente se dé cuenta de que cuando nos encerramos en nosotros mismos tendemos a ser infelices. Cuando dejamos de centrarnos en nuestra persona, descubrimos que estamos llenos de alegría.

»A veces he dicho de broma que Dios no sabe mucho de matemáticas, porque, cuando das a los demás, todo aquello que ofreces debería restarte capacidades para seguir dando tanto. Sin embargo, de forma asombrosa (desde luego, yo he constatado muchas veces que es así), tú dabas y parecía que, de hecho, cada vez tenías mayor capacidad para dar.

»Y hay un ejemplo físico. El mar Muerto, en Oriente Próximo, recibe agua dulce, pero no tiene salida, de modo que no deja salir el caudal. Recibe agua espléndida de los ríos, y esta se estanca. Es decir, se echa a perder. Por eso se llama el mar Muerto. Recibe y no da. Más o menos, estamos hechos de ese modo. Quiero decir que recibimos y debemos dar. Al fin y al cabo la generosidad es la mejor manera de ser cada vez más y más alegres.

Habíamos llegado al octavo y último pilar de la alegría.

A menudo la generosidad es una consecuencia natural de la compasión, aunque la línea que las separa puede ser difícil de distinguir. Como señaló Jinpa, no debemos esperar a que surjan sentimientos de compasión antes de decidirse a ser generosos. Con frecuencia, la generosidad es algo que aprendemos a disfrutar al ponerla en práctica. Probablemente esta sea la razón por la que casi todas las tradiciones religiosas prescriben la caridad. Es uno de los cinco pilares del islam, llamado *zakat*. En el judaísmo, se denomina *tzedakah*, que significa literalmente «justicia»; en el hinduismo y el budismo, *dana*, y en el cristianismo, «caridad».

La importancia de la generosidad en todas las religiones del mundo se debe sin duda a que expresa un aspecto fundamental de nuestra interdependencia y de la necesidad que tenemos los unos de los otros. La generosidad fue tan crucial para nuestra supervivencia que los centros de recompensa de nuestro cerebro se iluminan con mayor intensidad cuando damos que cuando recibimos. Como ya se ha mencionado, Richard Davidson y sus compañeros han identificado que la generosidad es uno de los cuatro circuitos cerebrales fundamentales que se asocian con el bienestar a largo plazo. En el Informe mundial sobre la felicidad de 2015, Davidson y Brianna Schuyler explicaban que uno de los indicadores más potentes de bienestar en todo el mundo es la calidad de nuestras relaciones. Un comportamiento generoso, prosocial, parece estrechar estas relaciones en todas las culturas. La generosidad se asocia incluso a una mejor salud y a una mayor esperanza de vida. Tan poderoso es su efecto que, según los investigadores David McClelland y Carol Kirshnit, con solo pensar en ella «aumenta de forma significativa la inmunoglobulina A, el anticuerpo salival, una proteína utilizada por el sistema inmunitario».

Parece ser que el dinero sí puede comprar la felicidad, siempre que lo gastemos en otra gente. La investigadora Elizabeth Dunn y sus colegas descubrieron que experimentamos una mayor felicidad cuando gastamos nuestro dinero en los demás que cuando lo gastamos en nosotros mismos. También detectaron que, en los adultos mayores con hipertensión, la presión arterial les baja cuando se les propone que gasten dinero en comprar algo para otras personas en vez de para sí mismos. Como explicó el arzobispo, recibimos cuando damos.

Había escuchado una historia extraordinaria que apoyaba lo que decía el arzobispo. Me la contó James Doty, fundador y director en la Universidad de Stanford de The Center of Compassion and Altruism Research and Education, y presidente de la Fundación Dalai Lama. Jim también trabajaba como neurocirujano a tiempo completo. Años antes, había hecho una fortuna como dueño de una empresa de tecnología médica y había cedido acciones por valor de treinta millones de dólares a diversas organizaciones benéficas. Por entonces, su patrimonio neto era de unos setenta y cinco millones. No obstante, cuando la bolsa se desplomó, lo perdió todo y se encontró con que estaba en la bancarrota. Solo le quedaban las acciones que estaban destinadas a obras benéficas. Sus abogados le aconsejaron que se olvidara de donaciones filantrópicas y le dijeron que todo el mundo entendería que sus circunstancias habían cambiado. «Uno de los mitos más persistentes en nuestra sociedad —me explicó Jim— es que el dinero te hará feliz. El hecho de haber crecido en la pobreza me llevó a creer que el dinero me proporcionaría todo aquello que no tenía: control, poder, amor. Cuando conseguí toda la riqueza con la que siempre había soñado, descubrí que no me había hecho feliz. Y, cuando me quedé sin blanca, todos mis falsos amigos desaparecieron.» Jim decidió seguir adelante con su contribución a obras benéficas. «En aquel momento comprendí que el dinero solo proporciona la felicidad cuando te desprendes de él.»

La generosidad no solo se define por el dinero que damos, sino también por cómo compartimos nuestro tiempo. En la literatura sobre la felicidad hay un gran volumen de investigaciones relativas a la importancia de tener una finalidad en la vida. El propósito es, básicamente, cómo podemos contribuir a ayudar y a ser generosos con los demás, cómo sentirnos necesarios y valiosos para ellos. Un extenso metaanálisis dirigido por el cardiólogo Randy Cohen en el hospital Mount Sinai St. Luke's reveló que tener una alta motivación en la vida se relaciona con una reducción del 23 por ciento en la mortalidad por cualquier causa. Según un estudio llevado a cabo por la neuropsicóloga Patricia Boyle y otros investigadores publicado en la revista *JAMA Psychiatry*, la gente con una finalidad en la vida tiene la mitad de probabilidades de desarrollar alzhéimer después de siete años. No debería sorprendernos, por tanto, el hecho de que ser generosos con nuestro tiempo cause el mismo impacto en nuestra salud. Un extenso metaanálisis realizado por Morris Okun ha descubierto que el trabajo voluntario reduce el riesgo de muerte en un 24 por ciento.

La compasión y la generosidad no son simplemente nobles virtudes; están en el núcleo de nuestra humanidad y contribuyen a que nuestra vida sea alegre y tenga sentido.

—Sí, es cierto, ocurren muchas muchas cosas horribles —dijo el arzobispo—. Pero en nuestro mundo también existen cosas increíblemente bellas. En las barriadas negras de Sudáfrica la gente vive en la miseria y, debido a la desesperación y a las enfermedades, incluido el sida, hay una gran cantidad de niños huérfanos. En una de ellas, conocí a una madre que había recogido a estos niños abandonados de las calles. En un principio, sus recursos eran muy escasos. Pero, una vez en marcha, comenzó a llegarle ayuda para que pudiera seguir adelante con esa labor tan compasiva.

»En esencia, somos buenos. Lo anómalo no es la buena persona, sino la mala. Hemos sido creados para la bondad. Y, cuando nos llega la oportunidad, la mayoría de las veces respondemos con generosidad. Esa madre no tenía nada, pero eso no la detuvo para acoger a unos cien niños de la calle en una casa de tres habitaciones. Al poco tiempo, la gente se enteró de lo que estaba haciendo y dijeron: "De acuerdo, la ayudaremos. Les construiremos un pequeño dormitorio". Y otros: "Te daremos comida". Y, como por arte de magia, enseguida tuvo una casa. Esta señora se convirtió en una figura legendaria. Pero no fue la fama ni nada parecido lo que la llevó a hacer esto. Simplemente, vio a aquellos chavales y su instinto maternal dijo: "No, esto no puede ser". No podemos pretender que la gente no se sienta abrumada por la impotencia, pero haz lo que puedas donde puedas.

En el ochenta cumpleaños del arzobispo, Rachel y yo fuimos con su familia y él a visitar el orfanato y celebrarlo con un pastel gigante. Algunos de los niños se sentaron en el suelo, otros sobre nuestros regazos, en una estancia llena de docenas de niños, y era imposible no querer adoptarlos a todos. Los mayores sostenían a los más pequeños en brazos: todos ellos habían entrelazado sus vidas en el hospicio de la compasión y de la generosidad de la madre que los había acogido. Recordé al arzobispo diciendo que, cuando visitaba las barriadas negras, había gente que, a pesar de no poseer nada, absolutamente nada, abría sus casas y sus corazones a los demás. La generosidad está profundamente arraigada en nosotros.

—Y te sorprendes —prosiguió el arzobispo— cuando vas a un monasterio o a un convento, y ves que la gente lleva una vida muy muy sencilla, pero que poseen una paz que nosotros, siempre tratando de acumular más y más cosas, nos es difícil de conseguir. A menos, claro, que nos sentemos sin preocuparnos en absoluto por nuestra riqueza y nuestro estatus, en cuyo caso podremos ser generosos, pues hemos aprendido a desprendernos de esas posesiones y del estatus social, sin aferrarnos a ellos como si nuestra vida dependiera de eso.

»No son la riqueza ni el estatus lo que nos hace infelices. Es nuestra actitud. Es lo que hagamos con ellos lo que es tan importante. Ya lo dijimos el primer día: si te vuelves tan introvertido, tan egoísta, acabarás siendo un ser humano marchito y seco.

Más allá de nuestro tiempo y de nuestro dinero, hay otras formas de dar. Jinpa explicó que en las enseñanzas budistas hay tres tipos de generosidad: dar posesiones materiales, dar libertad para vivir sin temor (lo cual puede incluir protección, consejo o consuelo) y dar guía espiritual, que puede incluir tu sabiduría, es decir, tus enseñanzas morales y éticas, o ayudar a la gente a ser más autosuficientes y felices. Esto era, por supuesto, lo que el Dalai Lama y el arzobispo llevaban toda la semana ofreciéndonos.

—Está ahí, delante de tus ojos —dijo el arzobispo—. Lo hemos visto. Las personas que admiramos son aquellas que toman en consideración a los demás. Aquellos que, cuando quieres hablar con ellos, aunque estén inmersos en una dura tarea profesional o de otro tipo, son capaces de hacerte sentir que, en ese preciso momento, tú eres lo más importante.

»No tiene por qué intervenir la religión. Es decir, se trata de una cuestión secular. Las empresas que cuidan de sus trabajadores tienen más éxito. Sus propietarios podrían decir: "Bueno, les pagamos un buen sueldo y es lo único que debe preocuparnos". Sí, de acuerdo, está bien; hazlo así. Pero tus empleados te dirán: "Hago mi jornada laboral de tal hora a tal hora, y luego me voy". Sin embargo, cuando sientan que te importan como personas (ya sabes, les preguntas cómo están ellos y sus familias, o al menos tienes a alguien en tu empresa cuyo trabajo es cuidar del bienestar de tus empleados como personas), entonces aumenta la productividad. No sé qué otras pruebas necesitamos para comprender que las empresas humanitarias, las personas humanitarias, casi siempre son aquellas a quienes les van bien las cosas. De hecho, les va muy muy bien. Y lo opuesto también es cierto.

—Muy cierto, muy cierto —añadió el Dalai Lama—. Es bastante obvio. Muchas compañías japonesas cosechan mucho éxito por la relación que existe entre la empresa y sus empleados. Estos tienen la sensación de que «esta es mi empresa», así que trabajan con entusiasmo. En aquellos negocios en los que solo importan los beneficios, los trabajadores no dejarán de pensar en la hora del almuerzo, o del té, sin que les importe la compañía. Si construyes lo que significa de verdad trabajar juntos, al tiempo que se comparten los beneficios de ese trabajo, entonces se fomentará una verdadera armonía. Esto es lo que realmente necesitamos en estos momentos. Armonía entre los siete mil millones de seres humanos.

El Dalai Lama entrelazó las manos, como si pudiera disponer de la armonía de la población mundial con sus delicados dedos.

—Me gustaría volver a lo que comentaba antes el arzobispo, sobre los sentimientos que le inspiran el hecho de que nuestra naturaleza humana esté siendo desvirtuada —prosiguió el Dalai Lama—. ¿Qué es aquello que desvirtúa nuestros sentidos innatos de la compasión y de la generosidad en esta sociedad moderna?

»Nos han educado para creer que tenemos que obedecer las leyes de la selva. Come o te comerán. Somos despiadados en nuestra competitividad, tanto que ahora las úlceras de estómago son un símbolo de estatus. Demuestran lo duro que trabajamos. Y lo hacemos no solo para satisfacer nuestras necesidades y las de nuestras familias, sino también para tratar de superar a los demás. Le hemos restado importancia al hecho de que nuestra verdadera naturaleza nos empuja hacia la complementariedad. Nos hemos deshumanizado y degradado. Como dijo Martin Luther King Jr.: «Debemos aprender a vivir juntos como hermanos y hermanas, o pereceremos como tontos».

»Espero que libros como este despierten en nosotros el sentido de la humanidad. Nos daremos cuenta entonces de lo obsceno que es gastar miles de millones en lo que llamamos un "presupuesto de defensa", cuando una pequeñísima parte de este dinero garantizaría que... Quiero decir, mueren niños cada día, mueren porque no tienen agua potable. Eso no sucedería si fuésemos conscientes de nuestra interconexión. Una nación no puede prosperar aislada. No puede. No nos hicieron así. Fuimos programados para esa complementariedad, esa unión, para formar parte de una familia. Y, aunque te parezca excesivamente sentimental, no lo es. Lo digo muy sinceramente.

»Cuando produces alimentos de más y no se te ocurre decir: "Por cierto, allí hay gente que pasa hambre", y en vez de eso destruyes los excedentes, y crees que eso está bien, no, no está bien, porque has roto leyes fundamentales del universo. Y las cosas irán terriblemente mal.

»No es necesario tener conocimientos bíblicos o religiosos. Es una realidad: no puedes sobrevivir por tu cuenta. Si alguien asegura que va a comportarse como un completo egoísta, en poco tiempo se hundirá. Necesitas a otras personas para desarrollar tu humanidad. Por eso, cuando quieren castigarte, te ponen en régimen de aislamiento, porque no puedes crecer sin otros seres humanos a tu lado. Estos te proporcionan cosas que no puedes darte a ti mismo, por mucho dinero que tengas. Hablamos del *ubuntu*. Una persona es persona gracias a otras personas. Y seguro que algunas dijeron: "Oh, ¡qué forma tan primitiva de pensar!". Se trata de la ley más fundamental de nuestro ser. Y no la acatamos, y así nos perjudicamos a nosotros mismos.

El arzobispo mantenía la mirada fija, y hablaba con la pasión y autoridad de un profeta del Antiguo Testamento que intentara salvar a la gente de la ruina. Sabía que enfrentarse al poder denunciando la realidad de los hechos, como siempre hacía, era agotador. Sin embargo, no parecía exhausto. Quizá se sentía revitalizado por su papel de anciano de la aldea global, al que todavía se necesitaba desesperadamente para que aportara una voz moral. No obstante, yo quería cuidar y velar por sus escasas fuerzas.

—Arzobispo, no quiero agotar su energía. Tenemos una última pregunta relacionada con este tema. ¿Cómo se encuentra?

—Estoy bien.

—¿Para una pregunta más?

—Puedes formular todas las que quieras.

—Esta procede de Mika, en Sudáfrica. Ella pregunta: «¿Cómo puede usted servir a la gente, a la naturaleza y a las causas que lo necesiten sin acabar sufriendo una crisis mental? ¿Cómo podemos ayudar a sanar el mundo y aun así encontrar alegría en nuestra propia vida?».

—Mi hermano más joven, tú primero —sugirió el arzobispo.

—Creo que tú lo sabes mejor que yo.

El arzobispo rió y me dijo:

—Por favor, anota eso. Es la primera vez que admite que yo sé más sobre un asunto que él.

—¿La pregunta tiene que ver con África? —inquirió el Dalai Lama.

—No, tiene que ver con el mundo.

—De acuerdo —respondió el Dalai Lama preparándose para responder—. Siempre le digo a la gente que los problemas a los que nos enfrentamos en la actualidad tienen muy difícil solución. Toda una generación ha sido educada con una mentalidad y un estilo de vida específicos. De modo que cuando pensamos en cómo construir una humanidad saludable en el futuro, en realidad tenemos que pensar en cómo crear una nueva generación de ciudadanos con una nueva mentalidad. La educación es la clave del asunto. El cristianismo posee una doctrina maravillosa, también el budismo, pero estas enseñanzas y propuestas no son suficientes.

»La educación secular es ahora universal. De manera que debemos incluir la enseñanza de la compasión y de la ética en la formación académica de nuestros jóvenes, no basándonos en creencias religiosas, sino en los descubrimientos científicos y en nuestro sentido común y nuestra experiencia universal. Quejarnos simplemente sobre la situación que vivimos hoy en día no sirve de mucho. Es muy difícil lidiar con esta actual crisis mundial debido a nuestra mentalidad básica. Como dijiste, tu padre solía ser normalmente un hombre muy bueno, pero se comportaba mal cuando se emborrachaba. Creo que en estos momentos hay muchos seres humanos ebrios. Tienen demasiadas emociones negativas, y la avaricia, el miedo y la ira dominan sus mentes. De modo que actúan como borrachos.

»La única salida a este sopor que produce la ebriedad es educar a los chicos para que conozcan el valor de la compasión y la importancia de utilizar la mente. Necesitamos un enfoque a largo plazo arraigado en una visión para abordar nuestros desafíos globales colectivos. Esto requeriría un cambio radical en la conciencia humana, algo que solo la educación podría lograr. El tiempo nunca espera. Así que creo que es muy importante que empecemos ya. Tal vez entonces la nueva generación esté en posición de solucionar estos problemas globales. Nosotros, los más mayores, hemos creado un montón de problemas en el siglo xx. Las generaciones del siglo xxi tendrán que encontrar las soluciones para estos problemas.

—Es decir, la gente fundamentalmente somos compasivos —dijo el arzobispo volviendo a una de sus principales creencias.

—Sí. Esa es la base de nuestra esperanza —asintió el Dalai Lama.

—Estoy hablando yo —replicó el arzobispo, en tono de broma.

El Dalai Lama se echo a reír.

—Incluso la persona más egoísta —continuó el arzobispo— siente un mínimo de compasión por su familia. No estamos hablando pues de algo extraño. Estamos diciendo que hemos descubierto que somos interdependientes.

—En realizad, arzobispo —dije intentando volver a centrarnos en el tema sobre el que estábamos conversando—, la respuesta va dirigida a la gente que siente esa interdependencia profundamente y que son tan compasivos que se les rompe el corazón cuando ven el mundo actual. Esta persona quiere saber cómo puede encontrar alegría en su vida mientras tantos otros sufren.

—Sí. Muy bien —dijo bajando la vista y reflexionando acerca de la cuestión—. Como anciano que soy, puedo decir: empieza allí donde estés, y sé consciente de que no puedes resolver tú solo todos estos enormes problemas. Haz lo que puedas. Parece algo muy obvio, pero te sorprenderá lo contagioso que resulta.

»Hay muchísimas personas (mi corazón salta de alegría al ver lo numerosas que son) a quienes sí les importa. ¿Cuánta gente se manifestó en Nueva York por el medio ambiente? Fue increíble. Nadie les iba a pagar nada por asistir. Pero allí estaban, una multitud. Hay mucha mucha gente a la que sí le importa. Y te sorprenderás cuando empieces a decir: "Bueno, me gustaría hacer algo por los ancianos". Te asombrará la cantidad de gente que se ofrecerá para ayudarte. ¿Por qué si no hay tantas ONG? Son personas que dicen: "Queremos un mundo mejor". Así pues, no debemos ser tan negativos.

»Recuerda que no estás solo y que no tienes que terminar el trabajo. Lleva tiempo, pero mientras estamos en ello aprendemos, crecemos como personas, nos convertimos en lo que queremos ser. No estás ayudando a nadie si sacrificas tu alegría porque otras personas están sufriendo. Nosotros, la gente a la que nos importa, debemos resultar atractivos a los demás, debemos estar llenos de alegría, para que los otros reconozcan que ser bondadosos, que ayudar y ser generosos no es ninguna carga para nosotros, sino una satisfacción. Brinda tu amor al mundo, tu servicio, tu curación, pero también ofréceles tu alegría. Este también es un gran regalo.

El arzobispo y el Dalai Lama estaban describiendo un tipo especial de generosidad: la generosidad de espíritu. Esta es la cualidad que ambos poseen, quizá más que ninguna otra. Tienen un corazón enorme, son magnánimos, tolerantes, de mentalidad abierta, pacientes, compasivos y amables. Puede que esta generosidad de espíritu sea la expresión más auténtica de desarrollo espiritual, una generosidad que, como bien dijo el arzobispo, necesita de mucho tiempo para desarrollarse.

Desmond Tutu ha utilizado una bella frase para describir esta forma de ser en el mundo: «Convertirse en un oasis de paz, una fuente de serenidad que se expanda a todos los que nos rodeen». Cuando tenemos un espíritu generoso, a la gente le resulta fácil y divertido estar con nosotros. Irradiamos felicidad, y nuestra compañía puede producir alegría en los demás. Sin duda, esto va unido a la habilidad, como ha señalado repetidas veces el arzobispo, de ser una persona menos egoísta, menos exclusivista y más altruista. Nos agobiamos en menor medida por nuestros propios planes: no tenemos nada que demostrar. No necesitamos que nos vean de un determinado modo. Tenemos menos pretensiones y nos mostramos más abiertos, más honestos. Esto, naturalmente, hace también felices a aquellos que nos rodean; dado que nos hemos aceptado a nosotros mismos, que hemos asumido nuestras vulnerabilidades y nuestra humanidad, podemos aceptar la humanidad de los demás. Podemos sentir compasión por nuestros defectos y por los de los otros. Podemos ser generosos y ofrecer nuestra alegría a los demás. En muchos sentidos, es como la práctica budista del *tonglen* que el Dalai Lama utilizó el día que descubrió la rebelión y la brutal represión en el Tíbet. Podemos así comprender el sufrimiento de los demás y devolverles nuestra alegría.

Cuando practicamos la generosidad de espíritu, en muchos sentidos estamos practicando todos los demás pilares de la alegría. En la generosidad, hay una perspectiva más amplia desde la que vemos nuestra conexión con todos los demás. Hay una humildad que reconoce nuestro lugar en el mundo y el hecho de que en algún momento podríamos ser nosotros los que necesitemos ayuda, ya sea material, emocional o espiritual. Hay sentido del humor y cierta habilidad para reírnos de nosotros mismos de modo que no nos tomemos demasiado en serio. Hay una aceptación de la vida, a la que no forzamos a ser más de lo que es. Hay el perdón de otros y un desprenderse de lo que podría haber sido. Hay gratitud por todo lo que nos ha sido dado. Por último, vemos a quienes lo necesitan con profunda compasión y con el deseo de ayudar. Y todo ello nos procura una generosidad que es «un sabio egoísmo», una generosidad que reconoce que, si ayudamos a los demás, nos ayudamos a nosotros mismos. Tal como el Dalai Lama dice: «De hecho, cuidar de los demás, ayudar a los demás, es en última instancia el modo de descubrir tu propia alegría y de tener una vida feliz».

Ha llegado la hora de una «pequeña» fiesta sorpresa en el Pueblo de los Niños Tibetanos, donde mil setecientos cincuenta niños, trescientos profesores y personal, y otros setecientos adultos invitados de la comunidad tibetana esperaban impacientes para celebrar el ochenta cumpleaños del Dalai Lama. Como todo lo que acabamos de leer sobre la generosidad, los que estuvimos allí —y aquellos que lo estaban viendo en directo desde todas las partes del mundo— recibimos mucho más siendo testigos de este extraordinario acontecimiento de lo que podríamos haber esperado dar al Dalai Lama.

Celebración:
Bailando en las calles del Tíbet

Mientras nos acercábamos al Pueblo de los Niños Tibetanos, podíamos sentir la emoción de los chiquillos incluso antes de poder verla en sus caras. Fue un acontecimiento inusual para el Dalai Lama disponer de tiempo para visitar el colegio, y el hecho de que fuera acompañado de su invitado de honor hacía que el evento supusiera un hito en la historia de la escuela.

Cuando vinimos en enero para planificar el viaje, preguntamos si podíamos organizarle una pequeña fiesta de cumpleaños al Dalai Lama. Nos reunimos con dos de los líderes del Pueblo de los Niños Tibetanos, Tsewang Yeshi y Ngodup Wangdu Lingpa, que ejercían de administradores y de padres suplentes de los chicos, al igual que el resto de los profesores. No querían que ninguno de los niños perdicra esta oportunidad, de modo que pronto la pequeña reunión pasó a ser una fiesta de más de dos mil personas. Se ofrecieron amablemente a hacer el pastel de cumpleaños (no sabíamos cómo íbamos a meter un pastel para dos mil invitados en nuestro equipaje), y acordamos que nosotros traeríamos las velitas de broma de Estados Unidos.

Los niños llevaban meses estudiando cómo encontrar alegría y felicidad frente a la adversidad, explorándolo en sus propias vidas. Habían escrito sobre los desgarradores viajes de sus familias desde el Tíbet, a menudo con tan solo cinco años. Muchos habían viajado durante semanas con familiares o con extraños por puertos de montaña cubiertos de nieve, el mismo y peligroso viaje que había llevado a cabo el Dalai Lama medio siglo atrás. Debido a que la educación basada en la lengua y la cultura tibetanas había sido eliminada o estaba terriblemente restringida en muchos sitios del país, sus padres, muchos de ellos agricultores pobres y analfabetos, enviaban a sus hijos a que se educaran con el Dalai Lama. Tras entregarlos sanos y salvos, los familiares o guías tenían que regresar al Tíbet. Con frecuencia, estos niños no vuelven a ver a sus familias hasta que son adultos, o simplemente no vuelven a verlas.

Mientras nuestra comitiva se acercaba, oímos las voces en alza de los niños, su canción de bienvenida, aguda y quejumbrosa, pero indómita y festiva. Se trataba de una canción que habían compuesto para el ochenta cumpleaños del Dalai Lama. El coro y la plantilla del colegio bordeaban la carretera. A su alrededor, se sentaban multitudes de estudiantes con sus uniformes escolares: las chicas con camisa blanca, jerséis de pico y faldas verdes; los chicos con pantalón azul y la tradicional túnica gris sobre su camisa tibetana, la misma que habían confeccionado para el arzobispo.

El todoterreno beis del Dalai Lama y el arzobispo avanzaba lentamente a través de la multitud, bajo la enorme tienda circular de color blanco que habían levantado para proteger a ambos y a los niños del sol de mediodía. El coche llegó por fin a la biblioteca, mientras los niños seguían cantando a todo pulmón. Después de ayudar al Dalai Lama y al arzobispo a bajarse del vehículo, colocaron unas largas *khatas* —los pañuelos blancos ceremoniales tibetanos— alrededor del cuello del arzobispo. A continuación, los condujeron hacia una caja roja ceremonial que contenía, en un lado, harina de cebada mezclada con azúcar y mantequilla y, en el otro, granos de cebada. La cebada, capaz de crecer a gran altitud, es el cultivo más importante en el Tíbet. La harina, o *tsampsa*, que se obtiene de moler cebada tostada, es fundamental en la dieta tibetana. La colorida cebada sobresalía por fuera de la caja. Una joven y un joven, cuidadosamente vestidos con la ropa tradicional tibetana, se detuvieron junto a la caja, ambos con el pelo largo trenzado sobre la cabeza a modo de corona y largos collares amarillos colgando sobre el pecho. La muchacha sostenía un cuenco de metal lleno de leche, seguramente de vaca o de cabra y no de yak, más tradicional.

El Dalai Lama mostró al arzobispo cómo lanzar al aire la harina de cebada y luego sumergió su dedo anular en la leche como parte de la ofrenda ceremonial. Varas de incienso de color amarillo, verde y rojo se quemaban muy cerca de nosotros. Una multitud de periodistas, fotógrafos, guardias de seguridad, monjes y funcionarios, incluyendo el portador de una sombrilla amarilla, se apiñaba alrededor. Seguidamente nos condujeron a la biblioteca, donde los bibliotecarios colocaron más pañuelos sobre el cuello del arzobispo, quien parecía encoger bajo las capas de tela blanca. Me habían explicado que uno de los bibliotecarios había estado tres horas frotando el suelo para aquella visita.

El arzobispo y el Dalai Lama pasaron por delante de los niños que habían sido elegidos para explicar su historia. Estaban inclinados hacia delante en señal de respeto, mientras sostenían pañuelos con las manos. El Dalai Lama se detuvo frente a uno de los más pequeños, uno que tenía una cicatriz que iba desde la nariz hasta la mejilla. El Dalai Lama la tocó con ternura y le preguntó cómo se la había hecho, y entonces le mostró al niño la cicatriz que él tenía en el cuero cabelludo.

Mientras ambos hombres ocupaban sus asientos, una joven dio un paso al frente. Parecía una chica muy estudiosa y elegante con sus gafas metálicas de color rosa.

—Muy buenas y cálidas tardes, santidad y señor arzobispo Desmond Tutu. Me llamo Tenzin Dolma y estudio en el aula número doce. Hoy voy a compartir con ustedes la experiencia de mi viaje desde el Tíbet a la India. Nací en un pequeño pueblo llamado Karze, que está en Kahm, una provincia del Tíbet. Soy la más pequeña de mi familia. Mis dos hermanas y yo fuimos criadas por mi madre, que es campesina. Mi recuerdo más antiguo es de mi tío, que se escondía en mi casa porque lo buscaban los chinos. En 2002, cuando tenía cinco años, mi madre me comunicó que iría a la India con mi abuela.

»Me puse muy contenta porque me encantaba pasar el tiempo en compañía de mi abuela. El viaje hasta la India fue larguísimo y lleno de dificultades. Teníamos que escondernos de la policía chi… Así que mi abue…

La chica se vino abajo, rompió a llorar y no pudo seguir. Mpho Tutu se acercó a ella y la rodeó con el brazo para consolarla. Mientras lloraba, el Dalai Lama dijo:

—Casi todas las familias tibetanas tienen un miembro de su familia al que han asesinado, arrestado o torturado.

Después de unos minutos, la niña se recuperó y pudo continuar.

—De modo que mi abuela y yo nos escondíamos bajo el equipaje o bajo los asientos del autobús. En la frontera de Nepal, la policía china apartó a mi abuela. Nos quedamos atrapadas en la frontera nepalí durante una semana. Una noche, mi abuela me dijo que me fuera a Nepal con un hombre nepalí. Yo tenía mucho miedo, pero me fui con el extraño. Al día siguiente, me reuní con mi abuela. Cuando llegamos a la India, lo primero que hicimos fue dirigirnos a Bodh Gaya, para asistir al Kalachakra.

—El Kalachakra —explicó el Dalai Lama— es una gran ceremonia budista.

—Después de aquello, vinimos a Dharamsala —prosiguió la muchacha—. Mi abuela rompió a llorar cuando vio a Su Santidad y nos bendijo a las dos. Ella me explicó quién era usted. Me uní al Pueblo de los Niños Tibetanos y mi abuela regresó al Tíbet. No he vuelto a mi pueblo y… y han pasado trece años desde la última vez que vi a mi familia.

Tenzin lloraba de nuevo, pero se esforzaba por seguir hablando. Noté que Jinpa también estaba llorando, conmovido sin duda por las lágrimas de la niña, pero quizá también por los recuerdos de sus primeros días en el colegio tibetano lejos de los suyos. El Dalai Lama tenía las palmas de las manos juntas sobre su corazón.

—Estaba triste por dejar a mi familia, pero he encontrado muchas cosas que me han proporcionado alegría. Tengo muchos amigos y unos profesores maravillosos, y también tengo al maestro Lobsang, que es como mi padre.

Tenzin hablaba entre lágrimas, su dolor surgiendo a borbotones, y advertí que Ngodup Wangdu, el director de la escuela, se secaba los ojos con su túnica gris.

—Durante mi último año de colegio, he recordado y agradecido a todos aquellos que, trabajando juntos, me han convertido en la persona que soy hoy. Sin el apoyo de Su Santidad el Dalai Lama no existiría el Pueblo de los Niños Tibetanos.

De modo que le doy las gracias, santidad, desde lo más profundo de mi corazón. Gracias.

Tenzin habló con valentía a través de sus lágrimas. Se retiró y la siguiente estudiante ocupó su lugar.

—*Tashi delek*, santidad. *Tashi delek*, arzobispo Desmond Tutu —dijo dando la bienvenida con el saludo tradicional tibetano—. En primer lugar, me gustaría decir que me llamo Yongzin Lhamo, y que estoy en la clase ocho. Llegué a la India en 2007. Estoy aquí hoy para compartir mi viaje. Mi travesía hasta la India comenzó en Tawo, también en la provincia tibetana de Kham. Con solo cinco años, tuve que dejar a mi familia atrás. El dolor que supuso para mí abandonar a mi familia…

Yongzin Lhamo se detuvo y rompió a llorar, incapaz incluso de comenzar a contar su historia; haber tenido que dejar a los suyos era lo único que importaba. Mpho consoló también a esta niña rodeándola con el brazo.

Después de unos minutos viendo cómo lloraba la chiquilla, el Dalai Lama, con expresión preocupada, comenzó a hablar con ella. Era evidente que estaba demasiado abatida para seguir, y Su Santidad ejerció su papel de director honorario y custodio del colegio.

—Debes pensar que aquí tienes plena libertad y la oportunidad de estudiar no solo la enseñanza actual, sino también nuestra cultura ancestral y milenaria. Cuando consideres tu situación bajo esta perspectiva, te sentirás bien.

»Nosotros, los tibetanos, somos una población muy pequeña, unos seis millones, pero tenemos una larga historia, y nuestro propio idioma, y una vasta tradición escrita, de modo que debes sentirte orgullosa. Y entonces podrás sentirte feliz. Sí, puedes ver más allá de estas difíciles y tristes experiencias.

Debes estudiar duro, porque esta generación tiene la respon-sabilidad de reconstruir el Tíbet. Entonces te sentirás feliz.
—El Dalai Lama intentaba ayudarla, unir su dolor con el des-tino colectivo del pueblo tibetano para que pudiera encontrar sentido y consuelo más allá del trauma que había vivido.
—Gracias —respondió la niña, y regresó junto a sus maestros, que la abrazaron.
Un joven dio un paso al frente vestido con su túnica gris y sus pantalones azules.
—Me llamo Tenzin Tsering y soy de la clase siete. Quiero compartir con ustedes cómo huí del Tíbet con mi padre. Nos fuimos una mañana, al alba, cuando la luna aún seguía allí, en el cielo. Mi madre vino y me dijo que estudiase mucho y que fuera valiente. En cuanto mi madre se dio media vuelta para marcharse, empezó a llorar desconsoladamente. Mi padre se acercó y me dio un golpecito en la espalda, indicándome que había llegado la hora de despedirse. Me puse a llorar porque no quería irme, pero mi madre, con los ojos llenos de lágri-mas, insistió en que debía hacerlo.
»El autobús no tardó en llegar, mientras esperábamos fue-ra de casa. Dejé mi hogar con el corazón roto, y me quedé mi-rando por la ventanilla, intentando aprehender en mi corazón toda la belleza de mi tierra y sus gentes para poder recordarlos cada vez que echara de menos mi casa. La nieve empezaba a cubrir la carretera, pero mis amigos y yo no nos rendíamos. Nos montábamos en la grupa del yak, y los mayores hundían los pies en la nieve de nuestra tierra. Llevábamos gafas de sol para protegernos los ojos. Vi un puente que nos esperaba para que lo cruzáramos. El corazón me latía muy fuerte.
»Dormíamos durante el día y dejábamos atrás a los solda-dos chinos por la noche. Mi hermana sufría un dolor grave e

íbamos a pie. Las jornadas transcurrían entre caminar y esconderse. Las penurias que soporté para llegar a la India no fueron nada comparado con la pena de dejar atrás a mi familia. Desde entonces, no era feliz con nada de lo que hacía. Ya no disfrutaba cantando en el autobús, o con la belleza de las flores abriéndose, o con el arcoíris… Me robaron la libertad que estaba en mi interior. Sentía sumido en un profundo dolor sin esperanza de sobrevivir. Me estaba muriendo poco a poco por dentro. El viaje a la India ha sido lo más duro y aterrador que he hecho nunca.

»Cuando mi padre y yo llegamos a Dharamsala, él me llevó de compras y me dejó en el colegio. Me dijo que vendría al día siguiente, pero me mintió. Lo esperé ansioso, llorando sin parar, hora tras hora. Pronto hice muchos amigos, vi que tenía una escuela encantadora, unos profesores muy cariñosos y la bendición de Su Santidad. Sentí un poquito de alegría en mi interior y comencé a disfrutar de mi vida aquí, en el exilio. Ahora encuentro alegría en todo, en mis compañeros, aprendiendo en clase, y de algún modo siento que he vuelto a ser yo, aunque tenga muchísimas ganas de ver a mi madre y de estar junto a ella en mi casa… Esa sería la mayor alegría de mi vida. Gracias.

El chico hizo una reverencia y regresó junto a los otros estudiantes. Siguió un largo silencio mientras asimilábamos la intensidad y el dolor de las historias de los niños. El Dalai Lama se volvió hacia el arzobispo y dijo:

—Debería felicitarlos, su inglés es mejor que el mío, ¿no crees?

—Debería ser más considerado contigo —repuso el arzobispo—, pero sí. Lo hablan muy muy bien. Excelente. Excelente. Todos ellos, incluso las jovencitas, a pesar de su dolor.

El arzobispo dio las gracias en inglés y en tibetano. Entonces el Dalai Lama lo llevó a ver unos murales donde los niños habían expuesto sus fotografías e historias sobre la alegría. El primero se titulaba «Alegría en familia» y había otros sobre «Alegría en la música» y «Alegría en la naturaleza».

—«Quiero abrazar a mis padres» —leyó el Dalai Lama en uno de los murales—. «Hay una profunda alegría y amor en un abrazo.» Muy bien. Maravilloso. «Cuidaré de mis padres cuando sean mayores. Nunca los abandonaré.» Muy bonito. —En los dibujos en los que reflejaban aquello que les proporcionaba alegría, la mayoría de los niños dibujaban a sus familias, a sus amigos y a los profesores del colegio, quienes se habían convertido en una segunda familia. Su mayor fuente de alegría eran las personas a las que amaban.

Al pie de uno de los murales había escrita una cita: «La verdadera felicidad procede de la alegría de las obras bien hechas, del placer de crear cosas nuevas». Era una cita de Antoine de Saint-Exupéry, autor de *El principito*, la historia de otro niño que también se encuentra lejos de su casa.

Mientras abandonábamos la biblioteca, el coro de chicas empezó a cantar de nuevo un cumpleaños feliz, acompañadas esta vez por un laúd tibetano.

El arzobispo y el Dalai Lama fueron conducidos hasta dos sillas situadas en el centro de la enorme tienda, de la que colgaba el nudo infinito y otros símbolos tibetanos. Alrededor de la tienda, también habían colgado flecos rojos, verdes y amarillos, y banderas encordadas de plegarias de color rojo, verde, amarillo, blanco y azul.

Se invitó entonces a los cerca de dos mil niños que habían estado esperando pacientemente a que se pusieran en pie y cantaran la versión tibetana de «If You're Happy and You

Know It», en la que tenían que sacudir la cabeza, dar palmas, mover las caderas y golpear el suelo con los pies.

Alrededor del Dalai Lama y del arzobispo se extendía una alfombra de niños sentados con las piernas cruzadas. Oscilaban entre los cinco y los dieciocho años, de infantil al bachillerato. Detrás había un grupo de adultos que de algún modo se habían enterado del acontecimiento; uno de ellos hacía ondear patrióticamente la bandera de Sudáfrica.

El Dalai Lama cogió el micrófono y empezó a dirigirse a los estudiantes, pero de repente se volvió hacia su amigo y le dijo:

—Ya que dices que mi inglés es muy malo, voy a hablar en tibetano.

El Dalai Lama le dio al arzobispo una palmadita en el brazo a modo de broma, y este se lo frotó como si le hubiera hecho daño. Los niños reían mientras ambos amigos, que ya se habían reconciliado, se daban la mano.

—El arzobispo Desmond Tutu es uno de mis mejores amigos —comenzó a decir—. El arzobispo lleva años apoyando la causa tibetana de forma inquebrantable. Pertenecéis a una generación cuyos padres han sufrido, y también vosotros habéis sufrido para poder estar aquí. Como tibetanos, el gobierno indio nos ha ayudado desde el comienzo de nuestro exilio. Otras organizaciones nos han socorrido desde todas partes del mundo, y gracias a su bondad y compasión tenéis la oportunidad de estudiar aquí. Y debéis estudiar duro. Estamos atravesando un período difícil de nuestra historia, pero poseemos una cultura y un lenguaje muy ricos. De modo que, tanto si pertenecéis a la comunidad monástica como si sois laicos, todos vosotros debéis demostrar un gran interés en preservar y promover esta cultura a través de la educación.

Nuestra cultura no debe estar solo en un museo. La gente se enfrenta a grandes dificultades en el mundo entero y nuestra cultura puede ayudar al mundo.

»Pero hoy el invitado principal es el arzobispo Tutu, no yo.

El arzobispo se colocó el micrófono, que tenía un pequeño cable que le colgaba por la mejilla y se adaptaba perfectamente a sus oídos.

—Me parezco a Bono, ¿verdad? —dijo riéndose mientras le ajustaban el aparato.

»Os doy las gracias, santidad, y también a todos vosotros, niños tan tan guapos. Aunque algunos de vosotros ya no sois tan niños en realidad. Es un gran honor estar aquí. Todos nosotros nos sentimos muy muy honrados de encontrarnos en Dharamsala.

El arzobispo se volvió acto seguido hacia el Dalai Lama y le dijo:

—Eres muy querido en todo el mundo.

Luego se volvió de nuevo hacia las caras atentas de los niños.

—Y queremos deciros, especialmente a los más jóvenes, que tal vez parezca imposible que algún día podáis regresar al Tíbet. Nosotros vivimos en Sudáfrica bajo un régimen de injusticia y opresión que duró muchos muchos años. Gran parte de nuestros líderes y de nuestra gente, sobre todo jóvenes, tuvieron que exiliarse. Y parecía que las cadenas de la sumisión no iban a romperse nunca, que nuestros líderes encarcelados en la isla Robben nunca volverían vivos a casa. Pero, uau, ¡hurra!

El público rió mientras el arzobispo soltaba un grito seguido de un hurra victorioso.

—Pero ocurrió. Sí, ocurrió. En 1990, nuestro amado Nelson Mandela y otros fueron puestos en libertad. Y los exiliados regresaron a casa.

El arzobispo extendió sus brazos como si les diera un abrazo de bienvenida. Entonces habló con la fuerza de la justicia y se transformó en el profeta que ha sido en Sudáfrica, adivino del futuro, expresándolo con sus palabras.

—Un día también vosotros, todos vosotros, volveréis a ver vuestro amado Tíbet. Seréis liberados de la tiranía que os ha conducido hasta aquí. El gobierno chino descubrirá que la libertad sale más a cuenta que la opresión.

Los niños irrumpieron en aplausos.

—Me siento profundamente honrado de ser amigo del Dalai Lama. Presumo de ello cuando estoy en otros lugares. Pero me muestro modesto, porque le confieso a muy poca gente que en realidad se trata de un amigo muy muy querido. Simplemente digo, bueno, ya sabéis, es muy travieso. Es problemático. Cuando llevo mi casquete de obispo, me lo quita y se lo coloca en su cabeza.

»¿Sabéis qué? El mundo os apoya. El mundo ama al Dalai Lama. Quiero añadir también mi agradecimiento al gobierno indio, al pueblo indio que os acogió con los brazos abiertos para daros la bienvenida, porque han conservado para nosotros un gran tesoro que de otro modo se hubiera perdido. Así que quiero deciros, a todos vosotros: Ohhh, qué hermosos sois. Algún día podréis bailar y cantar en las calles del Tíbet, vuestro país natal. Que Dios os bendiga.

Los niños irrumpieron en fuertes aplausos. Intentaban mostrarse educados y respetuosos, pero podía verse cómo se les había despertado la esperanza. Observé las caras de los niños, de los chicos y chicas mayores que prácticamente ya eran adultos, la próxima generación de líderes tibetanos, a los niños más pequeños, cuyos recuerdos de haber dejado atrás a sus familias debían de estar aún frescos, sanando todavía las heridas de la separación. Sentí que se me encogía el corazón. Me corrían lágrimas por las mejillas al recordar la angustia de aquellos chicos mientras contaban sus historias en la biblioteca, y también al pensar en el intenso dolor de sus padres. No era difícil imaginar cuánto significaría para ellos, ya reunidos con sus familias, bailar en las calles del Tíbet. Absolutamente todo.

Tras varias preguntas de algunos estudiantes de mayor edad, trajeron bajo la carpa un enorme pastel de varios pisos adornado con nuestras velitas de cumpleaños de broma. Al mismo tiempo, los profesores comenzaron a repartir pequeñas porciones de pastel a todos los estudiantes. Era una forma ingeniosa de compartir el pastel, ya que si hubiéramos tenido que cortar un trozo a cada niño nos habríamos pasado allí todo el día.

Un grupo de chicos subió al escenario. En esta ocasión, tocaron guitarras y tambores mientras el coro de chicas comenzó a cantar «We Are the World». Pronto toda la escuela se puso a cantar también: «Somos el mundo, somos los niños. Somos los que hacemos que el mundo brille más. Empecemos a dar».

Movían todos juntos las manos por encima de la cabeza mientras el arzobispo se levantaba para bailar su incontenible boogie, moviendo los codos sin parar. Animó al Dalai Lama a que se levantara y bailase también. Como monje budista, sus votos le prohíben bailar, pero ese día se levantó y bailó por primera vez en su vida. Empezó a balancearse y a sacudir las manos de un lado a otro. Al principio, se le veía tan incómodo como un chico en la pista de baile de su instituto, pero enseguida comenzó a sonreír y luego rió mientras el arzobispo lo animaba a seguir. Se dieron las manos y se movieron al ritmo de la música, celebrando la auténtica alegría de la amistad, la auténtica alegría de nuestra inquebrantable conexión mutua, la auténtica alegría de un mundo unido.

Tras ellos, había dos nudos infinitos tibetanos bordados en la tienda, símbolo de la no permanencia e interdependencia de toda la vida y de la unión de la sabiduría y de la compasión. Entre los nudos, aparecía una imagen de dos peces dorados con grandes ojos, que representan a los seres sensibles cruzando el océano de la existencia con la clara visión de la sabiduría, así como la valentía para no ahogarse en el océano del sufrimiento.

La canción terminó y entonces el arzobispo empezó a cantar, forzando su habitual voz de tenor en un profundo y resonante bajo:

—Cumpleaños feliz... Cumpleaños feliz... Te deseamos, santidad... Cumpleaños feliz....

A esto le siguió otro cumpleaños feliz, esta vez cantado en tibetano. El Dalai Lama, mientras tanto, intentaba apagar las velas —tan consumidas por haber estado tanto tiempo encendidas que el pastel empezaba a quemarse—, al tiempo que agitaba las manos.

—Espera, espera —le pidió el arzobispo animándolo a no apagar el conato de incendio que estaba empezando a desencadenarse en la parte superior del pastel, sino a que soplara las velas correctamente—.¿Pueden venir uno o dos niños a ayudarnos a apagar las velas?

Subieron al escenario dos niñas, una vestida con el uniforme escolar y otra aún más pequeñita con dos trenzas y un vestido verde, y se colocaron entre los dos hombres.

—Un, dos, tres —dijo el arzobispo.

Soplaron las velas, pero estas, como eran de broma, volvieron a encenderse. El arzobispo se desternillaba de risa mientras intentaban apagarlas otra vez y las velas volvían a prender. A la tercera fue la vencida, y el Dalai Lama y las niñas consiguieron apagarlas.

Los niños fueron guiados en una oración de ofrenda mientras sostenían con ambas manos su trozo de pastel en alto, dando las gracias por sus profesores, por sus enseñanzas y por su comunidad, y tal vez por el sueño de algún día volver a ver a sus familias.

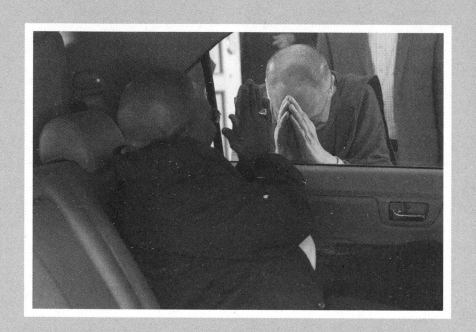

Despedida:
Un último adiós

A la mañana siguiente se llevó a cabo una breve sesión final. Debíamos dirigirnos temprano hacia el aeropuerto, ya que el arzobispo tenía que asistir al funeral de uno de sus mejores amigos. Nos estaban dejando tantas grandes personas...

Nos sentamos en el cálido remanso de luz que nos había envuelto durante toda aquella semana y conectamos nuestros micros. Pensé en que el arzobispo ya tenía más de ochenta años y en que el Dalai Lama se unía a él al entrar en su novena década de vida. Todos reflejábamos en nuestros rostros la celebración del cumpleaños del día anterior en el colegio y cómo estos dos ancianos habían compartido su sabiduría, que habían adquirido a base de grandes esfuerzos, con los estudiantes, irradiando esperanza a la siguiente generación. Todos recibimos el mensaje de nuestros modelos a seguir y mentores, y lo divulgaremos a aquellos que vengan después. Este era el objetivo de nuestro proyecto conjunto.

Estaba sentado frente al arzobispo y miraba su rostro, hermoso y misericordioso, que se había vuelto tan familiar a lo largo de esta última década de colaboración y amistad. Se había convertido en un segundo padre y en un amado mentor para mí. Pensé en su batalla contra el cáncer de próstata y en lo mucho que había tardado el cáncer en responder al último ciclo de fármacos experimentales. No sabíamos cuánto tiempo lo tendríamos aún entre nosotros y eso nos preocupaba, no solo a todos aquellos que le conocíamos y amábamos, sino también al mundo entero, que todavía lo necesitaba a él y a su mensaje moral.

Los médicos habían restringido severamente los viajes del arzobispo, y este, en una ocasión, incluso llegó a decir que no volvería a salir de Sudáfrica. De aquí que su decisión de viajar a Dharamsala fuese un hecho extraordinario; un viaje que muy probablemente no volvería a repetirse. Además, el gobierno sudafricano no concede visado al Dalai Lama, por lo que todos sabíamos —sobre todo ellos dos— que esta sería la última vez que estarían juntos.

La muerte, como nos recordó el arzobispo, es inevitable. Así debe ser la vida: un principio, un centro y un final. Este ciclo hace que la vida sea preciosa y bella. No obstante, eso no alivia el dolor de aquellos que pierden a un ser querido.

—¿Por qué estás tan serio? —me preguntó el arzobispo.

—Estaba pensando en que se nos acaba el tiempo —respondí.

—Todo tiene un final.

Tras la acostumbrada oración del arzobispo retomamos nuestro coloquio por última vez.

—Arzobispo, santidad, ha sido un gran privilegio y una alegría inmensa haber podido unirme a ustedes en esta conversación para preparar *El libro de la alegría*. Dedicaremos la sesión de hoy a unas cuantas preguntas finales. Una de las que recibimos fue: «¿Por qué creen que es importante escribir

El libro de la alegría en estos momentos y qué creen que puede aportar a los lectores de todo el mundo?

—Obviamente esperas —dijo el arzobispo hablando de sí mismo en segunda persona, como solía hacer— contribuir a que los niños de Dios asuman su herencia cultural, a que puedan sentirse así más realizados y se conviertan en todo lo que están destinados a ser. Pero, sobre todo, esperas que se den cuenta de que eso sucederá siempre y cuando sean generosos, compasivos y atentos.

»Cuando ayudas de forma espontánea a alguien más desfavorecido, cuando eres amable y haces cosas que alivian a los demás, acabas sintiéndote alegre y feliz.

El día anterior, en el Pueblo de los Niños Tibetanos, el arzobispo había contestado una pregunta de uno de los niños diciendo: «Si nos limitamos a obtener alegría para nosotros mismos, tarde o temprano nos daremos cuenta de que es un error. La verdadera alegría es la recompensa por proporcionar alegría a los demás. Cuando muestras compasión, cariño, amor hacia los otros y haces cosas por ellos, disfrutas de una profunda alegría que no se consigue de ninguna otra manera. No puedes comprarla con dinero. Puedes ser la persona más rica de la Tierra, pero, si solo te preocupas por ti, me apuesto hasta mi último dólar que no serás una persona alegre y feliz. Cuando eres cariñoso, compasivo, cuando te muestras más preocupado por el bienestar de los demás que por el tuyo propio, entonces es maravilloso porque sientes un cálido resplandor en tu corazón, ya que has conseguido parar el llanto de alguien.

»¿Por qué ahora? —prosiguió refiriéndose a la segunda parte de la pregunta—. Hay tantas cosas que nos hacen daño. Ya no te apetece leer los periódicos o ver la televisión porque corres el riesgo de ver la decapitación del hijo de alguien, la cantidad de refugiados que hay en el mundo, o a madres huyendo de la violencia acarreando en brazos a sus niños. Aunque tú vivas cómodamente, eso te afecta enormemente. Es muy... muy angustioso. Sobre todo cuando piensas que, durante nuestra lucha contra el apartheid, parte de nuestra gente también tuvo que buscar refugio y sufrir el exilio y fue acogida por algunos países africanos que eran mucho menos ricos que Sudáfrica. Tienes que ser una persona muy despreocupada para no estar triste. Parece que nos empeñemos en competir para ser el más exquisitamente cruel. Creo que Dios quiere que seamos alegres en todo momento, pero, ahora mismo, creo que está llorando mucho. —El arzobispo señaló al Dalai Lama—. Te toca.

—Esta es nuestra última sesión, de modo que lo expondré del siguiente modo. Soy un ser humano nacido en 1935, en la provincia de Amdo, al nordeste del Tíbet, en un pueblecito. En aquella época, el conflicto chino-japonés estaba a punto de estallar. Poco después, se inició la Segunda Guerra Mundial. Luego la guerra de Corea, y poco después la de Vietnam. Debido a estas guerras, se desató una violencia inmensa. Por aquel entonces la mente humana, o al menos la de aquellos responsables de provocar esas guerras, creía que el uso de la fuerza era la mejor opción para solucionar un conflicto.

»Por ejemplo, durante la Segunda Guerra Mundial, cuando una nación declaraba la guerra a otra, los ciudadanos de ese país se alistaban orgullosos sin plantearse la más mínima duda al respecto. No obstante, desde la guerra de Vietnam nuestra forma de pensar ha cambiado. La gente se opone cada vez más públicamente a las guerras, como hemos visto en los casos de Kosovo o Irak. Muchas personas se manifestaron abiertamente en contra de ellas, de Australia a Estados Unidos. Esto es una señal alentadora.

»Creo que mientras nosotros, los seres humanos, sigamos aquí, siempre habrá cierta violencia, como la hay entre todos los animales. Pero creo que podemos eliminar la violencia extrema, las matanzas masivas, las guerras, si adquirimos una visión y un método adecuados. Creo, sin duda alguna, que es posible alcanzar un mundo sin tanto dolor.

En el Pueblo de los Niños Tibetanos, en respuesta a la pregunta de si puede la alegría ser la fuente última de la paz mundial, el Dalai Lama había respondido:

—Así lo creo. Pienso que, en primer lugar, la gente debería alcanzar una comprensión clara de lo que es la alegría. Hay quien experimenta un goce temporal al matar al enemigo o al abusar de alguien. Quizá se consiga cierta clase de satisfacción temporal. Pero la verdadera alegría proviene de ayudar a los demás, y de ella obtienes mucha más satisfacción. De modo que esta forma de pensar sobre la alegría es realmente un factor importante a la hora de construir una sociedad feliz y pacífica. Para crear una familia tranquila, una persona tiene que alcanzar primero la paz interior, la alegría. Y luego compartirla con otros miembros de la familia. Y así una familia, diez familias, cien familias. De esta forma, podemos cambiar y conseguir comunidades más felices, sociedades más felices, una humanidad más feliz. Somos siete mil millones de seres humanos, todos tenemos el mismo deseo, el mismo derecho a llevar una vida feliz.

El Dalai Lama retomó entonces la razón por la que quiso escribir *El libro de la alegría*, y por qué en este momento:

—Estamos aprendiendo. En 1996, tuve una audiencia

con la reina madre de Inglaterra. En aquel momento tenía noventa y seis años. Había visto fotos de su cara redonda desde que era un niño, de modo que me resultaba muy familiar y tenía muchas ganas de que se celebrara el encuentro. Le pregunté: «Dado que ha sido usted testigo de prácticamente todo lo sucedido durante el siglo xx, ¿cree que el mundo está volviéndose un lugar mejor, peor o se mantiene igual que siempre?».

»Sin dudarlo, respondió que el mundo era mejor. Cuando ella era joven, me explicó, no existían los conceptos de derechos humanos o de autodeterminación. Estos conceptos se han vuelto universales. Utilizó estos dos ejemplos para mostrarme por qué el mundo era mejor ahora.

»Estoy convencido de que la mayoría de la gente de todo el mundo está en contra del derramamiento de sangre y desea la paz. En esa misma época en que se celebró mi encuentro con la reina madre, mantuve también una conversación con el célebre físico cuántico Carl Friedrich von Weizsäcker, que era hermano del entonces presidente de Alemania Occidental. También Weizsäcker afirmaba que el mundo estaba mejorando. Argumentó, por ejemplo, que Alemania, en el pasado, sentía que los franceses eran sus enemigos y que estos sentían lo mismo por los alemanes. Ahora estos archienemigos se habían unido y habían formado la fuerza unificada franco-alemana. También han sido los actores principales en la formación de la Unión Europea. No es perfecto, pero supone un progreso.

»Finalmente, el muro de Berlín se derrumbó no por la fuerza, sino por un movimiento popular, así que uno puede ver el cambio. China también está transformándose. Y Cuba. Puede que el único que no haya cambiado todavía sea Corea del Norte. Son signos positivos. Los seres humanos, a través de un mayor contacto y de una mayor educación, estamos madurando. Este proceso, sin embargo, lleva tiempo y debemos adoptar una perspectiva a largo plazo. Si miramos nuestro mundo en un lapso de tiempo más extenso, digamos, de cien años, podremos imaginar un mundo muy diferente. Pero debemos iniciar el proceso del cambio ahora mismo, ya, sin pensar que existe el momento perfecto para llevarlo a cabo. El momento perfecto es ahora.

El Dalai Lama planteaba esta perspectiva a largo plazo, y recordé entonces el comentario de sir Martin Rees de que solo estábamos a mitad de camino en la evolución de nuestra especie en este planeta. Cuando uno piensa en el largo recorrido de la humanidad, imaginarse en lo que podemos llegar a convertirnos en un siglo, en un milenio o más resulta extraordinario.

—Tras conocer a pensadores, científicos, educadores, profesionales de la salud, trabajadores sociales y activistas —siguió diciendo el Dalai Lama—, está claro que el único modo de cambiar de verdad nuestro mundo es mediante la enseñanza de la compasión. Nuestra sociedad carece del verdadero sentido de la compasión y de la bondad, así como de un auténtico respeto por el bienestar de los otros. En la actualidad, hay muchísima gente que piensa seriamente en la posibilidad de una humanidad que comparta un mismo punto de vista. —Apuntaba sus dos dedos índices hacia sus sienes para recalcar la lógica de su conclusión—. Debemos promover los valores humanos básicos, los valores interiores que definen al ser humano y que residen en el corazón.

»La religión no es suficiente. Sin duda, ha sido muy importante en la historia de la humanidad, y tal vez siga siendo beneficiosa durante mil años más.

El Dalai Lama sabía que estaba abordando un tema delicado al poner en tela de juicio el valor de la religión a largo plazo, y tomó la mano del arzobispo para consolarlo y reafirmarle que no planeaba dejarles sin trabajo en breve.

—Así que ahora debemos reflexionar con seriedad. Orar o depender de la fe religiosa no es suficiente. Seguirá siendo una fuente de inspiración, pero en términos de siete mil millones de seres humanos no es suficiente. Por excelente que sea, ninguna religión puede ser universal. Debemos encontrar por tanto otra forma de promover esos valores.

»Creo que el único modo de conseguirlo es, como ya hemos dicho, a través de la educación. La educación es universal. Debemos enseñar a la gente, sobre todo a nuestros jóvenes, la fuente de la felicidad y de la satisfacción. Debemos enseñarles que la verdadera fuente de la felicidad está dentro de nosotros mismos. No en las máquinas. No en la tecnología. No en el dinero. No en el poder.

»No estamos hablando del cielo o del infierno, ni de la budeidad o salvación; quedan demasiado lejos. —Se echó a reír—. Nuestro libro forma parte de ese importante proceso cuyo fin es difundir el mensaje de que el amor, la bondad y el afecto son la fuente de la alegría y de la felicidad.

»Como ya has dejado claro —dijo dirigiéndose al arzobispo—, nuestra naturaleza humana es en esencia buena, positiva, lo cual puede proporcionarnos una base para el valor y la autoconfianza. De modo que este es el motivo por el que hemos pasado mucho tiempo hablando sobre todo esto. Debe haber un verdadero objetivo y resultado concretos; si no, es mejor echarse a dormir.

El Dalai Lama se volvió hacia el arzobispo, hizo como que se apoyaba sobre el codo y se quedaba dormido, y entonces se echó a reír.

Me volví hacia el arzobispo y le dije:

—Me gustaría invitarle, arzobispo, a que se dirija directamente a nuestros lectores y los bendiga.

Miró hacia la cámara y se dispuso a hablar:

—Querido hijo de Dios, eres querido con un amor que nada puede destruir, un amor que ya existía mucho antes de que fueras creado, un amor que seguirá estando aquí mucho después de que todo haya desaparecido. Eres querido, con un amor inconmensurable. Y Dios quiere que seas como Él. Lleno de vida y bondad y risas… y alegría.

»Dios, quien siempre está derramando todo su ser desde toda la eternidad, quiere que florezcas. Dios desea que estés lleno de alegría y entusiasmo y que seas capaz de encontrar aquello que es tan hermoso en la creación de Dios: la compasión, el cuidado, el compartir. Y Dios dice: "Por favor, hijo mío, ayúdame. Ayúdame a difundir el amor, la risa, la alegría y la compasión". Y ¿sabes qué, hijo mío? Al hacerlo, abracadabra, descubres la alegría. Esa alegría, que no habías buscado, llega como un regalo, como recompensa por no haber sido egoísta a la hora de cuidar de los otros.

—Gracias —le dije, y luego dirigiéndome al Dalai Lama añadí—: Santidad, ¿qué palabras finales le gustaría dejar a los lectores para que puedan experimentar más alegría y difundirla, a su vez, por el mundo?

—Espero que este libro te procure más esperanza y un mayor sentido de la responsabilidad arraigada en una preocupación genuina por el bienestar de los demás. Verás, para llegar a ser una persona feliz, tenemos que vivir más desde nuestra parte compasiva de nuestra verdadera naturaleza y tener un sentido de la responsabilidad hacia los demás y hacia el mundo en el que vivimos. Si lo intentamos ahora con un esfuerzo realista y una clara visión, puede que en la última parte de este siglo podamos disfrutar realmente de un mundo mejor. Un mundo más pacífico. Un mundo más amable y compasivo. Así que espero que este libro contribuya a hacer realidad una humanidad más feliz.

»Nadie espera que con solo este libro podamos cambiar el mundo. No, eso es imposible, pero desde varios lugares, haciendo un esfuerzo común y con una visión que piense en la humanidad, podemos alcanzar la unidad y la armonía: es decir, la plena hermandad. Creo que, al final, solucionaremos todos estos pequeños problemas que existen en todas partes, pero también debemos abordar otros problemas de mayor gravedad. Si tratamos de resolver los grandes problemas, aquellos de menor importancia se solucionarán fácilmente. Así que todos nosotros, hermanos y hermanas espirituales, tenemos una responsabilidad común, un papel especial para dejar en claro que la fuente principal de una vida significativa se encuentra en nuestro interior. Si vives de este modo, serás una persona feliz hasta tu último aliento. Este es el objetivo de la vida humana: vivir con alegría y que nuestra existencia tenga un sentido.

Habíamos terminado las entrevistas, pero, antes de levantar la sesión, el arzobispo dio las gracias a todos aquellos que habían participado en ellas, sobre todo a su amigo.

—Quiero dar especialmente las gracias al Dalai Lama por su generosidad y su hospitalidad. Muchísimas gracias por abrirnos tu casa para que pudiéramos venir y por cómo nos han atendido, y llevar a cabo este proyecto tan importante. Por favor, ¿puedes decirle a tu gente y a tus empleados que estamos en deuda con ellos? —Luego se volvió hacia mí—: Ahora tienes tú la palabra.

—En realidad, poco me queda por decir. Lo ha expresado usted tan bien al agradecer a todos y cada uno del equipo el increíble trabajo de hacer posible este encuentro. Pero, como representante de todos aquellos que se beneficiarán de este trabajo, quiero darles mis más profundas gracias a ambos por sus palabras tan llenas de sabiduría que tienen el poder de transformar la existencia de uno. Que el mérito de este libro beneficie a todos los hijos y seres sensibles de Dios.

Mientras nos preparábamos para salir, el Dalai Lama le dijo al arzobispo:

—Me apenó mucho perderme tu cumpleaños. Cuando supe que tal vez vendrías aquí, me sorprendí mucho. Sabía que no andabas muy bien de salud y que ya tienes unos cuantos años, y no es fácil llegar hasta aquí.

—Sí —respondió el arzobispo—, tienes razón.

—Pero cuando supe que todo estaba listo —prosiguió el Dalai Lama— y se acercaban la fecha y la hora, no cabía en mí de lo contento y feliz que estaba. Aprecio mucho tu amistad y tu sentido de la responsabilidad para hacer todo aquello que está en tus manos en pro de una humanidad mejor.

A principios de la semana, el arzobispo y el Dalai Lama habían reflexionado sobre qué era aquello que hacía tan especial su amistad con su característico sentido del humor.

—No deja de meterse conmigo —dijo el arzobispo riéndose—. Casi desde la primera vez que nos vimos, ¿te acuerdas? Puede que te mostraras un poco reservado en esa primera ocasión, pero la segunda vez ya me quitabas la gorra de la cabeza. Uno no se levanta una mañana de la cama y dice: «Voy a ser amigo del Dalai Lama». Simplemente sucede. Ya vendrán después los expertos y lo analizarán. Pero tampoco creo que él se levantara a las tres y dijera: «Creo que voy a ser amigo de ese negro narizotas de África». Pienso que fue una comunión de nuestros corazones. Cuando guardamos silencio, nuestros corazones descubrieron que eran almas gemelas.

»Lo admiro profundamente. Oh, seguro que se sentirá orgulloso de oír esto. Pero siempre le digo a la gente: "Tras pasar más de cincuenta años en el exilio, ¿cuántos mostrarían la misma serenidad, la misma alegría y el mismo entusiasmo por divulgar la bondad y la compasión por el mundo?".

»Creo que yo estaría de muy mal humor y que una parte de mí siempre estaría triste y que eso se reflejaría en mi rostro. Sin embargo, su rostro no refleja esa tristeza. Lo que quiero decir es que él es como un faro que nos guía para aprender a sobreponerse a algunas de las circunstancias más terribles sin rompernos en esa travesía. Es un verdadero regalo para el mundo. Y puede que los chinos, sin pretenderlo, le hayan dado a este planeta un presente maravilloso.

—Gracias —respondió en voz baja el Dalai Lama, quizá honrado por el elogio.

—Págame, págame —dijo el arzobispo extendiendo la mano y frotándose las yemas de los dedos.

—Te pagaré. Te pagaré con bellas palabras.

»Ya en nuestro primer encuentro percibí algo especial en él. Siempre considero primero a la gente desde un punto de vista humano; no tengo en cuenta la importancia de su rango o de su posición. En el plano humano, pensé que era una persona muy agradable, humilde y muy muy alegre. —Mientras decía esto, sujetaba el brazo del arzobispo—. Cuando dos personas conectan a nivel humano, se convierten en buenos amigos y esa amistad dura para siempre. Y, además, es un hombre muy divertido —dijo dándole una palmada en el brazo—. Eso me encanta. Siempre está burlándose de mí... y yo de él. De modo que nuestra amistad se convirtió en algo bastante especial.

»Y por último, desde un principio siempre hablaste sobre la verdad y la justicia de la causa tibetana. Como tibetano, aprecio mucho este gesto.

»Siempre que él está presente en los encuentros de los galardonados con el Premio Nobel de la Paz, estos son muy alegres. La atmósfera es diferente. En los últimos años, debido a su edad y a su salud, no ha podido asistir. Claro que hay muchos otros galardonados con el Premio Nobel de la Paz, y muchos de ellos son chicas maravillosas...

—Eres un monje, ¿recuerdas? —le regañó el arzobispo.

—Pero cuando tú no estás, es como si faltara algo, de verdad. Lo digo de verdad. Creo que los otros galardonados también lo sienten. Así que nuestra relación es algo único y muy especial.

—Gracias. Le he pagado por estas palabras —dijo el arzobispo simulando un susurro.

El Dalai Lama estalló en una sonora carcajada y luego se volvió hacia el arzobispo:

—Su cara, su cara —exclamó señalando la cabeza calva de Desmond Tutu—. Ahora parece un monje, ¿verdad?

—Entonces el Dalai Lama deslizó el dedo por el contorno del

ojo—. Cuando veo tus ojos —añadió aplastándose la nariz— y, claro, tu nariz...

El arzobispo no pudo evitar soltar una risita ante la mención de su nariz, de la que tantas bromas se hacían.

Entonces el tono alegre y bromista del Dalai Lama cambió al señalar afectuosamente el rostro del arzobispo.

—Esta imagen, esta imagen es especial. —Hizo una larga pausa—. Creo que cuando llegue la hora de mi muerte... —dijo, y la palabra «muerte» se quedó suspendida en el aire como una profecía— me acordaré de ti.

Pude oír a todos en la estancia respirar profundamente, incluso a los cámaras; todos estábamos muy conmovidos. El arzobispo bajó la vista y tarareó algo bajito, en una muestra de humildad, y emocionado por las palabras del Dalai Lama. ¿Podía existir mayor signo de amor que desear ver el rostro de otra persona en la hora de la muerte?

—Gracias, gracias —fue todo lo que el arzobispo pudo decir, todo lo que podía decirse.

—Así que, quizá —dijo el Dalai Lama—, según tu religión, nos encontremos en el cielo en presencia de Dios. Tú, como buen practicante cristiano que eres, irás antes. —El arzobispo soltó una risita entusiasta y todos sentimos un enorme alivio—. Pero a lo mejor me echas una mano y consigues que nos reunamos otra vez.

Nos reímos al imaginarnos al arzobispo negociando con san Pedro ante las puertas celestiales intentando obtener un permiso de admisión especial para el Dalai Lama.

—Desde el punto de vista budista —siguió diciendo el Dalai Lama—, cuando uno desarrolla en la vida una conexión especial con alguien, este vínculo perdurará en todas las siguientes vidas. Ese es el punto de vista budista. Puede que incluso entonces. Pero, ahora, deseo volver a tener otra ocasión para verte, y solo Dios sabe dónde.

Después de tomar algunas fotografías finales, tuvimos que salir corriendo hacia el aeropuerto. El arzobispo tenía que apoyarse ahora en su bastón y caminaba, quizá, un poquito más despacio, pues debía de sentirse algo más exhausto que a principios de la semana. Pude ver cómo el Dalai Lama fruncía la frente, lleno de preocupación. Había afirmado que solo Dios sabía dónde volverían a verse, y puede que estuviera pensando si Dios les concedería otra oportunidad en esta vida.

Ambos líderes nos habían explicado durante esa semana que no hay alegría sin tristeza, que de hecho es el dolor, el sufrimiento, lo que nos permite experimentar y apreciar la alegría. En este sentido, cuanto más nos volquemos hacia el sufrimiento, en el nuestro y en el de los demás, más podremos adentrarnos en la alegría. Aceptamos ambos, incrementando así el volumen de la vida, o le damos la espalda a esta, y entonces no podremos oír la música. También nos han dicho y demostrado que la verdadera alegría es una manera de ser, no una emoción efímera. Ambos han cultivado durante sus extensas vidas esta alegría permanente. Asimismo, nos han advertido que esta no puede perseguirse como un fin en sí mismo, o perderemos el tren. La alegría procede, más bien, de pensamientos, sentimientos y acciones cotidianas. Y nos han contado repetidas veces cuál es esa acción que hace que podamos subirnos a ese tren: ofrecer alegría a los demás.

Junto al coche, los dos viejos y traviesos amigos seguían bromeando y riendo. El Dalai Lama acariciaba con ternura la mano del arzobispo a través de la ventana abierta del automóvil. Seguía viendo en él señales de preocupación, o quizá no fuera más que la tristeza propia de la despedida. El motor arrancó y el Dalai Lama miró al arzobispo, permaneciendo a su lado hasta el último segundo. Juntó las palmas de las manos delante de la cara e inclinó la cabeza en señal de un profundo respeto y afecto.

La comitiva de vehículos en dirección al aeropuerto comenzó a moverse, y el Dalai Lama permaneció quieto, inclinado ligeramente hacia delante, los ojos brillantes, diciéndonos adiós con un movimiento vivo de los dedos, como hacen los niños. Nos íbamos alejando y el arzobispo se volvió para mirar por el cristal trasero del todoterreno y sonreír, tal vez por última vez, a su increíble y valioso amigo.

Al día siguiente, con un cielo despejado, el equipo de rodaje partió del aeropuerto de Dharamsala. Cuarenta y cinco segundos después de que despegara el avión, un enorme terremoto de magnitud 7,8 sacudió Nepal.

La devastación fue enorme y los temblores se sintieron en toda Dharamsala. Pensamos en todos aquellos que conocíamos y que nos importaban de la zona y lloramos a los miles que habían muerto. Fuimos testigos de cómo gente de todo el mundo llegó a raudales para prestar ayuda a los desplazados, reparar lo destruido y curar a las miles de personas que habían resultado heridas. Era difícil no pensar en el comentario que el Dalai Lama hizo el primer día de nuestro encuentro; según él, no podemos evitar el sufrimiento que provocan los desastres naturales, pero sí podemos hacerlo con gran parte de nuestro propio sufrimiento. La adversidad, la enfermedad y la muerte son reales e inevitables. Debemos elegir si nos centramos exclusivamente en estos inevitables acontecimientos que forman parte de la vida con el consiguiente sufrimiento que provocamos en nuestras mentes y corazones: un sufrimiento que hemos elegido. O si, por el contrario, tomamos una decisión diferente: sanar nuestro propio dolor, volvernos hacia los demás y ayudarles a abordar sus penas con los ojos del corazón, llenos de risas y de lágrimas. Cuanto más nos alejemos de nuestro interés propio para secar las lágrimas de los ojos de los demás, más capaces seremos de aguantar, de sanar y trascender nuestro propio sufrimiento. En esto radica el verdadero secreto de la alegría.

PRACTICAR LA ALEGRÍA

EL DESARROLLO DE LA INMUNIDAD MENTAL

Durante la semana, mientras el Dalai Lama y el arzobispo Desmond Tutu bromeaban sobre quién se levantaba demasiado temprano y sobre quién oraba y meditaba demasiado, quedó claro que ambos creían firmemente que las prácticas espirituales eran un aspecto esencial de su ser, aquel que les había sostenido y apoyado a lo largo de sus respectivas vidas.

Estos momentos de oración y meditación diarios mantenían a estos dos maestros en alineación espiritual. Pensé en lo que había dicho el arzobispo sobre la importancia aún mayor de estas prácticas para quienes no son maestros espirituales pero que deben vivir y morir en la borrosidad y ajetreo del mercado. Durante la semana, habíamos tenido la oportunidad de hablar acerca de algunas de las prácticas espirituales que ayudan a cultivar y a mantener la alegría.

Presentamos aquí algunas prácticas sencillas que pueden ayudar a superar los obstáculos para alcanzar la felicidad, al tiempo que damos apoyo y soporte a los ocho pilares de la alegría. Hemos enmarcado esta sección con prácticas que los monjes budistas tibetanos practican comúnmente al principio y al final de cada día. Pueden probarse las otras prácticas periódicamente o cuando sean necesarias. Igual que el ejercicio físico, las prácticas espirituales no son un fin en sí mismas. Existen para preservar nuestra salud e inmunidad mental. Cuanto más practiquemos, más nos beneficiaremos. No se trata de una competición espiritual. Haz lo necesario para adaptarlas a tu vida y obtener un máximo beneficio. (Recuerda cómo el Dalai Lama adaptó su práctica matinal para acomodarla a sus envejecidas rodillas.)

Como dijo el Dalai Lama, él encuentra muy inspiradora la ciencia cuando intenta decidir si levantarse o apagar el despertador. Previamente, sin embargo, mencionaremos la explicación que da Daniel Siegel acerca de lo que le ocurre al cerebro cuando este medita. Al parecer, utilizamos literalmente nuestra atención y conciencia para establecer patrones de descarga neuronal que ayudan al cerebro a evitar la destructiva reactividad que, según el Dalai Lama, son tan tóxicas para nuestra salud mental y física. Muchas de estas prácticas parecen integrarse y armonizar el cerebro para que podamos responder a los inevitables cambios de la vida con una menor fragmentación y una mayor integración, con menos miedos e ira y un más alto grado de tranquilidad y alegría.

En una época como la nuestra que se caracteriza por la gratificación instantánea, cualquier información puede buscarse en Google en cuestión de segundos. Sin embargo, el verdadero conocimiento y la sabiduría llevan su tiempo. Solo si existe un esfuerzo continuado por profundizar en estas prácticas se obtendrán resultados. Normalmente, cuando comenzamos a meditar o a rezar, experimentamos lo que el arzobispo llamó las «dulzuras espirituales», un hormigueo y una calma que provienen de la atención que prestamos a nuestra vida interior. Al igual que los caramelos, son sabrosas, pero los verdaderos beneficios aparecen a medida que creamos un recipiente temporal, en el que podamos poner nuestro corazón y nuestra alma a medida que experimentamos las alegrías y tristezas de la existencia.

La naturaleza de la vida contemplativa es muy personal, y no todas las prácticas favorecerán por igual a todas las personas. Debes descubrir lo que mejor te funciona. Lo que aquí presentamos es una muestra de prácticas sencillas, entre las que se incluyen muchas que el Dalai Lama y el arzobispo utilizan. Esperamos que inspiren tu propia práctica.

CLARIFICAR LAS INTENCIONES POR LA MAÑANA

Toda acción consciente comienza con una intención, que consiste en fijarse objetivos. Muchos monjes tibetanos lo hacen cada mañana para preparar sus mentes y corazones a fin de afrontar el día. También comprueban sus intenciones con regularidad: cuando se preparan para sentarse a meditar o cuando realizan una determinada tarea. Otro modo de enfocar tus intenciones es leer breves pasajes inspiradores que apoyen tus más altos ideales. El arzobispo celebra la eucaristía cada mañana, lo cual implica la lectura (y reflexión) de pasajes bíblicos. Asimismo, también observa la liturgia de las horas (oración de la mañana, del mediodía y de la tarde), para el que existe un·ciclo de lecturas designadas, y le gusta leer pasajes de grandes místicos para guiar su corazón y su mente.

1. **Siéntate cómodamente en una silla con las plantas de los pies en el suelo o con las piernas cruzadas.** También puedes realizar este ejercicio por la mañana mientras todavía estés tumbado en la cama, antes de que suene la alarma para levantarte y empiecen las prisas del día. Puedes descansar las manos sobre las piernas o el abdomen.

2. **Cierra los ojos y toma aire profundamente por la nariz varias veces.** Siente cómo sube y baja el estómago mientras respiras desde el diafragma.

3. **Ahora pregúntate: ¿qué desea mi corazón? ¿Qué deseo para mí, para mis seres queridos y para el mundo?** Nuestros deseos más profundos acostumbran a estar más allá de nuestros deseos y anhelos temporales. Lo más probable es que estén relacionados con una existencia llena de profundos valores humanos que nos conduzcan a una mayor felicidad, llevándonos de vuelta a nuestro lugar dentro del tejido de la vida. El Dalai Lama propone un método sencillo para probar nuestras intenciones: «¿Es solo para mí, o para otros? ¿Para beneficio de unos pocos, o de muchos? ¿Para ahora, o para el futuro?». Esta prueba de fuego puede ayudar a guiarnos hacia lo que deseamos de verdad.

4. **Luego manifiesta tu intención para ese día.** Por ejemplo: «Hoy voy a saludar a todos con el amor que llena mi corazón». O «Hoy voy a intentar ser menos crítico». O «Hoy voy a ser paciente y cariñoso con mis hijos». Puede ser algo específico o general. Si no sabes cuál es tu intención, repite las siguientes cuatro frases adaptadas de una oración tibetana tradicional de los Cuatro Inconmensurables, que ha guiado a muchas

personas en su camino hacia una mayor compasión y felicidad:

Que todos los seres alcancen la felicidad.
Que todos los seres se liberen del sufrimiento.
Que todos los seres nunca se vean desposeídos de alegría.
Que todos los seres sean ecuánimes.

Superar los obstáculos que dificultan la alegría

Concentración y alivio del estrés — Una práctica respiratoria

Nuestra respiración es la bisagra entre nuestro ser y el mundo. Por eso, es el núcleo de la práctica espiritual en muchas tradiciones religiosas. Nuestra respiración es interna, pero también externa. Respirar es un acto voluntario y también involuntario. Es por lo tanto una puerta ideal a través de la cual podemos desarrollar el cultivo de nosotros mismos. Concentrarse, como tal vez recuerdes, es tan importante que el neurólogo Richard Davidson descubrió que uno de los cuatro circuitos neuronales del bienestar estaba dedicado a nuestra habilidad para centrar la mente. Tomarnos simplemente un momento de tranquilidad, que el arzobispo practica durante las horas previas al amanecer y por la tarde, es otro modo de centrar nuestra mente, aliviar el estrés y concentrarse en lo que más importa.

1. **Encuentra un lugar tranquilo en el que puedas practicar de manera regular.** De este modo el espacio físico —una habitación, un rincón, un cojín— indicará a tu cuerpo que es la hora de tu práctica.

2. **Siéntate cómodamente.** Si estás sentado en un cojín o en una silla, intenta inclinarte ligeramente hacia delante, separado del respaldo de la silla para que tu espalda esté recta. Si sufres de dolor de espalda crónico, ajusta esta práctica a tus necesidades.

3. **Cierra los ojos o mantenlos ligeramente abiertos en una posición cómoda.**

4. **Coloca las manos suavemente sobre las rodillas o sobre tu regazo.**

5. **Concentra la atención en tu respiración.**

6. **Inspira profundamente por la nariz mientras se expande el abdomen. Del mismo modo en que una jarra de agua comienza a llenarse desde abajo, también lo harán tus pulmones.**

7. **Suelta el aire lentamente.**

8. **En cada inspiración, piensa «dentro», y en cada espiración, «fuera». También puedes contar de forma alternativa las inspiraciones y espiraciones.**

9. **Cuenta entre cinco y diez respiraciones y luego repite.** Si pierdes la concentración y tu mente empieza a divagar, como suele pasar, vuelve a centrar poco a poco tu atención en la respiración. Al principio, hazlo durante cinco o diez minutos, y luego alarga el tiempo a medida que perfecciones la práctica.

10. **Si te sientes especialmente estresado,** imagina que cada respiración te proporciona aire fresco y tranquilizante y que este se extiende por todo tu cuerpo. Luego, a medida que sueltas el aire, visualiza el estrés abandonando tu cuerpo desde el cuello, hombros, espalda, estómago o de cualquier otra zona que acumule estrés.

Paseo o ejercicio matutino de meditación

Cada mañana, el arzobispo da un paseo para meditar, y siguió haciéndolo durante su lucha contra el apartheid, incluso cuando estuvo amenazado de muerte. Tuve la oportunidad de acompañarlo en uno de esos paseos cuando trabajábamos juntos en Florida. Caminamos media hora en silencio cuando el sendero terminó de manera abrupta en un muro. Nunca olvidaré cómo caminó hasta el final del sendero, justo hasta el muro, hasta casi tocarlo con la nariz. Fue en ese instante cuando percibí realmente al hombre que estuvo dispuesto a caminar por todo el mundo para acabar con el apartheid, sin atajos, sin volver atrás, yendo hasta el mismísimo final. Caminar, hacer senderismo, correr o cualquier otra clase de ejercicio puede convertirse en una experiencia meditativa. La clave está en evitar todas las distracciones externas, por ejemplo hablar, oír música o ver la televisión. El objetivo es simplemente escuchar la sabiduría del espíritu, que a menudo llega a través de la sabiduría del cuerpo.

Miedo, ira y tristeza — Una meditación analítica

Como dijo el Dalai Lama, el miedo, la ira y la tristeza son respuestas humanas naturales. El miedo y la ira son consecuencias del estrés, y estas emociones contienen importante información sobre nosotros. También la tristeza nos indica que hay algo en nuestra vida que nos hace infelices. Sin duda, estas tres emociones evolucionaron en el tiempo para motivarnos a cambiar nuestra situación. Como apuntó el arzobispo, ser humano es sentir, y estas emociones aflorarán de vez en cuando, al margen de nuestra maestría espiritual. No obstante, responder constantemente a una situación con miedo, ira o tristeza tiende a perpetuar la energía negativa. Son los componentes irracionales y obsesivos de estas emociones los que resultan destructivos. La meditación es una manera profunda de desarrollar nuestra habilidad para escapar de nuestro instinto de lucha o de huida y de ampliar la pausa entre estímulo y respuesta para actuar con intención, en vez de reaccionar impelidos por las emociones.

—La palabra «meditación» tiene un amplio significado —explicó el Dalai Lama—. Hay una forma de meditación, por ejemplo, que implica la inconsciencia. Cuando corro las cortinas por la mañana y veo a las palomas sobre el alféizar, creo en verdad que están llevando a cabo algún tipo de meditación. No están dormidas, pero se hallan en un estado de inconsciencia. Hay otra clase de meditación que consiste en mantener la atención centrada. Así, para los creyentes religiosos, por ejemplo, centrarse únicamente en Dios es un potente instrumento para meditar y tranquilizar la mente.

»En mi propia práctica me dedico sobre todo a la meditación analítica. Se trata de una forma de investigación mental en la que puedes visualizar tus pensamientos y aprender a no estar encadenado a ellos, a no identificarte con ellos. Descubres así que tus pensamientos no reflejan necesariamente la verdad. En la meditación analítica te preguntas constantemente: ¿qué es la realidad? ¿Qué es ese yo tan querido y que es el centro de tantas de nuestras preocupaciones? En la meditación analítica reflexionamos sobre la no permanencia y la naturaleza transitoria de nuestra existencia.

»Algunas formas de meditación consisten simplemente en intentar crear un estado de inconsciencia. Esto funciona como un analgésico: el miedo y la ira desaparecen durante un breve período de tiempo, pero regresan cuando finaliza el ejercicio de meditación. A través de la meditación analítica, podemos llegar a la raíz de la causa del miedo y la ira. Descubriremos, por ejemplo, que el 90 por ciento de nuestra ira es una proyección mental. O que aquellas palabras que nos hirieron pertenecen al pasado y ya no existen, excepto en nuestra memoria. Cuando piensas en estas cosas, la intensidad de la ira se reduce y desarrollas tu inmunidad mental, de modo que la ira aparece con menos frecuencia.

»Mucha gente cree que meditar significa simplemente sentarse y cerrar los ojos —continuó el Dalai Lama cerrando los suyos y adoptando una postura rígida—. Hasta mi gato puede llevar a cabo ese tipo de meditación. Se sienta muy tranquilo ronroneando. Si un ratón se acerca, este no tiene de qué preocuparse. Nosotros, los tibetanos, recitamos mantras con mucha frecuencia, entre otros el *Om Mani Padme Hum*, un mantra que invoca el nombre del Buda de la Compasión, que nos ayuda a seguir descubriendo las causas profundas de nuestro sufrimiento. Quizá mi gato, cuando ronronea, esté en realidad recitando *Om Mani Padme Hum*.

El Dalai Lama rió con ganas al pensar en su devoto gato budista tibetano. Nada, ni siquiera una de las frases más sagradas de la tradición budista, estaba por encima de sus investigaciones analíticas y de su sentido del humor. Al Dalai Lama le interesa la verdad, esté donde esté, y la meditación analítica es una de sus herramientas más efectivas para discernirla.

1. **Siéntate cómodamente.**
2. **Cierra o mantén los ojos abiertos.** Si los dejas abiertos, mantén la mirada perdida y concéntrate en tu interior.

Cuando el Dalai Lama medita, sus ojos permanecen abiertos, pero dirige la mirada ligeramente hacia abajo, sin fijarla en nada en concreto.

3. **Elige ahora un tema o experiencia que te esté incomodando, o simplemente observa cómo aparecen pensamientos y sentimientos que son pasajeros, sin juzgarlos ni identificándote con ninguno de ellos.** Algunos serán alegres y agradables y otros serán oscuros y tormentosos, pero todos ellos pasan con el tiempo. Déjalos flotar por tu mente como las nubes en el cielo.

4. **Ahora pregúntate: «¿Mi pensamiento responde a algo real? ¿Cómo puedo estar seguro de ello? ¿Ayuda la situación?** ¿Hay algún modo mejor de pensar o de enfocar esa situación?». Veamos cómo podemos analizar las tres emociones humanas negativas fundamentales, y con frecuencia desafiantes.

- **Para el miedo, puede ayudar enfrentarse a él directamente.** Piensa en qué es lo peor que puede pasar si tu miedo se hace realidad. ¿Podrías, tú y tus seres queridos, sobrevivir a lo que ocurra? ¿Qué podrías, tú y ellos, aprender en caso de que pasara? ¿En qué medida os puede permitir, a ti o a ellos, crecer y evolucionar como personas? Por ejemplo, quizá te preocupe el hecho de que tu hijo esté pasando por dificultades en el colegio y tengas miedo de que sus calificaciones bajen. Pregúntate: «¿Es cierto que este resultado sucederá ineludiblemente? ¿Cómo puedo estar seguro de ello? ¿El que esté preocupado ayuda a la situación? ¿Hay una manera más eficaz de acercarse a esa situación o de afrontarla?

¿Qué puede aprender mi hijo de esta experiencia? ¿En qué sentido puede crecer y desarrollarse como persona?». Cuando analizamos aquello que tememos, dejamos de asustarnos. Y ya no tenemos que luchar contra ese temor, sino trabajar con él para superarlo.

- **Para la ira, pregúntate para qué sirve.** Te ayudará pensar en una historia del Dalai Lama sobre su chófer, que se enfadó tanto por darse un golpe en la cabeza contra el parachoques que se golpeó de nuevo la cabeza. Con frecuencia la ira implica alguna decepción o una expectativa frustrada. Pregúntate: «¿Cuál era mi expectativa? ¿Puedo obviarla y aceptar a los demás tal como son, en lugar de como yo creo que deberían ser? ¿Es indispensable que reconozca mi parte de culpa en el conflicto? ¿Soy capaz de admitir qué papel he jugado yo en esta situación que me irrita? Si estoy enfadado por algo que se ha dicho, ¿puedo ver que no son más que palabras que ya no existen, que, como todas las cosas, son no permanentes? ¿Va a beneficiar a alguien mi ira, incluyéndome a mí?». También deberías reflexionar sobre cómo la ira, si no se contiene, puede conducirnos a una acción destructiva —decir cosas que desaten violencia—, de la cual nos arrepintamos más tarde. Sé consciente de cómo la ira destruye relaciones, aleja a los demás y te roba tu paz mental.

- **Para la tristeza, busca ayuda en los demás o piensa en nuestras bendiciones.** Como vimos, la tristeza es una emoción que expresa nuestra necesidad de los demás. Cuando las compartimos, nuestras penas se reducen considerablemente. También comprobaremos que, si bien la tristeza puede durar más tiempo que otras emociones, también pasará. Toda vida, incluidas la tristeza y la pena, es no permanente y tiene un fin. Siempre habrá altos y bajos durante toda nuestra vida. Gran parte de nuestro ánimo depende de aquello en lo que nos centremos. Podemos elegir hacerlo en las cosas que nos van bien, a nosotros y a nuestros seres queridos. Como dijo el arzobispo, podemos contar nuestras bendiciones. Al poner nuestra atención en las cosas por las que nos sentimos agradecidos, minimizaremos la cantidad de tiempo que dedicamos a la tristeza y comprobaremos lo rápido que regresamos a la alegría. La habilidad del Dalai Lama para centrarse en aquello que le ha sido enriquecedor en su vida en el exilio en vez de en todo lo que ha perdido le ha permitido ir más allá de la tristeza, la pena e incluso la desesperación.

Frustración e ira — Una oración

Durante los días del apartheid, el arzobispo rezaba a diario por los funcionarios gubernamentales que mantenían el régimen opresor. Oraba para que transformaran sus corazones y, con ellos, el sistema racista que habían creado, pero también rogaba a Dios, con sinceridad, por su bienestar. Le ayudaba amarlos en lugar de odiarlos, y a la larga eso hizo que fuera posible trabajar con ellos para ayudar a la transición del país hacia la democracia.

1. **Cierra los ojos y dirige la atención hacia tu interior.**
2. **Piensa en la persona que esté molestándote y reza una oración por ella.** Ruega por su felicidad y bienestar. Desea sinceramente que le vayan bien las cosas. Considérala una criatura de Dios merecedora de su amor, o como otro ser humano que comparte tu deseo de felicidad y que no desea sufrir.
3. **Intenta realizar esta práctica cada día durante dos semanas.** Ya verás cómo se transforma tu relación.

Soledad — Una práctica común de la humanidad

El Dalai Lama habla constantemente acerca de nuestra humanidad común en el «primer nivel». Todo aquello que nos divide (nuestra etnia, nuestra raza, nuestra nacionalidad, incluso nuestro género) es mucho menos significativo que aquello que nos une: nuestra humanidad común, nuestras emociones humanas y nuestro deseo fundamental de ser felices y de evitar el sufrimiento. Dado que todos tenemos un cuerpo, un cerebro y un corazón humanos, todos poseemos los mismos anhelos y, como acostumbra a señalar el arzobispo, las mismas fragilidades y vulnerabilidades. La práctica de la humanidad común nos recuerda que, a pesar de las apariencias y de nuestro miedo al rechazo, estamos profundamente conectados incluso cuando no lo vemos así.

El arzobispo nació muy cerca de la cuna de la humanidad, el lugar en donde se supone que tuvo su origen nuestra especie. En unos pocos miles de años, nos hemos expandido por todo el mundo. Como dijo el arzobispo: «En verdad, todos somos primos, alejados varias miles de veces».

1. **Piensa en alguien a quien ames: un hijo, tu padre, un amigo cercano, o incluso una mascota querida.** Visualiza su imagen y siente el amor que esa persona te inspira. Nota la sensación de calidez y cómo se abre tu corazón al sentir su amor por ellos.

2. **Imagina su deseo de ser feliz y de evitar el sufrimiento.** Medita sobre cómo viven su vida para alcanzar estas aspiraciones.

3. **Piensa en alguien a quien conozcas, pero no demasiado bien.** Puedes pensar en un colega del trabajo, en algún compañero de clase, o en alguien que trabaje en una tienda a la que sueles ir a comprar. Sé consciente de que los sentimientos por esta persona son diferentes a los que sientes por aquella a la que quieres de verdad. No solemos sentir empatía o conexión con quienes consideramos extraños. Puede que sientas indiferencia, quizá una sensación de separación, o incluso que te atrevas a juzgar a esa persona. Intenta ahora imaginarte siendo ella. Imagina su vida, sus esperanzas, sus sueños, sus miedos, sus decepciones y su sufrimiento. Reconoce que, al igual que tú, desea alcanzar la felicidad y evitar el sufrimiento. Deja que tu mente se detenga en la comprensión de este hecho y en que no necesitas ninguna presentación porque ya compartes con los demás el mayor de los vínculos: tu humanidad. Tal vez se sienten tan solos como tú y el simple hecho de que les tiendas la mano puede ser un regalo para ellas.

4. **Lleva este conocimiento al mundo.** Fomenta esta conexión recién descubierta abriendo tu corazón a aquellos que te rodean. Puedes empezar por sonreír o reco-

nocer a la otra persona mirándola cálidamente y saludándola con la cabeza. Cada cultura tiene un modo distinto de reconocer a los otros, así que aplica aquel que sea más apropiado para la situación y empieza a saludar a tu familia humana. No te desanimes si algunas personas están sufriendo su propia soledad y aislamiento y no te reconocen. Puedes empatizar con ellos a través de tus propios sentimientos de soledad. Saluda al mundo con una mayor confianza y compasión, y el mundo te devolverá esa confianza, bondad y compasión. Cuando le sonríes al mundo, este tiende a devolverte la sonrisa.

Envidia — *Una práctica* mudita

Cuando sentimos envidia, nos invade una persistente sensación de insatisfacción que elimina toda alegría, ya que solo somos capaces de ver aquello de lo que carecemos y no apreciamos lo que sí tenemos. La envidia es un veneno tintado con ciertas dosis de culpa y autocrítica. Pone fin a nuestra felicidad y vacía el mundo de sus riquezas y maravillas. Además de la práctica de la humanidad común, el budismo dispone de otra que rompe los vínculos del aislamiento y los celos que nos mantienen apartados de los demás: lo llaman *mudita*, y consiste en regocijarse de la buena fortuna de los otros. Del mismo modo en que un padre se alegra de la buena suerte de su hijo, debemos alegrarnos de la buenaventura de los demás cuando ampliamos nuestra identidad para incluirlos y cuando abrimos nuestro corazón para experimentar su alegría como si fuera la nuestra.

1. **Imagina a la persona que posee algo que tú envidias.**
2. **Reconoce vuestra humanidad compartida.** Puedes remitirte a la práctica anterior o simplemente centrarte en las esperanzas, sueños, miedos, decepciones y sufrimientos de la persona a la que envidias. Admite que, como tú, también ella desea alcanzar la felicidad y evitar el sufrimiento.
3. **Imagina la felicidad que les procura aquello que tienen.** Piensa en lo que debe de significar para ellos y su familia tener lo que tú envidias. El coche, la casa o la posición social pueden ser fuentes de gran satisfacción para esas personas. Intenta ensanchar tu corazón para incluirlos, a ellos y a su buena suerte. Alégrate de su buena fortuna. Regocíjate en el hecho de que no necesitan tu ayuda porque se han ayudado a sí mismos.

Sufrimiento, adversidad y enfermedad de uno mismo —
Una práctica loyong

Una premisa fundamental del entrenamiento mental tibetano, o *loyong*, es traer el sufrimiento y la adversidad que estés experimentando a tu práctica espiritual con objeto de que te ayuden en tu crecimiento y desarrollo. Digamos que tienes un jefe desagradable. Considera este hecho como un desafío para ser más responsable, más fuerte y desarrollar tu resiliencia. Si sufres un accidente de coche y este es declarado siniestro total, en vez de centrarte en la pérdida de tu medio de transporte, estate agradecido porque no has salido herido del percance. Si experimentas una crisis financiera, o incluso te declaras en bancarrota, considera esa experiencia como una oportunidad para entablar relación con otros que también lo están pasando mal y ampliar así tu capacidad de empatía y comprensión. Como dijo el arzobispo, hay algunos aspectos de la empatía y de la comprensión que solo pueden ser descubiertos a través del sufrimiento.

1. **Piensa en qué aspectos de tu vida experimentas sufrimiento o adversidad.**
2. **Piensa en otras personas que estén pasando por el mismo trance.** ¿Puedes pensar en alguien que esté soportando una situación parecida o incluso peor? ¿Eres capaz de sentir empatía y comprensión hacia ellos?
3. **¿Cómo puede serte útil esta situación?** ¿Qué te aporta esta experiencia? ¿De qué manera te ayuda a crecer y a madurar como persona?
4. **Intenta sentirte agradecido por la oportunidad que este sufrimiento y adversidad te han proporcionado.**
5. **Prueba a decir esta frase: «Que mi sufrimiento les evite a otros un sufrimiento similar».** ¿Cómo puedes usar tu dolor para aliviar el de los demás? ¿Tal vez tus acciones ayuden a prevenir que otras personas experimenten un sufrimiento parecido, o contribuir a reducir el sufrimiento de los demás?

Sufrimiento, adversidad y enfermedad de los demás —
Una práctica tonglen

La famosa práctica *tonglen* nos permite estar presentes y ayudar a los demás cuando estos están sufriendo o afrontando una adversidad o una enfermedad. Esta práctica es la culminación del Entrenamiento en el Cultivo de la Compasión y está basada en una extendida y poderosa técnica budista. En esta práctica, tomamos el sufrimiento de los otros y les ofrecemos nuestro amor, nuestro valor, nuestra fuerza y nuestra alegría. En su libro *A Fearless Heart*, Jinpa refiere una poderosa historia de *tonglen* protagonizada por un capellán de hospital que cursó el programa de Entrenamiento en el Cultivo de la Compasión y que recuerda cómo la práctica le había ayudado cuando lo llamaron a la sala de urgencias debido a un accidente por ahogamiento en el que había un niño implicado.

«Sentí que me desgarraba por dentro, porque sabía la magnitud de esta clase de situaciones; la llamada más dura para todos los interesados es aquella en la que se ve envuelto un niño. Recé para tener fuerzas mientras me dirigía a toda prisa a urgencias. La enfermera me informó de que, en realidad, eran dos los niños, hermanos, y que los médicos estaban intentando reanimarlos pero que la situación era grave. Sentí cómo mi cuerpo se ponía rígido al entrar en la sala y ver a la joven madre doblada sobre sí misma y llorando desde lo más profundo de su ser… Me sentí abrumado, como si fuera a derrumbarme bajo el peso del sufrimiento y de mi trabajo. ¿Qué podía ofrecer yo? Entonces recordé la técnica *tonglen* de "dar y recibir"… De modo que inspiré el sufrimiento como si se tratara de una nube oscura y espiré una luz dorada desde mi corazón que inundó la sala y a todo aquel que estaba allí. En ese momento se produjo una dimensión de integración que jamás había experimentado. Pude abrirme a la experiencia del sufrimiento y encontrar algo necesario y precioso que me sostuviera. El sufrimiento se volvió líquido con cada respiración y me resbalaba por encima, de modo que empezó a desprenderse de mí. Sentí cómo me liberaba de la experiencia del sufrimiento, una libertad que se experimenta como resultado de participar activamente en él.»

También se puede utilizar el *tonglen* para reducir nuestro propio sufrimiento liberándonos de nuestro excesivo interés por nosotros mismos y centrando nuestra atención en los demás. Jinpa cuenta en su libro otra historia, esta vez sobre un músico tibetano, Nawang Khechog, quien sufrió un terrible accidente automovilístico y necesitó múltiples operaciones a vida o muerte. La práctica *tonglen* lo sostuvo durante las largas semanas de dolor que estuvo postrado en una cama, pensando en otras personas que también estaban experimentando dolor físico o emocional. Inspiraba su sufrimiento y espiraba su compasión y preocupación por su recuperación. Khechog se recuperó por completo y pudo volver a tocar.

El *tonglen* puede ayudarnos a convertirnos en oasis de paz y curación. El Dalai Lama utilizaba esta práctica para transformar no solo el sufrimiento de los disidentes tibetanos a quienes estaban hiriendo en 2008 durante las manifestaciones en el Tíbet, sino también la ira y el odio de los soldados chinos que tomaban medidas contra los manifestantes. Como explicó el Dalai Lama, independientemente de que esa práctica ayudara o no a quienes estaban sobre el terreno, sí transformó su relación con el sufrimiento y le permitió responder de una forma más efectiva.

1. **Empieza por calmar la mente con largas inspiraciones por la nariz.**
2. **Piensa en alguien que esté sufriendo.** Puedes elegir a algún ser querido, a un amigo, o incluso a un grupo de personas, por ejemplo los refugiados.
3. **Reflexiona sobre el hecho de que, al igual que tú, desean superar el sufrimiento y ser felices.** Intenta experimentar preocupación por el bienestar de la persona

o del grupo en el que te estés concentrando. Siente en lo más profundo de tu corazón el deseo de que se liberen de su sufrimiento.

4. **Interioriza su sufrimiento.** Mientras inspiras, imagina cómo sale la pena de su cuerpo y se disuelve al encontrar el calor de tu corazón compasivo. Visualiza su dolor como unas nubes negras que se disipan al recibir la brillante luz de tu corazón. Si la idea de interiorizar el sufrimiento de los demás te inquieta, puedes imaginar que ese sufrimiento se disuelve en una esfera de luz brillante delante de ti que sale de tu compasivo corazón.

5. **Reparte tu alegría.** Mientras espiras, imagina que estás enviando a esa persona rayos de luz portadores de tu amor y compasión, de tu valor y confianza, de tu fuerza y alegría.

6. **Repite esta práctica de asumir el sufrimiento de los demás y transformarlo al ofrecer tu alegría.** Tal vez la hayas realizado con una persona concreta o con un ser querido, pero intenta también extender la práctica a otros seres humanos que estén sufriendo en el mundo. Si estás haciendo tuyo el sufrimiento de alguien a quien otros están haciendo daño, interioriza la crueldad y el odio de aquellos que están causando ese dolor y da tu amor y tu bondad. Si te ves capaz de ello, asume el sufrimiento de todos los seres y ofréceles tu compasión y tu alegría. Permanece en silencio mientras irradias tu amor y la alegría de tu corazón.

Retiro silencioso

Una o dos veces al año, el arzobispo lleva a cabo un retiro silencioso de entre siete y diez días, diseñado por un director espiritual para que se adapte a sus necesidades. Para Desmond Tutu, el retiro silencioso supone disponer de unos momentos de tranquilidad para la práctica de la oración intensiva, la reflexión, el autoexamen y el descanso profundo. El retiro es también un ejercicio espiritual importante en la vida del Dalai Lama. Además de realizar varios retiros más cortos en su residencia, también pasa un mes de retiro durante el monzón de verano, normalmente en Ladakh. Debido al ritmo frenético de nuestra vida, estos momentos de retiro son más necesarios que nunca. No tienes que ser un líder mundial para ponerlos en práctica.

Meditación sobre la muerte

Todas las tradiciones espirituales nos recuerdan que la muerte es una parte inevitable de nuestra vida. En este sentido, contemplar nuestra propia mortalidad nos ayuda a experimentar un sentido de urgencia, de perspectiva y de gratitud. Como es sabido, san Benito dijo: «Ten la muerte presente ante los ojos». Como todos los miedos, el temor a la muerte crece en las sombras. La muerte es el recordatorio último de la no permanencia y de lo efímero de la vida. Nos será de gran ayuda recordar que no debemos malgastar ningún día y que todos los momentos son importantes. Esta meditación relativa a la muerte, que explicamos a continuación, está mucho menos desarrollada que la que describió el Dalai Lama, pero comparte el mismo objetivo: utilizar el recuerdo de la muerte para que nos ayude a ser conscientes de que estamos vivos.

1. **Reflexiona en torno a estas palabras: «Todo lo que nace muere; no soy ninguna excepción».**
2. **Ten en cuenta lo siguiente: «Existen muchas enfermedades que pueden llevar a la muerte.** La muerte nunca puede ser detenida. Nada puede evitar lo inevitable».
3. **Imagina ahora que te encuentras en tu lecho de muerte.** Plantéate las siguientes cuestiones: «¿He amado a otras personas? ¿He llevado alegría y compasión a los demás? ¿Mi vida ha sido importante para alguien?».
4. **Imagina tu funeral.** Imagina a tus seres queridos preparando tu entierro y refiriéndose a ti como «el difunto».
5. **Reflexiona sobre qué dirá la gente de ti.** ¿Crees que te gustarían sus comentarios? ¿Qué debes cambiar en tu vida para que esos comentarios sean distintos?
6. **Concluye con esta resolución: «Debo vivir siempre mi vida con un propósito.** El tiempo no se detiene, y depende de mí utilizarlo de la forma más significativa posible. Debo vivir en armonía con mis aspiraciones más profundas, de modo que cuando llegue mi último día pueda irme con tranquilidad y sin remordimientos».

CULTIVAR LOS OCHO PILARES DE LA ALEGRÍA

Perspectiva — Una práctica de autodistanciamiento

Muchas de las prácticas que hemos ofrecido son útiles para cultivar la perspectiva. Las prácticas meditativas tienen como finalidad cambiar el punto de vista de nuestro cerebro emocional reactivo a los centros cerebrales superiores, que son más reflexivos, más evolucionados. En palabras del Dalai Lama, se consigue una «perspectiva más amplia»; es decir, si nos distanciamos de nuestra situación obtenemos una visión más general del contexto. Los científicos han llamado a este ejercicio práctica de autodistanciamiento, y afirman que nos ayuda a pensar con mayor claridad en nuestros problemas, así como a reducir la reacción al estrés y las emociones negativas. Esta perspectiva más amplia también nos permite ir más allá de nuestro propio interés, que es limitado e inmediato, y abarcar los intereses de los demás. Como dice el arzobispo, cuando adoptamos este «punto de vista divino», descubrimos las necesidades de todos los hijos de Dios. Esta habilidad para ir más allá de nuestro propio interés es fundamental para ser un buen líder, ya sea de una nación, de una organización o de una familia.

1. **Piensa en un problema o situación a la que te estés enfrentando.**
2. **Describe tu problema como si le estuviera sucediendo a otra persona;** utiliza tu nombre en vez de «yo», «mi» o «mío».
3. **Imagina qué supondrá para ti este problema dentro de una semana, un año o incluso una década.** ¿Seguirá teniendo el mismo impacto sobre ti? ¿Lo recordarás siquiera? ¿Qué habrás aprendido de la experiencia?
4. **Presencia tu vida desde una perspectiva divina, o universal.** Considera tus miedos y frustraciones desde este punto de vista. Piensa ahora en que todos los seres humanos tenemos el mismo valor y que todos somos

merecedores de amor y respeto. Pregúntate ahora qué podrías hacer para ayudar a la comunidad humana.

Humildad — Una práctica loyong

La humildad nos ayuda a recordar nuestro vínculo común con los demás. Nos ayuda a evitar el aislamiento, a no juzgar a la gente y a no caer en la indiferencia. También nos recuerda que todos somos hijos de Dios igualmente queridos, como diría el arzobispo, y que no somos más que una de los siete mil millones de personas que pueblan el planeta. Es una manera de no olvidar que vivimos todos juntos en la Tierra.

1. **Reflexiona sobre todas las personas que influyeron en tu existencia.** Piensa en tus padres, que te dieron la vida, en los profesores que te enseñaron, en todos aquellos que cultivaron tu comida y confeccionaron tu ropa, así como en las numerosas personas que son responsables de que tú tengas la vida de la que disfrutas cada día. Piensa ahora en todas aquellas que descubrieron y crearon todas las cosas que damos por hecho: las viviendas, las cosechas y las medicinas que te mantienen con vida. Piensa en todos los antepasados que tuvieron que vivir, y sobrevivir, para que pudieras nacer, que hicieron frente a penurias para que tú pudieras tener tu vida actual. Piensa ahora en la familia y amigos que proporcionan sentido y finalidad a tu vida.

2. **Permite que tu corazón se abra y experimente amor y agradecimiento por todas estas personas.** Siente la inmensa alegría y reconocimiento por haber estado en contacto con todo lo que te ha sido dado, advierte cuán-

to dependemos los unos de los otros, lo débiles que somos cuando actuamos por separado y lo fuertes que somos cuando nos comportamos de forma solidaria.

Reírse de uno mismo para ejercitar el sentido del humor

Solemos creer que el humor es algo espontáneo y natural que no puede cultivarse, pero la habilidad para reírse de uno mismo y percibir las ingeniosas ironías y las divertidas realidades de la vida es en realidad, al igual que la perspectiva, algo que podemos aprender con práctica y tiempo.

1. **Reflexiona sobre alguna de tus limitaciones, defectos o puntos débiles.** Piensa en un aspecto de ti mismo que te resulte divertido si lo miras desde cierta perspectiva. El Dalai Lama se ríe de su limitado inglés; el arzobispo, de su gran nariz. ¿De qué puedes reírte tú? Si te ríes de ti, harás que los demás se sientan más cerca de tu persona y que acepten sus propias limitaciones, defectos y puntos débiles.

2. **Ríete de ti mismo.** La próxima vez que te veas en una situación en la que actúes de manera poco apropiada, o digas algo extraño, o no seas todo lo perfecto que te gustaría ser, ríete de ti mismo y haz una broma al respecto. El sentido del humor es una de las mejores herramientas para acabar con un conflicto, sobre todo cuando eres capaz de burlarte de ti mismo o de admitir que estás reaccionando de forma desmedida o comportándote como un tonto.

3. **Ríete de la vida.** La próxima vez que sufras algún retraso o algo no salga como habías previsto, intenta divertir-

te con la situación en vez de enfadarte o de indignarte. Notarás cómo tu diversión hace que los demás se sientan cómodos y que a menudo se suavice la situación. Del mismo modo, cuando descubras ciertas ironías en tu vida cotidiana, procura ver el lado divertido del asunto.

Aceptación — Una meditación

Cualquier posibilidad de experimentar alegría requiere una aceptación de la realidad. Tal como explicaron el Dalai Lama y el arzobispo, esta es la única manera que nos permite empezar a trabajar por un cambio, ya sea este personal o global. La meditación es una práctica que nos ayuda a aceptar nuestra existencia tal como es en cada momento sin emitir juicios o sin esperar que nuestra vida sea otra.

1. **Siéntate cómodamente en una silla con los pies en el suelo o con las piernas cruzadas.** Puedes dejar descansar las manos sobre las piernas o el regazo.
2. **Cierra los ojos y respira profundamente varias veces por la nariz.** Siente cómo sube y baja tu abdomen al respirar.
3. **Presta atención a lo que oyes a tu alrededor.** Percibe cómo el mundo se aviva con los sonidos. A medida que vayan surgiendo pensamientos sobre estos ruidos —juicios, análisis, disgustos—, elimínalos de tu mente.
4. **Céntrate en la respiración y, aun cuando te encuentres en el momento presente, observa cómo aparece algún pensamiento o sentimiento.** Puede que sientas cierta incomodidad en el cuerpo, o que surja algún sentimiento, o tal vez te sobrevenga una idea acerca de qué tienes que lograr o recordar hacer hoy.

5. **A medida que los pensamientos aparezcan, deja que se alejen flotando sin juzgarlos ni quedarte atrapado en ellos.** Comienza a verlos como lo que son, meros pensamientos, sin identificarte con ellos. Observa simplemente cada momento sin emitir ningún juicio.

6. **Piensa en una situación que te esté costando aceptar.** Tal vez sea la dificultad para encontrar un trabajo o una pareja, o la enfermedad de un amigo, o una realidad que afecta a mucha gente como es la guerra.

7. **Recuerda que esta es la naturaleza de la realidad.** Estos dolorosos acontecimientos ocurren y nos afectan no solo a nosotros, sino también a aquellos que amamos y a buena parte de nuestro mundo.

8. **Reconoce que no puedes conocer todos los factores que han conducido a esa situación.**

9. **Acepta que lo que ha ocurrido ya pertenece al pasado.** No puedes hacer nada para cambiarlo.

10. **Recuérdate: «Para poder contribuir a esta situación de la manera más positiva posible, debo aceptar la realidad de su existencia».**

11. **También puedes recitar o reflexionar sobre uno de los siguientes dos pasajes;** uno pertenece a la tradición budista, el siguiente, a la cristiana:

> *Si se puede hacer algo al respecto,*
> *¿qué necesidad hay para el abatimiento?*
> *Y si no se puede hacer nada al respecto,*
> *¿de qué sirve estar abatido?*

SHANTIDEVA,
El camino del Bodhisattva

Señor, concédeme serenidad
para aceptar las cosas que no puedo cambiar,
valor para cambiar las cosas que puedo cambiar
y sabiduría para entender la diferencia.

REINHOLD NIEBUHR,
La oración de la serenidad

El cuádruple camino del perdón

El arzobispo se convirtió en el portavoz mundial del perdón cuando el entonces presidente de Sudáfrica Nelson Mandela le pidió que presidiera The Truth and Reconciliation Commission. Durante los muchos años transcurridos desde aquel esfuerzo, pionero en su ámbito, para utilizar la verdad, el perdón y la reconciliación para dejar atrás el conflicto violento, en numerosas ocasiones preguntaron al arzobispo: «¿Cómo se lleva a cabo el perdón?». Si bien la mayoría de los líderes espirituales, incluyendo al arzobispo y al Dalai Lama, se muestran inflexibles con respecto a la importancia del perdón, muy pocas personas hablan sobre el proceso del perdón propiamente dicho. En *El libro del perdón*, el arzobispo y su hija Mpho Tutu presentaron un cuádruple camino del perdón. Este proceso gradual se ha puesto a disposición del mundo en el Global Forgiveness Challenge (forgivenesschallenge.com), y ya ha sido utilizado por gente de más de ciento setenta países. El perdón es un proceso bastante complejo, pero estas dos fuentes pueden ser de ayuda para quienes estén trabajando en perdonar causas mayores de dolor y traumáticas. Ambas fuentes también explican cómo podemos pedir perdón y aprender a perdonarnos a nosotros mismos. A continuación se explican los cuatro pasos básicos del cuádruple camino, junto con algunas de las últimas investigaciones en neurociencia.

1. **Contar tu historia.** Todo proceso de perdón debe empezar por enfrentar la verdad. Puedes escribir en un diario o explicarle a un amigo de confianza lo que sucedió. Contar tu historia te permite también integrar los recuerdos en tu conciencia y apaciguar parte de tu reactividad emocional. Para ayudarte a sanar los recuerdos y evitar volver a experimentar el trauma, es útil visualizar el acontecimiento como si este fuera una película. De este modo lograrás reducir la respuesta neuronal del cerebro al estrés. Un protocolo científico de Ethan Kross y sus colegas sugiere que recuerdes tu experiencia de la siguiente manera: «Cierra los ojos. Vuelve atrás en el tiempo, al momento y lugar en que tuviste esa experiencia emocional, y obsérvala de nuevo. Ahora retrocede unos pasos. Aléjate de la situación hasta llegar a un punto en el que puedas ver cómo se desarrolla el acontecimiento desde cierta distancia y visualizarte a ti mismo, ese "yo" distante. Analiza cómo se revela la experiencia desde esa perspectiva, pero sobre todo céntrate en tu "yo" distante».

2. **Poner nombre a la herida.** Los hechos son los hechos, pero estas experiencias provocaron fuertes emociones y dolor, a los que es importante poner nombre. Mientras observas cómo se desarrolla la situación alrededor de tu «yo» distante, intenta entender sus sentimientos. ¿Por qué él o ella se sintió de aquel modo? ¿Cuáles fueron las causas y motivos que provocaron esos sentimientos? Si la herida es aún reciente, pregúntate:

«¿Seguirá afectándome esta situación dentro de diez años?». Si se trata de una vieja herida, pregúntate si quieres continuar cargando con esa pena o si deseas liberarte de ella y del sufrimiento.

3. **Conceder el perdón.** La habilidad para perdonar procede del reconocimiento de nuestra humanidad compartida, y de que, inevitablemente, somos humanos: herimos y nos hieren. ¿Puedes aceptar la humanidad de la persona que te hizo daño y el hecho de que lo más probable es que te hiriera a causa de su propio sufrimiento? Si eres capaz de aceptar vuestra humanidad compartida, te desharás de tu presunto derecho a la venganza y avanzarás hacia tu recuperación en vez de tomar represalias. También en nuestro entorno más próximo se producen a veces múltiples heridas y, con frecuencia, debemos perdonar a la vez que pedimos perdón, aceptando así nuestra parte de culpa en este drama humano.

4. **Renovar o romper la relación.** Una vez hayas perdonado a una persona, debes tomar la importante decisión de si quieres renovar la relación con ella o romperla del todo. Si el trauma sufrido es grave, no hay forma de restablecer la relación que se tenía tiempo atrás, pero sí es posible establecer un nuevo tipo de vínculo. Cuando renovamos las relaciones, de alguna manera, le hacemos un bien a nuestra familia o comunidad. Cuando rompemos esa relación, podemos seguir adelante, sobre todo si somos capaces de desearle lo mejor a aquella persona que nos ha hecho daño, y reconocer que, como nosotros, solo pretende evitar el sufrimiento y ser feliz en su vida.

El registro de tu agradecimiento

La gratitud, como hemos visto, es una parte extremadamente importante de la alegría porque nos permite disfrutar de la vida y reconocer que gran parte de nuestra buena suerte procede de los demás. La práctica de la gratitud es muy simple. Para ampliarla puedes volver atrás, a la de la humildad, que implica también la gratitud y el aprecio por todos aquellos que han hecho posible que seas como eres. La práctica de la gratitud que se explica a continuación está pensada para realizarla a diario, para ayudarte a que aprecies las pequeñas y grandes bendiciones de la vida. También puedes realizarla al final del día reflexionando sobre si has cumplido lo que te habías propuesto hacer por la mañana. Puedes practicarla con tu pareja o con un amigo.

1. **Cierra los ojos y recuerda tres cosas que hayan ocurrido hoy y de las cuales debas estar agradecido.** Puede ser cualquier cosa, desde la amabilidad o generosidad de un amigo a la copiosidad de una comida, al calor del sol o a la belleza del cielo nocturno. Intenta ser todo lo específico que puedas al recordar aquello por lo que te sientes agradecido.

2. **Escribe estas tres cosas en un diario.** Aunque te basta la mente para realizar este ejercicio, se ha demostrado que llevar una lista de aquellas cosas por las que estás agradecido conlleva, con el tiempo, muchos beneficios físicos y emocionales. Cada vez que escribas en el diario, intenta anotar tres cosas diferentes. La variación es la clave para llevar a cabo un eficaz registro diario de aquello por lo que te sientes agradecido.

Meditación sobre la compasión

Probablemente la palabra que más utilizan el Dalai Lama y el arzobispo Desmond cuando describen las cualidades más importantes que debemos cultivar es «compasión». A modo de resumen, el Dalai Lama piensa que educar a nuestros hijos para que sean más compasivos es lo más importante que podemos hacer para transformar nuestro mundo, si bien no debemos esperar a que la próxima generación se beneficie aún de los efectos de la compasión. De hecho, cultivar esta última unos diez minutos al día, explicó el Dalai Lama, puede procurarnos veinticuatro horas de felicidad. Ampliar nuestro círculo de preocupación es fundamental tanto para el propio bienestar como para el del mundo. La siguiente práctica está adaptada del programa de Entrenamiento en el Cultivo de la Compasión. Se puede encontrar una serie de prácticas de la compasión más exhaustivas en el libro de Jinpa, *Un corazón sin temor*.

1. **Siéntate en una posición cómoda.**
2. **Inspira profundamente varias veces por la nariz y después continúa con uno o dos minutos de meditación centrándote en la respiración.**
3. **Piensa en alguien a quien quieres mucho, un familiar o un amigo o incluso una mascota.** Intenta visualizar su cara o sentir su presencia, u observa cómo se siente tu corazón cuando piensas en ellos.
4. **Siente cualquier sentimiento que surja.** Si experimentas cordialidad, ternura o afecto, quédate con estas emociones. Si no, céntrate simplemente en pensar en tu ser querido.

5. **Repite en silencio las siguientes frases:**
   - «Que estés libre de sufrimiento.»
   - «Que tengas salud.»
   - «Que seas feliz».
   - «Que encuentres paz y alegría.»

6. **Toma aire y, mientras lo sueltas, imagínate que del centro de tu corazón brota una cálida luz** que transporta tu amor a tu ser querido, llevándole paz y alegría.

7. **Regocíjate en la idea de la felicidad de tu ser querido durante un minuto o más.**

8. **Recuerda el momento en el que esta persona estaba pasando por una situación dolorosa.**

9. **Observa qué se siente al experimentar su dolor.** ¿Te duele el corazón? ¿Tienes una sensación de nerviosismo en el estómago? ¿O tal vez el deseo de ayudar? Nota simplemente los sentimientos y quédate con ellos.

10. **Repite en silencio las siguiente frases:**
    - «Que estés libre de sufrimiento.»
    - «Que tengas salud.»
    - «Que seas feliz.»
    - «Que encuentres paz y alegría.»

11. **Imagina que una cálida luz emerge del centro de tu corazón y toca a la persona que tienes en mente, aliviando así su sufrimiento.** Termina con el sincero deseo de que se vea libre de padecimientos.

12. **Piensa en un momento en el que pasaste por grandes dificultades y sufrimiento, siendo un niño, o quizá en este mismo momento.**

13. **Coloca la mano en tu corazón y percibe sentimientos de cordialidad, ternura y cariño hacia ti mismo.**

14. **Reflexiona sobre el hecho de que, al igual que todo el mundo, quieres ser feliz y verte libre de sufrimiento.**

15. **Repite en silencio las siguiente frases:**
    - «Que esté libre de sufrimiento.»
    - «Que tenga salud.»
    - «Que sea feliz.»
    - «Que encuentre paz y alegría.»

16. **Imagínate a alguien que te disgusta o que te resulta indiferente,** alguien a quien quizá veas a menudo en el trabajo, en una tienda o en el gimnasio y que no te suscita sentimientos negativos ni positivos.

17. **Reflexiona sobre el hecho de que, como todo el mundo, esta persona quiere ser feliz y verse libre de sufrimiento.**

18. **Imagínate a esa persona enfrentándose al sufrimiento, o teniendo una relación conflictiva con un ser querido o experimentando desesperación o aflicción.** Permite que tu corazón sienta cordialidad, ternura y cariño por esta persona y el deseo de ayudarla.

19. **Ahora, repite en silencio las siguiente frases:**
    - «Que estés libre de sufrimiento.»
    - «Que tengas salud.»
    - «Que seas feliz.»
    - «Que encuentres paz y alegría».

20. **Reflexiona sobre el hecho de que todo el mundo tiene como principal deseo ser feliz y verse libre de sufrimiento.**

21. **Llena tu corazón del deseo de que todos nos veamos libres de sufrimiento —incluye también a alguien con quien mantengas una relación difícil— y, en silencio, repite estas frases:**

- «Que todos los seres estén libres de sufrimiento.»
- «Que todos los seres tengan salud.»
- «Que todos los seres sean felices.»
- «Que todos los seres encuentren paz y alegría.»
22. **Permite que tus sentimientos de compasión y preocupación colmen tu corazón, y siente la cordialidad, la ternura y el cariño.** Irradia al mundo este sentimiento de compasión.

Compasión — Una oración

Desmond Tutu acostumbra tener un largo listado de oraciones para aquellos que las necesiten. Esto ocurre durante las liturgias señaladas y en momentos de oración personal. Esta habilidad para abrir nuestra mente y nuestro corazón a los que están sufriendo, tanto si los conocemos personalmente o si solo los hemos visto en las noticias, nos ayuda a reorientar nuestro corazón hacia la compasión desde las inevitables preocupaciones propias de nuestro día a día. Puedes pedirle a Dios que les ayude, o pedir simplemente que les sea dado lo que necesitan. Puedes rogarle a Dios que los bendiga, o enviarles tus propios deseos de que estén a salvo y que sean felices.

Compasión — Ayuno

El arzobispo ayuna todas las semanas. Ayunar no solo nos ayuda a fomentar la disciplina y el autocontrol, sino también a promover la compasión, pues, cuando ayunamos, experimentamos parte del hambre que otras personas sufren sin haberlo elegido. Al dejar de pensar en la comida, lo que es una gran preocupación para mucha gente, uno dispone de más tiempo para pensar u orar. A medida que el arzobispo fue envejeciendo, sus médicos lo animaron a beber durante sus ayunos, de modo que comenzó a practicar los «ayunos de chocolate caliente». Puedes elegir un ayuno que tenga sentido para tu cuerpo, tu mente y tu corazón.

Prácticas de generosidad

La compasión, como ya hemos explicado, es necesaria pero no suficiente. Nos impulsa a ayudar a los demás, es cierto, pero la acción que sigue a ese deseo es la generosidad. Las prácticas de generosidad son tan importantes que están formalizadas e incluso estipuladas en muchas de las religiones del mundo. Hemos presentado aquí tres formas de dar, prescritas en el budismo: dar cosas materiales, dar libertad para vivir sin temor y dar apoyo espiritual. Muchos cristianos ofrecen un diezmo de sus ingresos, esto es el 10 por ciento de lo que ganan, pero otros incrementan la tasa ofreciendo el 10 por ciento de su tiempo, de su talento y de sus recursos. Es en esta preocupación habitual por los demás donde experimentamos la mayor alegría.

1. **Dar cosas materiales.** No hay nada que nos reporte tanta satisfacción como ayudar a reducir la desigualdad e injusticia, persistentes características de nuestro mundo. Tanto si diezmas como si ofreces *dana*, esto es en realidad el principio de la práctica semanal o diaria de pensar sobre qué puedes aportar a los demás.
2. **Dar libertad para vivir sin temor.** Esto implica ofrecer protección, consejo o consuelo. Así es como podemos

dar nuestro tiempo y atención a los otros. ¿Quién necesita hoy tu presencia? ¿Necesitan tus hijos, tu pareja, tus padres, tus colegas, tus amigos, o incluso un extraño de la calle, tu compasión y tu cariño? ¿A quién puedes ofrecer tu apoyo?

3. **Dar apoyo espiritual.** No tienes que ser un hombre santo ni un maestro espiritual para ofrecer este tipo de ayuda. Dar apoyo espiritual implica proporcionar sabiduría y enseñanzas a aquellos que las necesiten, pero también conlleva ayudar a los demás a que sean más alegres a través de la generosidad de tu propio espíritu. Busca ser un oasis de cuidado y preocupación mientras vives tu vida. Una simple sonrisa dirigida a otras personas mientras caminas por la calle puede suponer una enorme diferencia en la calidad de las interacciones humanas dentro de tu comunidad. Y es esta interacción la mayor responsable de tener una buena calidad de vida en nuestro cada vez más poblado y solitario planeta; en nuestro próspero y aun así empobrecido mundo.

Meditación sobre la alegría — Los ocho pilares

Se trata de una meditación que te permite revisar los ocho pilares de la alegría y que puedes utilizar cuando te enfrentes a un problema, al dolor o al sufrimiento en general, ya supongan grandes desafíos o distracciones diarias (o *dukkha*). Esta meditación está concebida para allanar el camino pedregoso de la vida. Está basada en las meditaciones anteriores, pero puede utilizarse de manera independiente. Los ocho pilares son las prácticas que conducen a una paz interior y a una alegría más plenas.

1. **Siéntate cómodamente.** Puedes hacerlo en una silla con los pies en el suelo, o con las piernas cruzadas. Coloca las manos sobre las piernas o el regazo.

2. **Respira profundamente varias veces por la nariz.** Deja que tu cuerpo empiece a relajarse. Reflexiona sobre cada uno de los ocho pilares y a continuación percibe cómo tu cuerpo se relaja todavía más y tu corazón parece más ligero.

3. **Deja que tu problema acuda a tu mente.** Reflexiona sobre la situación, la persona o el desafío que te esté causando dolor o sufrimiento.

4. **Perspectiva.** Obsérvate a ti mismo y a tu problema desde una perspectiva más amplia. Intenta distanciarte de ti mismo y de tu problema. Observa esa lucha que estás llevando a cabo como si estuvieras viendo una película sobre tu vida. Imagínate ahora cómo percibirás este problema en el futuro, dentro de un año o de una década. Reconoce que desaparecerá. Si lo ves desde una perspectiva más amplia, se reduce su importancia.

5. **Humildad.** Ahora, obsérvate como una de los siete mil millones de personas que pueblan el mundo y considera tu problema como parte del dolor y del sufrimiento que tantos seres humanos experimentan. Intenta ver tu problema como parte del drama interdependiente de la vida en nuestro planeta e incluso verte desde el espacio, o desde la perspectiva de Dios. Observa lo profundamente conectados que estamos entre nosotros. Eres parte de la floración del universo en un lugar y tiempo concretos. Tu conexión con los demás hace que seas mucho más fuerte y capaz de solventar tu

problema. Siente amor y aprecio por todas las personas que han contribuido a que seas como eres y que te
apoyan en tu vida diaria.

6. **Sentido del humor.** Sonríe y comprueba si eres capaz
de reírte de tu problema, de tus defectos, de tus fragilidades. Intenta encontrar la parte divertida en la situación y en tu lucha. Incluso si esta es muy grave, a menudo podemos encontrar algo divertido en ella. El
drama humano suele ser una comedia, y la risa es la
gracia salvadora. Esta habilidad para reír nos permite
aceptar la vida como es, accidentada e imperfecta, incluso aunque aspiremos a una existencia y a un mundo
mejores.

7. **Aceptación.** Acepta que tienes problemas y que, como
ser humano, posees limitaciones. Recuerda que estas
dolorosas realidades te pasan a ti, a aquellos que amas
y a buena parte de la gente. Admite que no puedes
conocer todos los factores que han contribuido a este
acontecimiento. Acepta que lo sucedido ya pertenece
al pasado y que no puedes cambiar este último. Ahora
recuérdate: «Para poder contribuir a esta situación de
la manera más positiva posible, debo aceptar la realidad de su existencia».

8. **Perdón.** Coloca la mano sobre el corazón y concédete
el perdón por el papel que hayas desempeñado en ese
problema o en esa situación. Reconoce que eres un ser
humano y que es inevitable que no se cumplan todas
tus aspiraciones. Herirás y te harán daño. Contempla
la humanidad que compartes con la persona involu-
crada en tu problema y perdónala por el papel que
haya jugado y por sus limitaciones humanas.

9. **Gratitud.** Piensa en tres o más personas, o en cosas, por las que te sientas agradecido en este problema o en tu vida en estos momentos. ¿Puede de algún modo tu problema contribuir a facilitar tu vida y tu crecimiento? ¿Existen personas o cosas que te estén ayudando a enfrentarte a estos desafíos?

10. **Compasión.** Coloca la mano sobre el corazón o las palmas de las manos juntas a la altura del corazón. Ten compasión de ti mismo y de los problemas a los que te estás enfrentando. Recuerda que lleva tiempo crecer y aprender. No tienes que ser perfecto. Sufrir es inevitable. Forma parte del tejido de la vida. Toda existencia sufre frustraciones. El objetivo es utilizarlas como algo positivo. Siente cómo el brillo de la luz de la bondad que irradia de tu corazón inunda todo tu cuerpo. Envía ahora esta compasión a tus seres queridos, a aquellos con los que tengas un problema, y a todos los que necesiten amor y compasión.

11. **Generosidad.** Siente la profunda generosidad que existe en tu corazón. Imagínate irradiando esta generosidad del espíritu a todos cuantos te rodean. ¿Cómo puedes ofrecer tus dones? ¿Cómo puedes transformar tu problema en una oportunidad para dar a los demás? Cuando procuramos alegría a los otros, experimentamos la verdadera alegría.

REGOCÍJATE DE TU DÍA

Cómo acabamos el día y en qué estado anímico nos vamos a dormir es una parte importante de nuestra práctica. Tanto los

monjes budistas como los cristianos, así como aquellos seguidores de muchas otras tradiciones, tienen una práctica en la
que se reflexiona sobre el día. San Ignacio de Loyola lo llamó
«examen de conciencia diario», los monjes budistas, «hacer
una dedicación». Esta práctica presenta diferentes aspectos,
pero todos ellos implican reflexionar sobre los acontecimientos del día con objeto de averiguar si uno ha cumplido sus
expectativas, experimentando gratitud por nuestras bendiciones y volviéndose hacia el día siguiente en el camino de la
vida. A continuación, exponemos una práctica compartida
que refleja las características principales de ambas tradiciones. Si tienes una fe religiosa, puedes adaptarlo en una práctica de oración en la que mantengas una conversación con lo
divino. Si no es así, céntrate en la parte mejor y más elevada
de ti mismo.

1. **Reflexiona sobre el día.** Antes de irte a la cama, o una
   vez estés acostado, dedica varios minutos a reflexionar
   sobre tu día. Piensa en experiencias significativas, en
   conversaciones, emociones y pensamientos, aunque es
   importante no centrarse demasiado en lo que hiciste o
   dejaste de hacer. Se trata simplemente de advertir cuáles han sido las características principales de tu día y de
   considerar si este ha cumplido las expectativas de la
   mañana.
2. **Presta atención a tus emociones y acepta tu experiencia.** Reflexiona sobre las emociones que te han embar-
   gado durante el día. Si surgen pensamientos o sentimientos negativos, debes estar presente con ellos. No
   intentes apartar lo negativo o aferrarte a lo positivo.
   Admite simplemente lo que haya pasado. Si te sientes

decepcionado por cómo te has comportado respecto a algo o a alguien, coloca la mano sobre tu corazón y di: «Me acepto tal como soy, con imperfecciones y humano como todo el mundo». Reconoce en qué aspectos no se han cumplido las expectativas de ese día, porque esto te ayudará a aprender y a crecer. Si te ha ocurrido algo doloroso, puedes aceptarlo diciendo: «Eso me ha dolido, pero no estoy solo. Todos sufrimos de vez en cuando».

3. **Siente agradecimiento.** Lo más importante con respecto a tu día es que te sientas agradecido por lo que has experimentado, incluso por aquello que ha sido duro pero que te ha permitido aprender y crecer. Si llevas un diario en el que anotas todas las cosas por las que sientes agradecimiento, escríbelo.

4. **Regocíjate en tu día.** Elige algo que hayas realizado durante el día y que ha hecho que te sientas bien: por ejemplo, ayudar a alguien o mantener la calma durante un conflicto. Si no se te ocurre nada, regocíjate en el hecho de que estás realizando esta práctica. A continuación, dedica el mérito de tu día y deja que sea una bendición para todos.

5. **Céntrate en mañana.** Puedes terminar fijando tu atención en el día siguiente y pensar en cómo quieres afrontar los desafíos que pueden llegar. Confía en ser capaz de afrontarlos sin importar lo que te depare la jornada y libérate de tus preocupaciones antes de dormir.

RELACIONES Y COMUNIDAD — LA MAYOR ALEGRÍA

Casi todas las prácticas anteriores suponen cierto grado de soledad, pero faltaríamos al principal mensaje de las enseñanzas del Dalai Lama y del arzobispo si no hiciéramos hincapié en que la fuente de la verdadera alegría, como se ha evidenciado durante toda esa semana y en sus vidas, se halla en nuestra relación con los demás. Ambos líderes están enraizados en comunidades profundamente espirituales, en las que han crecido y que han promovido. Trata de localizar tus propias comunidades de amor y práctica, y llévales la enseñanza de la alegría de la manera que sea más significativa para ti y tu comunidad. Puede ser tu actual comunidad religiosa, o una que ayudes a crear, aunque no sea más que con un amigo, o un familiar o un grupo con el que puedes leer y reflexionar sobre este y otros libros. Si invitas a otras personas a realizar estas prácticas de la alegría, experimentarás mucha más felicidad que al hacerlo en solitario. Las relaciones humanas son el verdadero terreno de pruebas de la espiritualidad. Básicamente, la alegría no es algo que pueda aprenderse; es imprescindible vivirla. Y nuestra mayor alegría se experimenta en una profunda, afectuosa y generosa relación con los demás.

Si deseas obtener más información sobre este libro o ver las grabaciones de la semana en Dharamsala, visita bookofjoy.org.

Agradecimientos

Nos gustaría comenzar dando las gracias al ex director de la Fundación Dalai Lama, el doctor James Doty, quien fue el primero en sugerir la idea de un libro conjunto en la fiesta del ochenta cumpleaños de Leah Tutu. De inmediato quedó de manifiesto cuál sería el tema: la alegría. El libro y el tiempo que pasamos juntos en Dharamsala han supuesto efectivamente una verdadera alegría y queremos agradecérselo a todos aquellos que lo han hecho posible.

Damos también las gracias a nuestros extraordinarios editores, quienes están llevando la alegría por todo el mundo y trabajan incansablemente en la publicación de libros que harán de nuestro mundo la clase de lugar que todos sabemos que puede llegar a ser: Mauro Palermo, Vanda Ohniskova, Tiuu Krauti, Pernille Follman Ballebye, Hernrikki Timgren, Patrice Hoffman, Florent Massot, Ulrich Genzler, Jakob Mallmann, Adam Halmos, Artem Stepanov, Paolo Zaninoni, Talia Markus, Julia Kwon, Heleen Buth, Halfdan Freihow, Knut Ola Ulvestad, Damian Warszawski, Anastasia Gameza, Marija Petrovic, Martin Vydra, Laura Álvarez, Carlos Martínez, Claes Ericsson, Yunyi Wu, Yingyi Yeh, Alex Hsu, Jocasta Hamilton, Susan Sandon, Megan Newman, Brianna Flaherty, Andrea Ho, Justin Thrift y Caroline Sutton. Queremos mostrar nuestro agradecimiento muy especialmente a Caroline, quien trabajó en los numerosos borradores del manuscrito para garantizar que este libro transmitiera fielmente no solo nuestras palabras, sino también nuestros corazones.

También queremos dar las gracias a nuestros dedicados y polivalentes agentes de derechos extranjeros, que han trabajado tanto para garantizar que nuestro libro encontrara su camino hacia los editores adecuados: Chandler Crawford, Jo Grossman, Mary Clemmey, Peter Fritz, Erica Berla, Zoe Hsu, Gray Tan, Trine Licht, Kristin Olson, Maribel Luque, Maru de Montserrat, Jennifer Hoge, Ludmilla Sushkova a Sushkova, Vladimir Chernyshov, Sue Yang, Jackie Yang, Efrat Lev, Deborah Harris, Eliane Benisti, Filip Wojciechowski, Marcin Biegaj y nuestra añorada y muy querida Lynn Franklin.

También nos gustaría agradecer a Tenzin Taklha, Chhime Rigzing, Kaydor Aukatsang y Ken Norwick, de la oficina de Su Santidad el Dalai Lama y de la Fundación Dalai Lama, su ayuda en la creación de este proyecto y en la perfecta organización durante nuestra estancia en Dharamsala. Su extraordinario sentido de la responsabilidad y su esfuerzo en nuestro nombre fueron fundamentales para el éxito de este proyecto.

También nos gustaría dar las gracias a Tsewang Yeshi, Ngodup Wangdu Lingpa y a sus compañeros del Pueblo de los Niños Tibetanos por acoger la celebración del ochenta cumpleaños del Dalai Lama y por todo lo que hacen por tantos niños que necesitan amor y educación.

Asimismo, deseamos mostrar nuestro agradecimiento al equipo de rodaje y de apoyo que hizo que nuestras conversaciones en Dharamsala fueran posibles y que las grabaron para poder compartirlas con otras personas: Tenzin Choejor, Chemey Tenzin, Tenzin Phuntsok, Lobsang Tsering, Ven Lobsang Kunga, Don Eisenberg, Jason Eksuzian, Juan Cammarano, Zachary Savitz, Miranda Penn Turin, Andrew Mumm, Michael Matkin, Lara Love Hardin, Siby Veliath, Satbir Singh, Jesse Abrams, Lama Tenzin, Michele Bohana, Pat Christen, Shannon Sedgwick Davis, John y Ann Montgomery, Scott y Joanie Kriens, Joe Lombardo, Matt Grey, Don Kendall, Rudolph Lohmeyer, Niko von Huetz y Lloyd Sutton. Nos gustaría dar las gracias muy especialmente a Peggy Callahan, que produjo el evento y que lo está reconvirtiendo en un documental. Se aseguró no solo de que todo funcionara a la perfección y de que el equipo internacional trabajase conjuntamente sin problemas, sino que, con la magia de la iluminación, también consiguió que dos ancianos salieran sorprendentemente guapos. Asimismo, queremos agradecerle a la doctora estadounidense del arzobispo, Rachel Abrams, que velara por que todo el mundo se encontrase bien durante el viaje.

También queremos mostrar nuestro agradecimiento al resto de los miembros del equipo de la Alegría Internacional, entre los que se incluyen Mike Mohr, Lalita Suzuki, Sarah Steven, Lindsay Gordon, Anne Kosmoski, Farin Schlussel, Casey Maloney, Alexandra Bruschi, Njama Finlay, Charlotte Bush, Andrew Mumm, Mark Yoshitake, Ivan Askwith, Anna Sawyer, Savannah Peterson, Kevin Kelly, Mark Daley, Ryan Brounley, Ty Love, Jess Krager, Erin Roberts y Kelsey Sheronas, por invertir su talento en ayudar a difundir nuestro mensaje de alegría.

Nuestro más profundo agradecimiento a nuestras queridas familias y amigos que estuvieron allí: Mpho Tutu van Furth, Marceline Tutu van Furth y Tenzin Choegyal. El arzobispo también quiere dar las gracias a Leah Tutu, quien no pudo viajar con ellos pero que, como siempre, estuvo allí en su corazón. Y, en especial, queremos dar las gracias a Pam y Pierre Omidyar, ya que sin ellos el tiempo que pasamos juntos y este libro nunca hubieran sido posibles. Son unos amigos muy queridos, así como unos infatigables defensores de nuestras oficinas y campañas para crear un mundo más compasivo y pacífico.

Doug quiere dar las gracias a su familia y amigos, en especial a sus padres, que lo han apoyado durante toda su vida, en cada paso que daba, en su camino hacia la alegría. También desea dar las gracias muy especialmente a su mujer e hijos, Rachel, Jesse, Kayla y Eliana, su mayor alegría.

También a Thupten Jinpa, pues su ayuda antes, durante y después de estas conversaciones fue fundamental para la realización de este libro. Trabajó muy de cerca con Doug en cada etapa del proceso, y esta obra no hubiera sido posible sin su profundo conocimiento, su espíritu de generosidad y su compromiso por la creación de un mundo más compasivo, en el que todos puedan vivir con un corazón sin miedo.

Asimismo, nos gustaría dar las gracias a nuestro coautor, amigo y colaborador del arzobispo desde hace mucho tiempo, Doug Abrams. Le pedimos que puliera nuestras palabras y las vertiera en una página escrita, ya que uno de nosotros no habla excesivamente bien el inglés (¿adivinas quién?). Ha llevado a cabo un trabajo extraordinario al transmitir fielmente nuestras palabras y los sentimientos de nuestros corazones. También ha incorporado sus conocimientos científicos y ha conseguido reflejar ese tiempo que pasamos juntos, que estuvo lleno de risas, divertimento y de la verdadera alegría que proporciona la amistad. Ha sido un maravilloso regalo y ha compartido su gran talento con nosotros y con todas aquellas personas que lean el libro. Como agente literario, entrevistador y coautor, este libro no habría llegado a término sin él. Se lo agradecemos profundamente. Eres, de verdad, una persona muy especial.

Por último, querríamos dar las gracias a nuestros lectores, que tanto hacen para crear un mundo lleno de alegría y amor, en el que el futuro que creemos juntos esté a la altura de nuestros sueños más optimistas.

Su Santidad el 14.° Dalai Lama, Tenzin Gyatso,
es el líder espiritual del pueblo y del budismo tibetano. Viaja promoviendo un mensaje de amabilidad y compasión, comprensión interreligiosa, respeto al medioambiente, y, sobre todo, la paz mundial. Es un apasionado defensor de una aproximación secular al desarrollo de los valores humanos. Vive exiliado en Dharamsala, India.

Desmond Mpilo Tutu, arzobispo emérito de Sudáfrica,
se convirtió en un líder por la justicia y la reconciliación racial en Sudáfrica. En 1994, fue elegido miembro de la Comisión para la verdad y la reconciliación, siendo pionero en la nueva forma de tratar los temas relacionados con conflictos sociales y opresiones. Fue fundador de Los ancianos, un grupo de líderes globales que trabaja por la paz mundial y los derechos humanos. Vive en Ciudad del Cabo, Sudáfrica.

Douglas Abrams
es autor, editor y agente literario. Se dedica a trabajar con visionarios que intentan crear un mundo más sabio, sano y justo. Ha colaborado con Desmond Tutu como coescritor y editor durante más de una década.